12/74 H

CW01431136

Le jeune lion
dort
avec ses dents...

Michel Lancelot

LE JEUNE LION DORT
AVEC SES DENTS...

GÉNIES ET FAUSSAIRES
DE LA CONTRE-CULTURE

AM

Albin Michel

© Éditions Albin Michel, 1974
22, rue Huyghens, 75014 Paris

ISBN 2-226-00082-8

Pour ma
C.A.S.E
ou quatre reines
se disputent
l'amour d'un fou.

« *Ce n'est pas une révolution, sire c'est une mutation...* »

« *Puis l'Enfant attendit, ordonnant ses pensées, avec tous ses pouvoirs encore inutilisés. Il était maintenant maître du monde, et il n'était pas très sûr de ce qu'il allait faire ensuite... Mais il lui viendrait bien une idée.* »

Arthur C. Clarke.

« *Tout ce qui vit aime le perpétuel changement : Ce jeu-là m'est nécessaire.* »

Le dieu Wotan dans *L'Or du Rhin*.

A force de dire n'importe comment on finit par dire n'importe quoi.

L'auteur.

Mon père vouait aux gens cultivés le plus parfait mépris. Serrurier de formation et aventurier dans l'âme, il ne respectait chez un homme que son habileté manuelle, la force de ses instincts et l'acuité de ses perceptions.

Les autres, « ceux qui pensaient », n'étaient que jean-foutre, beaux parleurs, menteurs ou mythomanes. Bref, des inutiles, des pourris, dangereux pour lui et sa communauté — femme et progéniture — qu'il défendait farouchement de toute contamination.

Comme un animal.

Dieu n'était pas mort, comme l'avait proclamé Nietzsche, ni même « en réparation » comme le suggérait Céline : chez nous, Dieu n'existait pas. Et si, d'aventure, le diable s'était présenté à la porte, mon père l'aurait avalé tout cru, cornes avec, pour mieux lui prouver son impuissance.

Idéologues altruistes et bons samaritains des temps modernes le faisaient rire. Il n'était pas chrétien parce qu'il ne croyait pas en Dieu. Il n'était pas communiste parce qu'il ne croyait pas aux Autres. Il détestait le capitalisme parce qu'il était pauvre.

C'était aussi simple que cela.

Aussi, fourrait-il volontiers dans le même sac : Blum, Staline, Hitler, Pie XII, Daladier, Pétain, Roosevelt, Churchill et de Gaulle. Et je crois qu'il aurait préféré jeter ce sac-là dans la rivière plutôt que de noyer une portée de jeunes chats.

La culture enseignée n'était pour lui qu'une mystification. Une panoplie forgée de toutes pièces pour mieux nous asservir. L'unique façon de faire croire aux pauvres qu'ils deviendraient riches. Une course éperdue, inutile, où s'inscrivaient par devoir des millions d'imbéciles. La plus belle enseigne démagogique : demain, on saura gratis. Avec pignon sur la rue des bassesses.

Il refusait avec orgueil de mettre les pieds dans ce bazar aux papiers imprimés. Et l'obligation de nous envoyer à l'école le rendait à moitié fou. Le soir, par-dessus nos épaules, il regardait soupçonneux nos cahiers de devoirs, pour mieux détecter, sans doute, les inepties nouvelles qu'on nous avait fourrées dans le crâne.

Nous baissions les yeux, presque honteux d'apprendre. Sa femme, avertie par l'expérience, ne disait mot.

Selon lui, c'était un de ses dadas, aucune vraie poésie n'avait jamais été écrite. Musset était un emmerdeur, Vigny un crétin prétentieux, Hugo un grand con et Apollinaire un farceur. Seul, Rimbaud avait son indulgence, moins d'ailleurs pour le « Bateau Ivre » que pour l'existence mouvementée qui avait succédé à sa brève carrière poétique. Et si, par hasard, un voisin retraité des postes, venu prendre le café, et qui (sans jeu de mots) avait quelques lettres, n'approuvait pas, alors, sans vergogne, le père en appelait à une phrase de Chénier, apprise par cœur, et qu'il avait lue je ne sais où : « *L'art ne fait que des vers, le cœur seul est poète.* »

La poésie indestructible, disait-il, c'est la Nature : une forêt au printemps (il m'a à moitié assommé un jour pour avoir déniché un nid de mésanges); les eaux noires d'un étang brumeux, au petit matin, avec les premières chasses de brochets; un envol de vaneaux dans le ciel, etc., etc.

Le reste, c'est-à-dire la chose manuscrite, n'était que

transcription, plagiat d'une réalité poétique, cosmique, en perpétuelle création et, dans le pire des cas, une masturbation mentale caractérielle.

Têtu comme une bourrique, il n'en démordait pas.

Mon père était alors, mais cela je l'ignorais encore, très proche du fameux sarcasme de Lichtenberg : « *Lorsqu'ils ont trouvé la vérité dans la nature, ils la flanquent de nouveau dans un livre, où elle est beaucoup moins en sûreté...* »

En tout cas, sa définition de la poésie objective m'a tenu éloigné longtemps des textes essentiels. Elle m'a valu, en revanche, dès l'âge de sept ans, de faire cinquante kilomètres en une journée, sur un petit vélo au cadre chromé, pour mieux le suivre dans sa quête de poésie rurale. Je rentrais épuisé. Les voisins s'indignaient. Ma mère protestait mollement, à son image. A défaut d'émotions profondes, j'y ai acquis de solides jarrets.

Mon père était une brute. Une belle brute que j'aimais, mais une brute tout de même. Je n'ai revu chez quiconque un tel refus du dialogue.

Combien de visages d'hommes ensanglantés par ses énormes poings ai-je vus au cours de mon enfance? Dix? Cent? Ces gens-là avaient eu généralement le tort de vouloir attaquer, ou simplement discuter, le monde culturel de notre famille : un brave curé un peu trop évangéliste, un instituteur zélé, un délégué syndical à la langue trop bien pendue; deux Américains en goguette qui parlaient trop fort de leur victoire; quelques flics trop sûrs de leurs képis; un tailleur juif porté sur l'ingratitude et que mon père avait tiré des pattes de la Gestapo; un garde-chasse malhonnête; sans oublier un écrivain médiocre, aujourd'hui célèbre, qui citait Jésus toutes les trois phrases et qui, de surcroît, lorgnait les seins de ma mère. Tous ceux-là, et beaucoup d'autres que j'ai oubliés, firent les frais de sa violence.

Avec mon père, le débat culture-contre-culture se terminait généralement pour le contradicteur dans une pharmacie voisine ou à l'hôpital Trousseau, le plus proche.

La liberté et les idées des autres devaient s'arrêter à sa porte comme, je dois le reconnaître, il stoppait les siennes à la leur.

Il ne discutait pas la notion de famille : il croyait à la sienne. La jeunesse d'alors, avec son existentialisme, son mal de vivre (déjà), et ses voyous J3 l'indifférait. Seul son fils l'intéressait. Est-il besoin d'ajouter que la révolution psychanalytique de l'éducation le laissait froid. Chez nous, pas de liberté, pas d'émulation, pas d'ouverture. Pour une faute grave : une correction sévère, au ceinturon (côté boucle s'il vous plaît) dans la meilleure tradition prussienne. Pour une bonne action : une balade en forêt, main dans la main, ou une partie de pêche à faire rêver les apôtres.

Douze années durant, il exerça sur nous, de toute bonne foi, ce formidable blocage culturel. Il ne se sentait, d'ailleurs, responsable devant personne, sinon devant lui-même.

Il périt seul, abandonné par ses camarades, et de mort violente à l'image de sa vie. Le jour de mon anniversaire : j'avais douze ans.

Son influence, tout autant que les révoltes qu'il a pu fomenter en moi, éclaireront, je crois, quelques pages de ce livre.

C'était donc en 1950. L'hexagone était en berne, mais pour d'autres raisons : Marcel Cerdan et le violoniste classique Jacques Thibault étaient morts dans le même accident d'avion, au-dessus des Açores. « Un coup des Américains, disait-on. La Mafia, sans doute; ils avaient peur que Cerdan écrabouille La Motta au match revanche... » J'y croyais. Enfin, bref.

La France du sport et de la culture portant le deuil, ma mère quitta le sien et se remaria rapidement avec un brave homme, émigré italien, qui avait sur le précédent l'avantage de ne pas avoir de culture du tout.

Je me livrais à moi-même. Tour à tour lycéen sans

conscience, un peu voyou et un tantinet voleur (saucissons pur porc, boîtes de conserves, revues pornos et livres policiers étaient mes spécialités). J'avoue, aujourd'hui, bénéficiant de la prescription.

Mes copains faisaient parfois l'école buissonnière, faux mots d'excuse à l'appui. Moi, je désertais carrément les cours des semaines entières pour aller me replonger dans le seul univers contre-culturel que je connaissais. Allongé dans l'herbe, seul, la gueule face au soleil, je me défonçais en fumant, des heures durant, du viorme et autres saloperies végétales, la marijuana n'étant pas encore, à l'époque, à la portée de toutes les bourses... Malgré ces absences prolongées et parce que doué, sans doute, d'une mémoire phénoménale, j'épongeais sans chercher à comprendre la culture officielle.

Ce double jeu me plaisait, en me donnant d'abord l'illusion d'être fidèle à mon père, et en me permettant surtout de mieux supporter les ivrognes et autres sadiques que l'Éducation nationale m'avait donnés pour professeurs.

Des années passèrent. Je me foutais de la guerre froide, du mur de Berlin, des procès nazis et du piège indochinois.

Le jour, j'étudiais le rationalisme cartésien.

La nuit, aux Halles, chez un gros mandataire en fromages, j'apprenais pour survivre les délires cruels du sous-prolétariat français. Fraternité des travailleurs? Mon cul! Chacun pour soi et fromage pour tous.

Dans ces Halles de Paris, temple de l'exploitation et de la crasse humaines, que des intellectuels de gauche bien nourris — et qui n'y avaient jamais sans doute foutu les pieds — voulurent sauver de la destruction quinze ans plus tard, une phrase de La Boétie, récemment apprise, « *Il n'est pas de tyran, il n'y a que des esclaves* », cette phrase prenait toute sa saveur.

Je considère aujourd'hui cette phrase, vieille de cinq siècles, comme le premier acte contre-culturel possible. « Il n'est pas de tyran, il n'y a que des esclaves. »

La massification idéologique, le messianisme religieux,

les feux rouges de la création artistique et les passages cloutés de la littérature, les C.R.S. qui triquent, les historiens qui truquent, les députés qui troquent, les grands commis et les petits commissaires de la pensée, *tous ces gens qui empêchent notre bonheur n'existent pas : ils ne sont qu'en nous et que par nous.*

Entre deux cageots de camembert et une meule d'emmenthal, je commençais à entrevoir... Imperceptiblement, comme des milliers d'autres de mon âge, je muais : peau de gosse contre blindage d'adulte.

La cruauté d'un monde m'apparaissait, un peu plus chaque jour.

Mon parrain, un copain de mon père, un chic type, qui avait eu le tort d'être pétainiste trop longtemps, finit par céder aux tracasseries de ses voisins et se pendit dans sa grange, après deux tentatives infructueuses au pistolet, dont une que j'avais déjouée personnellement.

Comme quoi, il ne faut jamais désespérer.

De plus en plus seul, je me mis à étudier avec plus de froide passion encore cette culture que je savais déjà biseautée. Je fayotais avec les profs. Si vous saviez l'émotion que montra Jean Guitton, en me retrouvant douze ans plus tard à l'occasion d'une émission radiophonique.

Chaque cours, chaque matière était pour moi l'occasion sournoise d'un enseignement double :

Savoir ce qu'il faudrait retenir,

Savoir ce qu'il faudrait démasquer puis détruire.

L'action contre-culturelle que je vais définir ne peut être efficace et positive, sans une connaissance — aussi complète que possible — des rouages culturels mis en place depuis trop longtemps pour être apparents, et qu'une patine veloutée recouvre soigneusement.

L'explication finale aura lieu bientôt, au grand jour, devant tous les dupés réunis : je veux dire face aux caméras de télévision et aux micros des radios. J'ai confiance.

Mais il ne faut plus répéter les erreurs de mai 1968. Il

faut, ce jour-là, pouvoir confondre rapidement, dans un langage simple et clair, les idéologues politicards, les escrocs de la pensée et les plagiaires de la création artistique.

Il faut, ce jour-là, pouvoir mettre en évidence, pour tous, le mécanisme de l'esclavage par une certaine culture, et en dénoncer les coupables d'hier et d'aujourd'hui. Et je vous promets que le public aura des surprises.

Toute action contre-culturelle qui ne tend pas vers ce but précis et concret n'est que folklore local ou exotisme d'adolescent.

Je n'ai aucune sympathie pour Maurice Druon. Je ne le connais pas. Je ne l'ai jamais vu. Et, je ne le rencontrerai sans doute jamais. Nous ne sommes pas du même monde. Je vis dans les ateliers d'artiste. Lui doit fréquenter les musées.

En prenant le pouvoir culturel en France, ce roi déjà maudit a fait quelques déclarations maladroites. Mais enfin, il a annoncé la couleur : la sienne [1].

Il serait temps que nous en fassions autant. Il faut être logique avec soi. En finir avec cette adolescence attardée. Et choisir. On ne peut pas faire la manche et foutre des claques dans la gueule aux donateurs. Surtout après avoir touché l'argent. Avant encore, je ne dis pas...

Je cherche des alliés. J'ai déjà trouvé quelques amis. Certains d'entre eux avaient entrepris, plus ou moins confusément et chacun dans leur domaine, une démarche proche de

---

[1]. Ce qui ne lui a guère réussi, ses maîtres ayant une tout autre conception de la diplomatie culturelle...

la mienne. Leur étant redevable de quelques lignes, je les
citerai en temps voulu.

Mais avant de commencer, je voudrais remercier ici :
Saint Paul
Néron
Caligula
Gutenberg
Torquemada
Marx
Hitler
Freud
Goebbels
Staline
Nixon
et Paul VI

Sans leurs mensonges ou leurs erreurs, ce livre n'aurait
pas été possible.

Tout un programme, ...Sergent Pepper

« Mesdames, Messieurs, permettez-moi de vous présenter
   « le spectacle que vous connaissez depuis tant d'années,
   « le Sergent Pepper et sa fanfare du Club des Cœurs solitaires.
   « et nous espérons que le programme va vous plaire. »

Le Jeune Lion dort avec ses dents constitue le troisième et dernier volet d'une trilogie commencée en février 1968. Avant d'écrire sur la contre-culture, je me suis d'abord demandé, simplement : « Est-ce vraiment si important? N'est-ce pas une sorte de nouvelle mini-jupe pour intellectuels déphasés? Une mode qu'on allongera bientôt pour mieux cacher l'ignorance ou, au contraire, que l'on raccourcira un peu plus, l'été prochain, pour faire accroire aux vieux cons que les jeunes en ont trois. Eh oui, c'est comme ça monsieur, inclinez vous très bas et vous, madame, prenez la peine de vous pencher... Et si ce n'était que cela? »

Après une longue analyse, j'ai dû reconnaître que la contre-culture n'était pas une mode, mais qu'elle s'inscrivait, au contraire, dans une filiation sauvage qui remonte à la nuit des temps.

Bien, me suis-je dit, admettons donc que ce ne soit pas une mode. Mais, ce peut être une erreur collective. Un éblouissement multiple. L'hallucination lithographique bon marché que n'importe quel révolté psychopathe, crépusculaire et borné, pourra accrocher au-dessus de sa table de nuit. La contre-culture ne serait plus alors que l'alibi des crétins, des malformés du bulbe. Un fumier de l'ignorance où chacun voudrait, en ces temps joyeux, et par goût de la décomposition, sa part du tombereau.

J'ai longuement tâtonné.

Pour une conférence-débat, en 1972, avec les élèves de Sciences politiques, j'avais dégagé trois formes de contre-cultures distinctes, sans écarter la possibilité d'interférences entre elles.

Nous les avions appelées alors : l'Acte politique, le Cri profond, le Grand Silence indifférent.

L'Acte politique (gegenkultur) correspondait, dans mon esprit, au combat mené dans ce domaine culturel par : les maoïstes, les anarchistes, les trotskystes, les trotskystes-lambertistes, les Weathermen américains, etc. Contre-cultures s'inscrivant dans une « crise jugée essentiellement politique ».

Le Cri profond (culture underground ou souterraine) veut plutôt irriguer d'un sang neuf de vieilles artères culturelles menacées par la sclérose et le manque de créativité : il recoupe donc la dérision dadaïste, l'imagination surréaliste, la créa-tique lettriste, certains aspects du Mouvement du 22 mars de Cohn Bendit, etc. Son aboutissement est la révolution considérée comme une fête et non comme une tragédie nécessaire (mai 1968). On note déjà, dans cette tendance, une méfiance à l'égard des politiques instituées.

Le Grand Silence indifférent (culture complètement paral-lèle) se place délibérément à l'écart des courants politiques et religieux officiels. Il s'agit d'être à côté, marginal. Dans le meilleur des cas, ces extra-sociaux visent par cette contre-culture parallèle à donner un *exemple d'une possibilité de vivre autre que...*

Sa formulation la plus percutante fut le phénomène hippie, dans sa branche ésotérique, et mystique. (Communautés à caractère religieux, recherches du moi par la drogue, margi-nalité totale.) L'autre branche du phénomène hippie s'ins-crivant, à côté de certains gauchistes américains, dans l'objec-tion de conscience, la lutte écologique, etc.

Ces trois hypothèses émises à Sciences-Po en 1972 me

paraissent, aujourd'hui, également fragmentaires, et ne valent que par leurs éventuelles conjugaisons ou alliances.

Alors, que faut-il entendre par contre-culture?

Dans l'optique de ce livre, elle se définit ainsi :

La contre-culture est une culture nouvelle, souvent parallèle ou souterraine, et qui entre en rébellion avec la culture officielle, celle-ci, aux mains de l'économie et du pouvoir, étant jugée aliénante, statique, sclérosée, dépassée ou inutile.

Les armes principales de la contre-culture sont : la création, la critique systématique, le jeu (conception ludique d'un changement révolutionnaire), et la dérision.

Dérision qui n'est pas automatiquement du genre : « Avez-vous lu *Glaires et Pets* de Tolstoï? » mais plus proche — pour mon goût — de cet étudiant, notre ancêtre, qui renversa sur la tête de Louis XI le Pieux, un pot de chambre alors que Sa Majesté se rendait au couvent des Cordeliers.

Dérision encore à la Jean Genet dans ses *Paravents* à l'Odéon en octobre 1966. Dérision enfin à l'image de cet homme auquel on demandait : « Quelle toile de maître il sauverait si le Louvre était en flammes? et qui répondit, sans sourciller :

— La plus proche de la porte de sortie! »

La contre-culture peut être, selon les cas, le fait d'individus isolés mais, le plus souvent, elle est le résultat de l'action collective de groupes ou de communautés. Elle peut s'étendre, en créant de nouveaux supports, à un nombre illimité d'acteurs.

La contre-culture ne prétend pas détruire concrètement la culture existante. Elle la renie, ou s'en détache, pour mieux la prolonger ou l'élargir.

La contre-culture authentique est donc une sur-culture. Et non l'inverse.

A la sclérose, elle substitue la création permanente.

Contre l'ennui discipliné, elle décrète l'état de bonheur urgent, et réclame la jouissance immédiate.

La contre-culture est anti-dogmatique et anti-idéologique.
Elle apparaît donc, simultanément, en désaccord fondamental avec un matérialisme étroit et une spiritualité de bonnes sœurs.
Réclamant, parfois, la recherche d'une finalité transcendante pour l'homme et les siens, elle peut, en ce sens, se manifester de façon irrationnelle.

La contre-culture, des gnostiques à aujourd'hui, ne reculera devant rien pour s'accomplir. Contre la morale et les lois, s'il le faut.

La contre-culture n'est pas un but, mais un moyen. Un simple outil que l'on jettera, sitôt devenu inutile ou jugé insuffisant et ce, pour en créer immédiatement un autre plus apte à servir ses buts.

La contre-culture authentique est évolutive, progressiste et non régressive.

S'en aller élever des chèvres dans l'Ardèche, ce n'est pas forcément entrer dans la contre-culture. Cela peut s'appeler prendre l'air, et aimer les bêtes. A moins que ce ne soit une charmante perversion...

Dans le même ordre d'idée, le programme d'août 1966 de la révolution culturelle chinoise idéologique, dogmatique, et régressive sur le plan de la création, est tout ce que l'on voudra sauf une contre-culture : (*transformer la culture d'une*

élite en une culture de masse ne sert strictement à rien si cette
même culture est déjà pourrie ou dépassée.

Il existe néanmoins plusieurs formes de contre-cultures. Dans le meilleur des cas, elles s'allient pour former une revendication globale. Dans le pire, elles s'annulent.

La contre-culture repose sur la création permanente et la critique systématique. Ce qui peut se traduire, selon les cas, soit par des créations tangibles (œuvres originales), *soit par un simple comportement créatif,* (refus de s'insérer à un troupeau guidé par l'exemplarité, donc, attitude marginale quotidienne).*

Le fascisme peut revêtir l'aspect d'une contre-culture. Pour nous, il n'en est pas une : il s'agit, dans ce cas précis, de l'inversion canalisée d'une force révolutionnaire créatrice, celle de la jeunesse la plupart du temps.

Ne soyons pas dupes.

La contre-culture n'a rien de miraculeux : il y a chez elle, comme partout, des génies et des faussaires, des hommes libres et quelques débiles manipulés.

Nous découvrirons les premiers. Nous démasquerons les autres.

Enfin, il est une autre forme de contre-culture dont j'ai peu parlé ici, manquant d'informations, et je le regrette : celle qui vise à faire resurgir l'orgueil culturel d'une minorité déracinée, opprimée ou simplement délaissée, comme celles des Noirs américains et des Indiens aux États-Unis, ou celles des Bretons, Occitans et autres Basques en France.

Cet aspect fragmentaire mais troublant de la contre-culture, à lui seul, mériterait un livre. Qui l'écrira? Vous, peut-être...

Et, maintenant, que vous avez lu le programme, tournez la page. Le spectacle commence...

PREMIÈRE BATAILLE

Nos ancêtres les Dadas...

I.

Chez Madame Culture

Moi qui écris, je vis une époque décisive. Toi qui me lis, tu la vis aussi. Cette époque, un poète l'a mise en parallèle avec celle où l'homme, déguisé d'écailles, sortit de la mer, acquit une épine dorsale, se dressa sur ses jambes de derrière, se balança dans les arbres, vécut dans des grottes et, finalement inventa le nom d'homme.

Cette époque de la chrysalide humaine fut une grande époque, il avait raison, ce poète. L'homme en sortit sauvage et non domestique.

Non domestique.

C'est à dessein que je n'emploie pas le mot « libre », celui-ci ayant été vidé de son contenu par des idéologues véreux depuis trois mille ans [1].

Il était une fois la culture, totalement utilitaire, moyen de communication et signe de reconnaissance d'un groupe. Dans la tribu ou le clan, elle servait à transmettre, de génération en génération, les connaissances nécessaires à la lutte contre un milieu naturel hostile. A l'intérieur de ce groupe de chasseurs ou de pêcheurs *régnait l'égalité culturelle*, chacun devant assurer sa survie, et donc, sa propre subsistance.

---

1. D'ailleurs, la liberté parfaite, celle vécue pleinement par « l'hirondelle qui va où elle veut » et dont parle Shantidas (Lanza del Vasto) existe-t-elle et a-t-elle jamais existé pour l'Homme, animal corticalisé ?

La culture était déjà une arme, c'est vrai. Mais une arme défensive et nourricière. Certes, l'homme vivait durement. Mais il connaissait l'égalité, la fraternité, tout au moins au sein de son clan.

L'expression « chaleur humaine » voulait dire quelque chose. Quand il faisait froid, et que le feu s'essoufflait, faute de combustible, on se réchauffait en se serrant les uns contre les autres.

La chaleur humaine est la seule énergie qui ne manquera jamais, tant que deux hommes sensés, au moins, vivront sur cette planète.

Ne cherchez pas ailleurs des raisons à la fascination qu'exerce aujourd'hui, sur des êtres simples et sensibles, le désir de fonder une communauté rurale, de vivre proches les uns des autres. J'ai vécu dans certaines communes en Californie. J'en ai vu d'autres en France. Nonobstant les erreurs de parcours et les échecs de quelques-unes, je suis certain de ce que j'affirme.

Ne cherchez pas ailleurs non plus, sur une dimension plus vaste mais plus sporadique, la raison première de ces immenses rassemblements de l'île de Wight, de Woodstock et d'ailleurs. J'y étais. J'ai senti, avec des milliers d'autres, ce qui se passait. Journalistes spécialisés, vous m'emmerdez. Ce n'est pas la pop music qui a fait le succès de « Wight ». C'est Wight qui a donné, un temps, deux ou trois jours, son vrai sens à la pop music.

On oubliera — si ce n'est déjà fait — la majorité des artistes et des groupes pop qui s'y sont produits. On n'oubliera pas la fraternité chaleureuse vécue de ces jours-là.

Comme les guerriers et les pêcheurs de cette époque de la chrysalide humaine, nous avons besoin de cette chaleur. Or, nous sommes en manque. Ceux qui nous entourent deviennent de plus en plus froids, glacis devant leur téléviseur, au fond de leur cage à lapins. Attention! Pour leur réchauffer la couenne, nous pourrions bien, un jour prochain, aller leur botter le cul.

Avec l'apparition de l'agriculture sur la terre vint la possibilité, pour un seul homme, de produire la nourriture d'un groupe. Dès cet instant, les plus forts ou les plus malins imposèrent leur loi. Ils devinrent sorciers, prêtres. Ils furent les premiers détenteurs des pouvoirs culturels.

La culture devenait hiérarchique. Les premières villes apparurent. C'est là que la saloperie commence.

Par mille détails, insignes, emblèmes, vêtements, apparut la fonction, c'est-à-dire la valeur sociale de l'individu. Chez certains peuples, par exemple, où le travail était chose méprisable, celui qui portait des vêtements de forgeron se signalait immédiatement à la vue comme un être inférieur, indépendamment de sa valeur personnelle. On ne l'abordait plus comme un homme, mais comme une *catégorie* définie à l'avance par la culture commune [1].

Cette technique d'identification immédiate fut reprise quelques millénaires plus tard par les nazis. Par le port obligatoire d'une étoile de couleur, différente selon les cas, le Juif, l'homosexuel, le communiste, etc., n'était plus abordé dans la rue comme un homme mais comme une *catégorie* définie également à l'avance par la culture commune nazie.

De communautaire, puis d'élitique, la culture devenait sectaire. Faisant partie de l'héritage, elle marquait la fin de l'individu sauvage, le début des préjugés et des idéologies.

L'homme non domestique allait disparaître.

Le xixe siècle offrit à l'homme une première chance de se ressaisir.

Primo, on entrevoyait, depuis Robespierre, la possibilité

---

1. Il s'agit là d'une simplification volontaire. En effet, si l'individu était bien abordé, non plus comme un homme, mais comme une catégorie définie à l'avance par la culture commune, cette notion de castes dans les sociétés théocratiques était plus qu'une simple hiérarchie sociale — comme les classes d'aujourd'hui — basée, elle, sur le strict plan du profit, de l'exploitation, de l'accession à la richesse et au pouvoir. Avec les castes, chaque homme était fixé, une fois pour toutes, dans une catégorie, pour son accomplissement possible.

d'un homme vivant avec dieu, si bon lui semblait, mais dans une société sans religion. Jaurès reprendra cette idée. En outre, la nature ingrate, hostile, à laquelle l'homme avait été soumis, se voyait dominée par la révolution industrielle. On aurait pu penser, cette nature domptée pourvoyant aux besoins de tous (au moins dans les pays industrialisés), qu'injustices et préjugés disparaîtraient peu à peu. Et, ainsi, que l'homme pourrait enfin se définir comme un *sujet original* et non comme *un objet social interchangeable*.

Il n'en a rien été.

Le rôle historique de la bourgeoisie industrielle qui avait été de libérer l'homme de l'emprise tyrannique de la nature n'a fait que précéder le rôle historique : à l'ouest de la bourgeoisie d'affaires, à l'est d'une bureaucratie politique, actuellement au pouvoir, rôle qui est de maintenir *culturellement* l'homme sous la domination du milieu social qu'elles créent et contrôlent, l'une et l'autre, par l'entremise des médias en temps de paix, et par celle de l'armée et de la police quand les choses se gâtent.

Le premier objectif d'une contre-culture authentique sera donc de se dégager de cette emprise, de rendre aux hommes et aux femmes la possibilité d'être non domestiqués et heureux, c'est-à-dire, encore une fois, d'être des *sujets originaux* et non *des objets sociaux interchangeables*.

La contre-culture, c'est apprendre à dire *non*.

> *Hey Jude, réagis,*
> *Tu n'as pas à porter tous les malheurs du monde*
> *Tu sais bien que seuls les imbéciles*
> *jouent l'indifférence,*
> *et rendent leur univers un peu plus froid.*
> *Hey Jude, tu t'en sortiras,*
> *C'est à toi de sauter le pas.*

C'est déjà ce que chantaient les Beatles.

Saint-Just, lui, l'avait dit autrement : « Il n'y a que ceux qui sont dans les batailles qui les gagnent. »

En octobre 1972, j'étais à New York. Bob Dylan, aussi, pour y jouer avec quelques copains à lui, inconnus, qui s'étaient réunis en séance pour faire un disque.

Un journaliste de presse underground en profita pour l'accrocher, lui reprochant de ne pas s'engager plus hardiment dans le combat révolutionnaire.

« Tu n'as pas vu les pancartes? Le terrain est miné! » répondit sèchement Dylan.

L'autre partit furieux, sans avoir compris, mais bien décidé à pourfendre ce chantre mou de la contestation.

J'ai raconté cette anecdote car elle me semble significative. Dylan avait raison : tout le vocabulaire est piégé à gauche comme à droite. Un mot à côté d'un autre et ça vous pète à la gueule!

Troublés par des idéologues, émus encore par des sermons anachroniques, ballottés entre plusieurs informations dirigées, nous employons quotidiennement des mots pour d'autres. A l'image de nos perceptions atrophiées (vision, ouïe, odorat) par le milieu social et ses pollutions, nous avons oublié l'origine d'une quantité invraisemblable de mots, leur signification réelle. Nous avons perdu les secrets du langage.

Cela nous serait indifférent si ce même langage, considéré par la majorité des hommes comme un moyen de communication essentiel, n'était resté le véhicule préféré de la démagogie.

Le renouveau créatif dû, en ce domaine, entre autres, à James Joyce, Proust et Céline a trouvé peu d'échos dans notre vie moderne. A leurs apports essentiels, la culture du fric a préféré les superlatifs chers aujourd'hui à la publicité, à la religion et à la politique. D'ailleurs, n'est-ce pas le même domaine?

Mais le plus surprenant dans cette histoire, c'est que des hommes et des femmes, prétendument révolutionnaires et résolument débiles, utilisent ce même langage. Un peu comme ces bourgeois, intellectuels de gauche, qui « parlent vulgaire à la télévision » pour faire croire qu'ils sont proches du peuple. Ce qui ne trompe personne, et surtout pas le peuple en question.

Ne vous méprenez pas. « Lorsque le cri le plus déchirant trouve son langage le plus ferme, la révolte satisfait à sa vraie exigence et tire de cette fidélité à elle-même une force de création. Bien que cela heurte les préjugés du temps, le plus grand style en art est l'expression de la plus haute révolte. »

Cette remarque d'Albert Camus n'a pas été entendue.

Un peu partout dans le monde, au moins occidental, des milliers de garçons et de filles, déçus par les échecs, désenchantés par les réactions d'un vieux monde dont ils ne voulaient plus, sont aujourd'hui, consciemment ou inconsciemment, complètement inféodés aux chefs boutiquiers, et utilisent dans leurs œuvres, leurs articles ou leurs tracts, le langage même des prêtres-marchands.

Avec encore moins de vergogne, des médias jettent le masque et dévoilent leurs règles secrètes, poussés comme ils le sont par la concurrence.

Article A/ Il y a dans chaque homme ou femme un cochon de consommateur qui sommeille. Avoir du talent, c'est le réveiller.

Article B/ Tous les lecteurs, auditeurs, spectateurs et téléspectateurs sont des cons.

Article C/ Les électeurs aussi. D'ailleurs, ce sont les mêmes. Du moins, on l'espère.

Alors, on ne leur parle plus clairement. Pourquoi s'expliquer? A quoi bon risquer le supplice de l'analyse, les inconvénients de la critique, les dangers du dialogue. Mai 1968 les a traumatisés. Ils ont peur.

Pour tous les partis, toutes les sectes, toutes les coteries, des programmes différents (si peu) mais un seul mot d'ordre : éviter la prise de parole par le bas. C'est-à-dire par nous. Par chaque individu. Par l'homme.

Ils ne parlent plus. Ils slogannent.

Depuis Goebbels, le slogan a cet avantage par sa concision extrême et son phénomène de répétition qu'il finit par s'infiltrer dans le cerveau au point que l'on arrive à croire qu'il n'est pas une information extérieure mais, au contraire, le reflet, la réplique exacte de ce que l'on avait toujours pensé soi-même.

Pour régner « culturellement », il ne faut plus aujourd'hui diviser sur l'essentiel. Il faut coaguler sur le superflu.

J'affirme, cette fois d'accord avec ma brute de père, qu'à notre époque, 80 % des « têtes pensantes » sont d'accord pour duper le corps humain.

Pour ne pas le laisser, une seule seconde, réfléchir à sa condition propre et réelle, extérieure et intérieure.

Le député vocalise dans l'abstrait devant les caméras de T.V., sous l'œil humide de ses congénères, amis ou adversaires, mais qui tous reconnaissent en lui un des leurs.

Parce que Jésus, idiot du village de Bethléem ou révolutionnaire de Gamala, est devenu une superstar, aussi super qu'une nouvelle lessive, un cardinal putasse au micro dans un nouvel éther divino-politique, bourré d'enzymes et de sauce pop'.

Le banquier et le promoteur rock et rollent leurs possibilités d'emprunt. On lessive sur Mozart. On désodorise avec Beethoven. Et Dali qui a oublié l'âge d'or de 1930 vend des relents de génie à la chocolaterie en gros. A quand Rimbaud dans les bras de Verlaine patronnant une eau de toilette pour nous les hommes ? Et l'effigie de Marie Curie sur un paquet de serviettes hygiéniques, pour vous petite Madame ?

La religion est à l'Olympia et la littérature dans les postes à essence. Dans les galeries de peinture, les tableaux ne se vendent plus qu' « au point », c'est-à-dire selon une unité de surface. Allons, braves gens laissez-vous tenter, le petit c'est pas cher, le grand c'est plus cher. Mais c'est un placement sûr! Ce qu'il y a sur la toile, on s'en fout. Tout le monde s'en fout, à commencer souvent par l'artiste, puis le marchand, enfin l'acheteur.

Dans les grands magasins, pour le peuple, on vend des gravures ou des lithographies numérotées à 100 et qui, en fait, ont été reproduites à 330 exemplaires minimum!

A bas la société spectaculaire marchande! criait déjà aux Beaux-Arts en mai 68 un clerc qui avait sans doute lu les tracts situationnistes.

La société « culturelle » devient lentement, imperceptiblement sous nos yeux et à nos oreilles fatiguées, une formidable maison de passe pour putains artistiques ou intellectuelles. Sans oublier les maquereaux professionnels de la révolte et les souteneurs idéologiques.

Certains se sont aperçus de la machination. Mais les plus âgés baissent souvent les bras, des bras qu'ils ont eus longs. Ils ont fait leur temps, leur vie, comme ils disent, et puis à quoi bon? « Ce mouvement, ces duperies, ces blocages sont trop puissants pour ne pas être irréversibles... »

D'autres, un instant lucides, courageux, se taisent bientôt, gagnés comme ils le sont par la confusion ambiante, quand ce n'est pas l'appât du gain ou celui des honneurs.

D'autres encore, plus jeunes, partent en courant fonder une communauté rurale. Mais ils oublient hélas, cinq fois sur dix, qu'ils emportent le chaos enseigné dans leur baluchon, prélude à un avortement rapide et prématuré de leur expérience : la communauté en tant que micro-société, fermée au monde, ne mène à rien. Seules, les communautés ouvertes sur l'exigence globale de la révolte (politique et métaphysique) et donc créatrices, peuvent déboucher sur une démarche constructive. La communauté doit être un maquis de l'intelligence qui contamine les imbéciles. Et non une montée en loge où l'on se regarde le nombril.

Le temps passe et, chaque jour, l'air du temps s'oxyde un peu plus. Pas seulement en carbone. Il est d'autres pollutions, plus insidieuses encore.

Pour tous ces asphyxiés, rien ne veut plus tout dire et tout ne veut plus rien dire.

On respire mal, au fond. Mais on vit pour la forme.

Et, a force de dire n'importe comment, on finit par dire n'importe quoi...

Apprendre à dire non à toute cette mascarade culturelle dont le Vieux Monde et ses tenants ont besoin pour survivre, ne signifie pas, une fois encore, qu'il faille pour autant renchérir sur la confusion ambiante.

« Cours, camarade, le Vieux Monde est derrière toi », pouvait-on lire en 1968 sur les murs de l'Odéon. Aujourd'hui j'ajouterai : « Cours, camarade, mais fais gaffe où tu poses les pieds. »

De fait, sur la route, chausse-trapes et escrocs pullulent. Les premières, quasiment invisibles. Les seconds, trop convaincants.

On parle beaucoup aujourd'hui, par exemple, d'une contre-culture américaine qui nous épargnera la crétinisation définitive. Écoutez ce discours :

« Tel est, je l'ai dit, le projet essentiel de notre contre-culture : proclamer un nouveau ciel et une nouvelle terre, si vastes, si merveilleux que les prétentions démesurées de la technique soient réduites à n'occuper dans la vie humaine qu'une place inférieure et marginale.

« Créer et répandre une telle conception de la vie n'implique rien de moins que l'acceptation de nous ouvrir à l'imagination visionnaire. Nous devons être prêts à soutenir ce qu'affirment des hommes tels que Blake, à savoir que certains yeux ne voient pas le monde comme le voient le regard banal ou l'œil scientifique, mais le voient transformé, dans une lumière éclatante et, ce faisant, le voient tel qu'il est vraiment.

· « Au lieu de nous empresser de minimiser le témoignage de nos voyants enchantés et de l'interpréter au niveau le plus bas et le plus conventionnel, nous devons être prêts à admettre la scandaleuse possiblité que, partout où se manifeste l'imagination visionnaire, la magie — cette vieille ennemie de la science — renaît pour transmuer notre réalité quotidienne en quelque chose de plus grand, de plus effrayant peut-être, mais sûrement de plus aventureux que le pauvre rationalisme de la conscience objective ne pourra jamais le concevoir. »

Étonnant, non? C'est du sous-sous-Pauwels avec quinze ans de retard. Ce morceau de bravoure que vous entendez partout, cette contre-culture miracle a été définie par Théodore Roszak, professeur du California State College de Hayward. Sa perversion, son obsession à lui, c'est les technocrates. Il en voit partout. Ils sont responsables de tout. Il ne fait qu'un rêve la nuit : les détruire.

« Quelques-uns des maîtres à penser de notre jeune contre-culture ont, dit-il, par des voies différentes, mis en question la validité de la conception scientifique conventionnelle du monde et, ce faisant, entrepris de saper les fondations de la technocratie. »

Ils sont fous ces Américains.

Intelligents ou débiles, doués d'un bon sens critique ou complètement superficiels, profondément sensibles à ce qui se passe autour d'eux ou radicalement à côté de leur temps, créateurs ou simples commentateurs, prix Nobel à trente-cinq ans ou d'une ignorance crasse à cinquante : chez les professeurs universitaires américains, c'est tout ou rien.

Roszak, c'est rien. Ou disons, pas grand-chose.

Il confond les effets et les causes, la machine et son utilisation, l'énergie et la force, l'idée de Dieu et la religion, l'utile et l'utilitaire, les modes et la création, les caprices exotiques et la révolution culturelle, etc.

Pour Roszak, entre autres âneries, Marcuse est le successeur idéologique de Marx dans l'esprit des jeunes européens *(sic);* et c'est avec Allen Ginsberg, l'inventeur de l'écriture automatique *(re-sic)* que la contre-culture a commencé *(re-re-sic)*.

Cher Roszak! Révolutionnaire mais pas trop hein? Car le bougre a des pudeurs dignes d'une vieille fille de Boston. Pour lui, libération sexuelle égale pornographie; la drogue (il les confond toutes) est un bouillon diabolique; et l'expérience psychédélique, (qu'il n'a visiblement jamais tentée), un infini de pacotille.

Dur, non?

Mais le plus con-fondant de tout chez Roszak et ses con-génères, c'est de vouloir faire naître la contre-culture aux États-Unis vers 1950.

Alors là, je dis non. Halte à la falsification!

Car, en réalité, cette contre-culture américaine n'est que la fille naturelle d'une contre-culture européenne née, elle, il y a une cinquantaine d'années, puis resurgie vers 1946...

S'il y a une bibliothèque au California State College de Hayward, je conseille à Monsieur Roszak d'y passer quelques heures.

Il y apprendra qu'on ne peut rien entendre à la contre-culture actuelle si l'on ne connaît pas, d'abord, cette formidable explosion décisive des années 20, et les terribles répressions qui s'ensuivirent.

Il y verra aussi comment, ces jours-là, renonçant à leur mission créatrice, les dieux s'assemblèrent comme des mouches autour du sacrifice...

CRÉEZ !

« Ce qui fait que les pensées humaines s'égarent dans les abîmes de l'admiration ce n'est pas la grandeur, la perfection des effets qu'ils voient l'industrie des sages artisans faire naître des causes naturelles; c'est la nouveauté de l'expérience qu'ils acquièrent tout soudain, car ils n'avaient pas songé que l'œuvre était facile pourvu que l'étude diligente s'y associât au jugement sévère.

« Donc ayez l'esprit libre, et dépouillez-vous de toute frayeur. »

RABELAIS.

Langue admirable qui, traduite en moderne veut dire :

« Désacralisez la culture qu'on vous impose, et ses réprésentants.

« Osez.

« Créez à votre tour. Vous ferez aussi bien. Mieux peut-être... »

2.

La contre-culture des tranchées
(Dadaïsme, surréalisme, Grand Jeu, etc.)

Avant qu'elle ne termine sa carrière sur le trottoir de la consommation, la « culture » de ce vieux monde avait été ébranlée par une série de chocs sismiques.

Des hommes, aux perceptions aiguës, les avaient provoqués, créés, assumés ou plus simplement enregistrés bien avant que nous en ressentions les nécessités.

L'épicentre de ce phénomène se situe en Europe occidentale, au début du siècle, et plus précisément entre le 28 juillet 1914 et le 11 novembre 1918, lieux et dates de la Première Grande Foire Internationale de la Boucherie Humaine.

Aussi triste que soit le constat, il faut d'ailleurs reconnaître aux conflits armés, parallèlement aux horreurs engendrées et à la redistribution brutale des cartes, cette faculté d'accélérer la décomposition des civilisations malades, en libérant les instincts agressifs contre-culturels de quelques-uns. « *Je dis que ce que l'attitude surréaliste au départ a eu de commun avec celle de Lautréamont et de Rimbaud... c'est le défaitisme de guerre* », notera plus tard André Breton.

Ce même poète qui s'écrie, à l'âge de vingt-quatre ans : « *Il y a un message au lieu d'un lézard sous chaque pierre...* » A chacun de soulever la sienne. Mais la majorité n'entend rien à ce message, comme d'habitude.

Cette majorité de cadres, d'artisans, de commerçants, d'agriculteurs et d'ouvriers, soigneusement endoctrinée à plusieurs niveaux, se fout éperdument que les discours prononcés, les catéchismes enseignés et les connaissances admises soient vrais ou faux, dès l'instant ces où discours, catéchismes et connaissances lui permettent de s'intégrer, de se maintenir ou de s'élever dans la hiérarchie du système culturel établi.

Par sa volonté d'ignorance de la découverte, par sa crainte de jouir et par son mépris des créateurs, cette majorité se livrera à de nouveaux démagogues qui, vingt ans plus tard, la livreront comme du bétail, à la Deuxième Foire Internationale de la Boucherie Humaine...

Pendant plus de quarante ans, maintenus sous les plus formidables jougs culturels qu'il soit possible d'imaginer (libéraux aux États-Unis, républicains en France, staliniens en U.R.S.S, nazis en Allemagne et fascistes en Italie), les peuples ignoreront pratiquement tout de la nouvelle culture qui vient de naître...

Car la période 1910-1925 a été pour l'homme tout autre chose que les tranchées où l'on égorge, les gaz asphyxiants, les récits héroïques, les défilés en capote bleu horizon et la haine du « boche » en casque à pointe.

Écœurés par le massacre ou loin des champs d'honneur, des Slaves, des Latins, des Juifs, des Germains vont édifier, au début dans un quasi-anonymat, le premier mouvement contre-culturel du XXe siècle.

Tandis que Lénine et Trotsky, aidés par des millions d'hommes concrétisent l'utopie marxiste, Einstein, *seul*, jette les premiers pavés dans la gueule des flics de la science positiviste, en posant les premières pierres de la physique théorique moderne.

Pour reprendre l'image de Breton, Einstein a soulevé la pierre. « *Nous nous sommes trompés* » (sous-entendu, vous vous êtes trompés), affirme l'homme seul et modeste auquel l'atome va livrer bientôt ses secrets, « *fausse la conception de l'espace que nous avions; faux le temps que nous avons fabriqué. La lumière se propage en ligne courbe et la masse des corps est un véritable élastique...* »

Relativité restreinte, relativité générale; théories géniales aujourd'hui confirmées, dont dépend tout un aspect du futur humain et dont peu d'entre nous, y compris les scientifiques, sont aujourd'hui capables d'assumer les promesses. De l'atome désintégré, de la relativité des hyperespaces, de tous ces espoirs fous, que nous reste-t-il? Qu'ont-ils fait d'Einstein, qui écœuré, prononcera un jour cette forte parole : « *Si c'était à refaire, je serais plombier!* »

Contre-culture... A Vienne, un homme, un psychiatre (et pas un nouveau messie), appelé Sigmund Freud, publie *Au-delà du principe du plaisir*, ouvrage capital où il oppose Éros, notre instinct d'amour et de vie, à Thanatos, pulsion d'agressivité et de mort.

Sans oublier la preuve réaffirmée par lui que la conscience n'est qu'une partie du domaine psychique de l'homme et que, de surcroît, elle est tributaire d'un univers insoupçonnable (en tout cas insoupçonné jusqu'alors) mais réel : l'inconscient [1].

Si Einstein met en déroute la physique classique et ruine le déterminisme naïf du XIXᵉ, Freud, lui, démolit la respectabilité bourgeoise et, avec ses travaux sur la sexualité, s'insurge contre la morale religieuse obligatoire dans l'intérêt d'un éventuel salut éternel.

« Ils ont tué Descartes! » s'écrie Gérard Bonnot [2]. Admirable formule pour des combattants admirables.

---

1. Travaux qui, pour certains, ne seraient qu'une redécouverte. En Orient par exemple, l'inconscient est l'idée fondamentale des véritables enseignements hindous et thibétains : le manifesté et le non-manifesté sont les noms que l'on donne à la conscience et à l'inconscient.

Si les Orientaux n'utilisent pas l'exemple de l'iceberg presque entièrement immergé, ils emploient volontiers celui « des racines de l'arbre qui sont sous la terre » ou encore celui de la « mare » dont nous voyons les bulles crever la surface sans voir la fermentation qui se déroule au fond de l'eau.

Sans oublier, en Occident, les travaux de Charcot, Janet, etc.

2. *Ils ont tué Descartes*, par Gérard Bonnot (Denoël, Médiations Gonthier).

Attaquées sur trois fronts, l'un socio-politique (Marx), le second cosmique et métaphysique (Einstein), et le troisième moral et éthique (Freud), les religions traditionnelles vont commencer à craquer...

Méditez cette étrange coïncidence...

En ce qui concerne l'Occident, plus précisément, tout ce qu'un Juif de langue araméenne a (soi-disant) construit il y a deux mille ans, trois autres Juifs de langue allemande vont le défaire en moins d'un siècle. Avec ce triple assaut contre-culturel, la boucle se referme... inexorable.

Partant de ces travaux, s'inspirant de ces découvertes, l'art entre en mutation. Le Roumain Moreno invente le psycho-drame dont s'inspireront plus tard les techniques de l'Actors studio, les happenings de Yoko Ono et de John Cage, le Living Theater et les cinémas vérité d'Andy Wharol et de Kenneth Anger.

Définitivement inscrit dans ce mouvement contre-culturel, le freudisme s'installe sur les scènes, met les hommes à nu dans des réalisations linéaires ou futuristes, utopistes ou révolutionnaires (auteurs : Ernst Toller, Carl Sternheim).

La route semble désormais ouverte pour la conquête du cerveau. En 1928, à Paris, des études systématiques de Baruk et de Jong aboutiront à la reproduction expérimentale de la catatonie à l'aide d'une drogue psychotrope, la Bulbocapnine, tirée d'une plante la *Corydalis cava*. Dix ans plus tard, Hoffmann « inventera » le LSD. Une nouvelle science, la psychopharmacologie va naître où des drogues, savamment utilisées, remplaceront les thérapeutiques dures comme la lobotomie et pourront, dans un nombre incalculable d'autres cas, guérir, ou pour le moins soulager, l'homme de sa misère intérieure. Grâce à la drogue, d'autres portes vont s'ouvrir. D'autres voies, semées d'embûches il est vrai, deviennent *possibles*.

Mais, hormis les expériences des membres du Grand Jeu dont nous parlons plus loin, il faudra attendre quarante ans pour voir apparaître les prémices d'un comportement culturel nouveau : l'art psychédélique.

Nous n'en sommes pas là. Revenons donc à cette période active de 1910-1925. L'ébullition est contagieuse. Poésie et peinture sont touchées à leur tour. Un solitaire, italo-grec d'origine, Giorgio de Chirico, transpose la relativité des hyperespaces temporels dans ses « mannequins et intérieurs métaphysiques ». Qu'y voit-on ?

La fixation des lieux éternels, où l'objet n'est plus retenu qu'en fonction de sa vie symbolique et énigmatique, assigne rapidement à l'homme une structure qui exclut tout caractère individuel, le ramène à une armature et à un masque.

Œuvre médiumnique ? Peut-être. Et si nous étions déjà les mannequins de Chirico, sans foi ni visages ?

L'homme égaré par les mythes de sa propre civilisation.

Œuvre aujourd'hui encore énigmatique, indéchiffrable à bien des égards que celle de Chirico. Œuvre fulgurante, capitale, qui s'étale sur moins de dix ans (1911-1918), puis s'éteint définitivement [1].

Ailleurs, autant fascinés par les mystères de l'automatisme qu'écœurés par le massacre des forces vives de l'Europe, Huelsenbeck l'Allemand, Arp l'Alsacien et Tzara le Roumain fondent le mouvement Dada à Zurich, le 8 février 1916 :

« Cependant, au centre de l'Europe déchirée de batailles, en Suisse, à Zurich, des hommes s'étaient rencontrés que les circonstances ou leurs goûts personnels tenaient éloignés des terrains de combat.

« Au début de 1915, un réfractaire allemand, Hugo Ball, avec

1. En ce sens, l'œuvre de Chirico, prémonitoire et cri d'alarme peut être considérée comme la plus importante du xxe siècle et très supérieure à celle de Picasso, trop souvent envahie par des recherches purement formelles.

Individualiste féroce, il déclarait en janvier 1974 à Jacques de Ricaumont : « Je n'ai jamais aimé que, sur ce qui fut le mystère d'un seul, se crée le style de plusieurs. » Puis, à propos de ses dons de visionnaire, il ajoutait : « La perception d'un monde ne présente pas pour moi de grosses difficultés car c'est un phénomène qui me vient comme du dehors ou de l'au-delà, mais il faut savoir le capter. » Chirico a aujourd'hui 85 ans.

son amie Emmy Hennings, organisa dans un café de la Spielgasse dans le vieux Zurich, le cabaret Voltaire, des soirées où l'on disait des vers, où des peintres présentaient et commentaient leurs œuvres, où l'on mettait en scène des spectacles de danse.

« Bientôt l'Alsacien Jean Arp se joint à Ball, ainsi que Tristan Tzara et Marcel Janco, qui viennent d'arriver de leur Roumanie natale et, quelques temps après, le poète allemand Richard Huelsenbeck. La genèse de ces soirées est racontée par Ball dans la notice de présentation du Cabaret Voltaire... : " Le but de ce cahier est de rappeler qu'il y a eu au-delà de la guerre et des patries, des hommes indépendants qui vivent d'autres idéaux [1] " »

« ... *Au-delà de la guerre et des patries, des hommes indépendants qui vivent d'autres idéaux* » : une des sources majeures de la contre-culture moderne jaillit dans cette phrase, impétueuse.

A cette époque où l'on s'en va tuer des hommes que l'on ne connaît pas, la fleur au fusil; à la veille de cette autre époque où les idéologies nationalistes exacerbées vont une nouvelle fois ravager le monde; en ces temps où les écrivains officiels de tous les camps, rémunérés par l'État, encouragent à la tuerie, à défendre la mère patrie qui n'est déjà plus qu'une vieille putain abstraite et corrompue, des HOMMES INDÉPENDANTS VIVENT D'AUTRES IDÉAUX.

Née en Suisse, la contre-culture dadaïste déferle sur l'Allemagne puis la France. Les spectacles-provocations alternent avec des apostrophes anti-culturelles d'une intransigeance délirante comme le célèbre : « *Plus de peintres, plus de littérateurs, plus de musiciens, plus de sculpteurs, plus de religions, plus de républicains, plus de royalistes, plus d'impérialistes, plus de socialistes, plus de bolcheviques, plus de politiques, plus de prolétaires, plus de démocrates, plus d'armées, plus de polices, plus de patries, enfin assez de toutes ces imbécillités, plus rien plus rien, rien, rien, rien.* »

Plus rien que l'homme sauvage, enfin conscient, et non domestique. Que table rase soit faite de toutes ces aliénations.

1. Marcel Jean : *Histoire de la peinture surréaliste*, Paris, éd. du Seuil.

Cette apostrophe contre-culturelle, aux limites de l'insoutenable, si l'on n'y percevait l'humour, date du 5 février 1920. Jamais, à ma connaissance, un trublion célèbre ou anonyme de mai 1968 à Paris, de Berkeley ou de Berlin n'a été aussi loin dans l'art précis de « *dire non au système* » [1].

La culture nouvelle ne veut plus flatter l'œil ou l'oreille. Marcel Duchamp, un peintre français, se met brusquement à signer des *ready made*, objets d'anti-art, objets tout faits, d'un usage quotidien:porte-bouteilles un jour, roue de bicyclette le lendemain et même un urinoir qu'il rebaptise ironiquement « Fontaine ». Duchamp emprisonne 50 cm³ d'air de Paris dans une bulle, signe des pelles à neige, des portemanteaux, des peignes, des girouettes; Duchamp met des moustaches à la Joconde, le plus célèbre tableau du monde.

Avec Duchamp, pour la première fois dans l'histoire de l'art, la dérision culturelle devient une arme.

Et, si l'on admet que la contre-culture est un sacrifice nécessaire à la progression de l'homme, l'humour est un poignard aux blessures insoupçonnables qui manque souvent aux révoltés d'aujourd'hui.

A quelques milliers de kilomètres de là, exactement à la même époque, deux artistes russes brisent, eux aussi, les moules de la plastique traditionnelle : Kandinsky et Mahlévitch.

Kandinsky, petit-fils d'une princesse asiatique, amorce la rupture de toute relation avec les apparences, que n'avait pas consommée le cubisme nègre, simple source de variations formelles et analytiques de l'objet sur une surface donnée.

Avec Kandinsky, la cassure se produit, irrémédiable. Le peintre asiate porte en lui les ferments d'une peinture complè-

1. « Tout est dada » reconnaissait et réaffirmait un tract collé au foyer de l'Odéon en mai 1968.

tement informelle dont l'art moderne, soixante ans après, n'a pas fini de se nourrir [1].

Mahlévitch, peut-être plus rigoureux encore, dessine pour sa part un carré noir sur la feuille blanche d'un cahier d'écolier et, partant de cet autre acte dérisoire, il invente, lui aussi, l'espace et le langage non figuratif et tend vers le point où peinture et non-peinture se confondent.

Kandinsky, Chirico, Duchamp, Mahlévitch, Max Ernst, sont les premiers artisans de la contre-culture picturale moderne.

« L'un et l'autre (Duchamp et Mahlévitch) ont donné une nouvelle définition de l'art qui remplaçait les critères traditionnels de qualité, de beauté, de délectation par les notions de nécessité, d'efficacité, d'énergie », souligne François Pluchart dans *Pop Art et Cie*.

Contre un système qui tente de se régénérer dans le sang des charniers, les attaques se multiplient, un peu partout.

Un autre peintre, d'intérêt médiocre mais architecte passionné, Charles Jeanneret prend le pseudonyme de Le Corbusier. A Weimar, la même année (1919), un autre architecte, Walter Gropius et quelques camarades dadaïsants fondent le Bauhaus, nouvelle corporation d'artisans, formidable école d'art moderne, unique en son genre jusqu'à aujourd'hui et dont Hitler s'empressera de fermer les portes dès 1933, c'est-à-dire dès son arrivée au pouvoir.

Les uns et les autres veulent réconcilier l'homme et son environnement en accordant, notamment à l'habitat le pouvoir d'améliorer spectralement l'univers de l'individu et des siens.

Ce faisant, Le Corbusier et les artistes du Bauhaus posent aussi et surtout le problème numéro un de l'art (et celui de

---

1. Citons, simple rappel, les précédents non systématisés de la peinture informelle : tachisme de Victor Hugo, quelques toiles de Monticelli « maître » de Van Gogh. La place manque ici pour montrer l'apport particulier de Kandinsky et celui de ses correspondances étrangères : Mondrian, Delaunay, Paul Klee, etc.

la culture tout entière); à savoir ses rapports avec l'industrie qui le guette, bien installée sur son socle.

A cet instant précis se joue notre destin, au moins au niveau de l'environnement.

Le Corbusier trop matérialiste, dit oui à la Machine : il est d'accord pour soumettre l'art et la culture à l'industrie, pour normaliser, planifier, niveler, rationaliser. Son « Diorama pour la Ville contemporaine » qui date de 1922 en témoigne déjà. Les H.L.M. viendront en leur temps (c'est-à-dire le nôtre) avec leur cortège d'ennui, de solitudes, d'angoisses collectives et de débiles mentaux.

Le Bauhaus, plus spiritualiste, a dit *non* à la Machine. Que celle-ci porte un jour le masque souriant de la Social-Démocratie ou le lendemain, celui plus taciturne et rigoureux de l'hitlérisme. Les membres du Bauhaus, dadaïstes, anarchistes et révolutionnaires dans l'âme ont compris le danger. Pour la santé mentale et l'épanouissement de l'homme, il faut absolument prendre le virage. Il est encore temps d'inféoder l'industrie naissante à la culture, ce qui donnera l'esthétique industrielle et, plus tard aux États-Unis où le nazisme les a exilés, le *design*.

Ce *design* dont on commence à reparler aujourd'hui avec espoir, compte tenu et constat fait du gâchis féroce, triste et bétonné qui nous oppresse...

Nous reviendrons également sur les deux aspects contradictoires de cette démarche architecturale des années 20. Mais, d'ores et déjà, et dans le sens où nous allons situer la véritable contre-culture, on peut avancer l'exemple frappant de ce Le Corbusier, qui, bien qu'auteur de la première pensée urbaniste et longtemps considéré comme un architecte révolutionnaire, n'est en fait qu'un nouveau pion sur l'échiquier *culturel*, parfaitement intégré aux champs de force magnétiques de la Machine aliénante.

Le Corbusier n'est pas, comme on l'a cru, un des maillons de la Révolte. Il n'appartient pas à ces artistes dont parle Germain Bazin « *qu'aucun principe esthétique n'animait au début de leur carrière, sinon la volonté de détruire le capital artistique de l'Occident* ». Ou bien Le Corbusier n'est-il qu'une victime, qu'un de ces révoltés au départ, « *contre le rôle du capital dans l'économie humaine, et tendant à instaurer une société nouvelle sans accumulation de richesses, idéal que la société industrielle fera transgresser dans les faits par ces révolutionnaires mêmes* ». Fou du roi ou simple dupe, Le Corbusier (et son succès) ont relégué dans l'oubli pendant près d'un demi-siècle les travaux du Bauhaus, véritables éléments contre-culturels.

Autres acteurs inattendus, jaillis comme diables de la boîte dadaïste, et choisissant délibérément un autre terrain de lutte, celui de l'inconscient exploré scientifiquement par Freud, peintres et poètes surréalistes s'élancent à la conquête de continents inconnus et mouvants appelés rêves, délires, automatismes, états hallucinatoires...

« Tout porte à croire qu'il existe un certain point de l'esprit d'où la vie et la mort, le réel et l'imaginaire, le passé et le futur, le communicable et l'incommunicable, le haut et le bas cessent d'être perçus de façon contradictoire. Or c'est en vain qu'on chercherait à l'activité surréaliste un autre mobile que l'espoir de détermination de ce point. » (Second manifeste du surréalisme, 1929.)

Parallèlement au surréalisme, des adolescents au génie tourmenté, les Phrères Simplistes du Grand Jeu (Daumal, Lecomte, Vaillant, Mayrat) lancent, eux aussi, l'art et la poésie à l'assaut des citadelles intérieures. Mais, pour mieux vaincre puis capter ces « Forces du Dedans »[1] , ils prennent plus de risques encore que les compagnons de Breton. Et, en utilisant notamment l'arsenal des drogues, ils s'imposent comme les vrais précurseurs du mouvement beatnik, du phénomène hippie et de toute la contre-culture underground des années 1955-1970.

Et, si le groupe pop du Pink Floyd, par exemple, composait un jour prochain un disque-album en hommage à René Daumal, ce ne serait que justice...

___

1. Lire absolument sur le Grand Jeu : *Les Forces du Dedans* de Michel Random.

Freudisme, art abstrait, dadaïsme, Bauhaus, surréalisme, Grand Jeu... On a pu se demander si tous ces éléments contre-culturels avaient un but commun ou, pour le moins, des affinités réelles et profondes?

Deux nazis, Alfred Rosenberg et Joseph Goebbels, ont répondu à la question et nous verrons comment. Pour eux, il ne faisait aucun doute que ces hommes fussent unis par un pacte diabolique, visant à la dégénérescence de l'art et à la destruction totale de la culture occidentale. A peu près à la même époque, en U.R.S.S., des censeurs staliniens ont adopté sensiblement le même point de vue. Nous en reparlerons aussi.

Donc, les ennemis se sont trouvés, très vite. Depuis, le combat continue.

Pour les premiers, engagés dans la contre-culture et bannis par les « officiels », aucune compromission ne semble possible. D'où l'excès nécessaire de leur protestation [1].

Il faut faire table rase de tout ce qui a été, disent-ils; la révolution seule souhaitable devra liquider sans nuances toutes les formes du passé.

Ils opposent à tout antécédent la barrière d'un non absolu.

Ils ne sont ni frères ni amis. Certains se feront même adversaires.

Mais, pour tous, un même cri de ralliement : « Brûlons les musées » [2]. Ce qui entend : il faut brûler l'ordre bourgeois qui a conduit à la guerre de 14-18. Il faut brûler les combinards, les groupes de pression, le patriotisme démagogique, la vénalité politique, la lâcheté des chefs et la bêtise des hommes. Il faut brûler les positivistes et les scientistes. Il faut brûler l'hypocrisie religieuse.

Brûler les musées, cela veut dire, et pas seulement pour les artistes mais pour nous tous, vivre son temps, construire un

---

1. « Exagérer, c'est commencer d'inventer », lisait-on sur les murs de Censier en mai 1968.

2. Pas un d'entre eux n'aurait vraiment détruit une œuvre de Velasquez, Goya, ou Michel-Ange, autres *créateurs*. Il ne s'agissait là que d'un cri symbolique.

monde à sa mesure. Un monde à la mesure d'Einstein, de Planck et de Niels Bohr.

Une société se référant sans cesse à sa culture passée pour servir d'alibi à son inertie actuelle n'est pas une société en évolution : « ...la tradition doit être répudiée, non parce qu'elle conserve l'antique, mais parce qu'elle le pourrit et l'exploite. »

Hitlérisme et stalinisme, je l'ai dit, vont réagir à leur manière.

Ailleurs, en Europe et aux États-Unis, la culture bourgeoise a d'abord souri avec indulgence à ces manifestations, avant de ricaner, puis de prendre peur.

Il s'agit d'endiguer cette vague à tout prix, de bloquer la situation. Mais comment désamorcer toutes ces bombes culturelles ?

Faire emprisonner celui-ci parce qu'il est allemand et que la haine du boche est toujours vivace ? Dénoncer celui-là parce qu'il se drogue ? Attiser la haine sur cet autre parce qu'il est juif ? Truquer l'information ? Soudoyer l'Éducation nationale ? Faire appel au bon sens, à Dieu, à la patrie en danger ?

Tous ces moyens, la culture les emploiera, retardant l'échéance de trente ou quarante ans [1].

Mais en fait, il est trop tard. Le pas est fait. La passe franchie. Les survivants parviendront à accoster.

Et, tandis que Stravinski sacre le printemps, celui d'un renouveau possible de la pensée humaine, dans le tohu-bohu d'une foule indignée; tandis que le rythme fait ses premières et timides apparitions, dans l'univers « blanc », avec les musiciens de jazz, ces sales nègres; tandis que l'autodidacte Schönberg triture impitoyablement, pour mieux le renouveler, un langage musical usé jusqu'à la corde, et qu'il fonde à Vienne, en 1917, une formidable école de musique contem-

---

1. Cette guerre culturelle sera, en outre, l'occasion pour la Machine d'exploiter une nouvelle stratégie apparemment non répressive : la récupération.

poraine, la V.M.P. [1], Louis Aragon de s'écrier alors :
« *On a fait des lois, des morales, des esthétiques pour vous donner le respect des choses fragiles.* CE QUI EST FRAGILE EST A CASSER. »

Voilà, Monsieur Roszak, tout ce que vous auriez pu comprendre avant de parler de contre-culture. Vous parlez de murs qui ont des oreilles, mais ce sont vos oreilles qui ont des murs.

On ne parle pas de Pop'Art, qui n'est qu'un néo-dadaïsme sans expliquer ce que signifie le mot *Dada* et l'apport fondamental qui lui revient.

On ne parle pas de mutation de langage en écartant Céline et surtout Joyce, écrivains dont toute la Beat Generation se réclame justement.

Enfin, on ne prête pas l'écriture automatique à ce brave Allen Ginsberg (qui n'en demandait pas tant) si l'on ignore Pierre Janet, André Breton et Philippe Soupault. Ce dernier va vous répondre :

« Nous étions désormais obligés de " découvrir " pour oublier un passé de compromis qui nous était fait. Nous cherchions à tâtons comme des aveugles. Nous " découvrîmes " un gros ouvrage d'un médecin psychiatre, Pierre Janet, *L'automatisme psychologique.* C'est en effet Pierre Janet qui nous suggéra ce qu'il avait, le premier, désigné sous le nom *d'écriture automatique.* Pour le médecin qu'était Pierre Janet, ce n'était qu'une thérapeutique; pour nous, ce fut une méthode d'écriture [2]. »

1. Verein fur Musikalische Privat auf führungen, qui sera à la musique ce que le Bauhaus fut à l'art moderne. Et, une fois encore, ce n'est pas une coïncidence si Schönberg fut relevé de ses fonctions en 1933 par les nazis. A signaler également, que, parallèlement à son œuvre musicale, Schönberg fut également vers 1910-1920 un peintre estimable du mouvement révolutionnaire *Blaue Reiter* (le Cavalier Bleu) fondé à Munich par Kandinsky, futur professeur du Bauhaus en 1922.

2. Préface de Philippe Soupault pour l'exposition « collections fantômes » (Galerie de Seine, Paris, 1973).

Et ce furent, Monsieur Roszak, *Les Champs magnétiques*
œuvre géniale et novatrice d'un seul auteur à deux têtes [1].
Voilà, je crois, ce qu'il fallait dire.

La contre-culture moderne n'est pas due à quelques sociologues américains ou à leurs protégés universitaires. Elle fut,
à l'origine, l'œuvre d'une poignée de créateurs et de chercheurs, parfois autodidactes, souvent solitaires, dans chaque
domaine de l'activité humaine.

La contre-culture n'est pas une nouvelle définition culturelle, pour professeurs oisifs et rentiers du système.

La contre-culture n'est pas discours ou autopsie : elle est
action et vie. Une dynamique féroce dans un monde impitoyable, voilà ce qu'elle exige.

Pour tout créateur, ce qui est derrière lui est à dépasser,
à surpasser. C'est ainsi qu'il s'oppose et qu'il dévore la
culture précédente, jugée par lui sclérosée, insuffisante, figée,
anachronique, néfaste.

Les hommes de la contre-culture moderne me font penser aux gnostiques. Dans la gnose, ce très vieux courant
pré-chrétien, des hommes estimaient que la connaissance
absolue était déposée dans l'homme, et qu'ils pouvaient y
accéder directement, sans le truchement des dogmes et des
églises. La gnose était anti-idéologique. La contre-culture
l'est également. Sans rémission.

Pour les gnostiques, il s'agissait de trouver les clés de la
connaissance par une révélation personnelle. Il fallait ouvrir
toutes les clés. Ne pas hésiter. Oser. Pour que l'homme, un
jour, puisse dire aux autres hommes les paroles de l'éternité.

Pour l'acteur de la contre-culture, comme pour le gnostique
d'hier, il s'agit d'une lutte mortelle entre la révolte d'un
état poétique, sauvage, et créateur, contre le conformisme
et la culture convenue.

Pour dévorer cette culture qui le précède, tous les moyens

---

1. Il y avait même eu des précédents : on découvre des poèmes automatiques
chez Lautréamont et Apollinaire.

seront bons à l'homme de la contre-culture et ce, quelles que soient la morale et les lois de la société. Pour s'accomplir, pour découvrir, ou pour créer il n'hésitera devant rien : orgie, sexe, alcool, drogue, reniement des valeurs sacrées, mise en cause des valeurs profanes.

Mais le plus étonnant dans cette revendication pour une vie plus poétique, parfaitement légitime, pour « une qualité de la vie » comme on dit aujourd'hui, c'est que, ce qui fut avec Hugo et « la révolte dans l'encrier », l'apanage de quelques-uns, est devenu aujourd'hui, dans une société développant le nombre des informations, et des loisirs, la revendication d'une multitude.

BONNE NUIT LES PETITS!

C'était le 1er ou le 2 juin 1968, au soir. Ils sont venus me chercher. Certains avaient mon âge.

Comme je refusais de monter dans le car noir, ils ont commencé par me frapper, puis, comme je rendais coup pour coup, par me matraquer en pleine rue. Je me suis retrouvé, inanimé, sur le plancher du véhicule. L'un d'eux, pour rigoler, m'a donné un coup de pied en pleine tête. C'est alors que j'ai commencé à pisser le sang.

Au commissariat de Saint-Sulpice, une longue nuit a commencé. J'ai dit comment je m'appelais. Ce que je faisais dans la vie. Les coups ont recommencé à pleuvoir. A un moment, on nous a enfermés dans des pissotières, pleines de merde et d'autres choses encore. Nous suffoquions presque, tassés les uns contre les autres. Une fille qui était là, et qu'ils avaient frappée à coups de bâton, a eu une crise de nerfs.

Puis nous sommes revenus dans la grande salle. J'ai eu droit à un traitement spécial. On m'a assis sur une chaise branlante. Et chaque fois que je m'assoupissais saoulé de coups, l'un d'eux, un « bon gros à la face rougeaude » donnait par-derrière un coup de pied dans la chaise, et je me cassais la gueule par terre. Ils levaient alors les yeux de leurs cartes et riaient. Ça a duré toute la nuit.

Au matin ils se sont relayés. Et des grands cars sont venus nous chercher. Mais pour y monter, il fallait, depuis nos geôles et sur les trottoirs, passer entre une haie qu'ils avaient formée. Les coups de pied ont recommencé. Dans les jambes. Dans les couilles. Et pourtant, il fallait avancer pour atteindre ce putain de car, qui, brusquement, devenait un havre possible.

Nous avons traversé Paris. Il faisait beau déjà. Des gens, qui allaient à leur travail, nous regardaient passer, comme des bêtes curieuses. D'autres, m'a-t-il semblé, avec une sorte de gêne ou de sympathie impuissante. Puis Beaujon. L'ancienne chapelle. Les barbelés. Nouvel interrogatoire. Claques dans la gueule, à la volée. Qui es-tu? Pourquoi es-tu là? Qu'est-ce que t'as fait? Nous, on sait pas, on n'était pas de service, hier soir. Alors, tu réponds? Encore des claques dans la gueule? Que fait ton père? Où travailles-tu? Raconte pas d'histoires parce qu'on va vérifier! Vous savez ce que vous êtes, toi et les autres, des petits pédés mentaux. Vous voulez changer la société mais vous bouffez bien à sa gamelle, non?

Interrogatoire terminé. Retour dans la cour, derrière les barbelés. L'attente, sous un soleil magnifique. Depuis combien de temps sommes-nous là? Un jour? Deux jours?

Je suis plein de sang séché. Ma chemise et mon blouson sont couverts de taches brunes. On vient me chercher. On me fait quelques vagues excuses. Il y a dû avoir méprise. Au revoir. Tenez-vous à l'écart de toutes ces histoires, désormais. Et puis, reconnaissez que vous avez beaucoup trop parlé au micro pendant le mois qui vient de s'écouler...

Je sors? Rejoins les Champs-Élysées, inondés de soleil. Des gens, beaux, bien habillés, prennent un petit déjeuner tardif à la terrasse des cafés de luxe.

Je n'oublierai jamais ce qui s'est passé. Je sais désormais que cela est possible. Partout.

3.

La conspiration des idéologues

Guevara avait dénoncé, en son temps, une « Internationale du crime et de la trahison incarnée par les États-Unis ». Je me demande, certains jours, s'il n'existe pas sur une échelle plus grande encore, une conspiration multi-idéologique de la connerie universelle. Et si la contre-culture ne devrait pas être, justement, l'outil permettant de la démasquer?

Il est un fait indiscutable : toutes les sociétés actuelles qu'elles soient bourgeoises, démocratiques, totalitaires, libérales, socialistes, technocratiques, bureaucratiques, laïques ou religieuses, industrielles ou agricoles — reposent *toutes* sur une forme de capitalisme et se *basent toutes* sur des idéologies, diverses c'est entendu, mais des idéologies tout de même.

CAPITALISME + IDÉOLOGIE = SOCIÉTÉ MODERNE.

Laissons de côté la critique du système capitaliste (privé ou d'État) aujourd'hui bien au point, et que d'autres ont faite en temps voulu. Il n'y manque plus qu'une diffusion efficace dans les classes dominées pour que tout s'écroule. Mais c'est précisément à l'idéologie (et à la Kultur) que se heurte cette diffusion.

Qu'est-ce qu'une idéologie? Pour le Petit Larousse, elle signifie « un ensemble d'idées propres à un groupe, à une époque et traduisant une situation historique. Péjorativement : doctrine qui prône un idéal irréalisable ».

Voyons maintenant la définition contre-culturelle de l'idéologie :

L'idéologue, créateur ou simple manipulateur de l'idéologie, s'adresse à l'idéaliste, victime de cette *très ancienne démarche qui consiste à faire primer l'idée sur la réalité*.

Cette démarche, nous l'avons héritée de nos premiers ancêtres *homo sapiens* pour lesquels, très rapidement, la *représentation* cérébrale, extériorisée par le langage, devint plus importante que le *fait* réel. D'où actes magiques, incantations verbales destinées à combattre la dure réalité, ce qui conduisit à la domination des sorciers puis des prêtres, seuls détenteurs des paroles magiques. Et cela dure encore de nos jours. Il y a peu de temps encore, la messe n'était-elle pas dite en latin, langue sacrée... et incompréhensible à 80 % des fidèles !

Faut-il en déduire que toutes les idéologies reposent sur des structures religieuses ? A ce sujet, les tenants de la contre-culture sont catégoriques : *oui, et comme telles doivent être détruites ou, si l'on préfère, éliminées de notre vie et de la nouvelle culture.* Pour J.-F. Revel, cette contestation du « Ni Marx ni Jésus » est réservée aux jeunes Américains. Restriction inexacte. Il s'agit là d'un sentiment plus global, mais vécu en Europe plus ou moins confusément [1].

1. Dans une interview accordée au journal *Psychologie*, J.-F. Revel devait convenir que nombre de jeunes Américains se montraient décevants à l'expérience en retombant dans les pièges du passé : « Ni Marx », cela veut dire : « Je souhaite à ces Américains de faire leur révolution sans plaquer sur elle une théorie du XIXᵉ siècle. » J'ai d'abord constaté qu'aux États-Unis se faisait une révolution en profondeur qui ne se référait pas au vieux schéma marxiste. Je constate aussi que depuis quelques années, parmi les jeunes générations, certains intellectuels découvrent les thèmes marxistes les plus fatigués comme s'il s'agissait de nouveautés extraordinaires et de recettes merveilleuses. Si je devais nourrir des inquiétudes à propos de l'avenir, cette référence au marxisme du XIXᵉ siècle me paraîtrait un des facteurs négatifs de la situation actuelle. La seconde moitié de mon titre, « ni Jésus », suggère de même aux Américains qui créent le mouvement en avant de ne pas imaginer la révolution en cherchant leur inspiration dans les religions traditionnelles. Sur ce point aussi, je dois constater que certains se tournent vers le christianisme ou vers le bouddhisme pour imaginer l'avenir de la civilisation. Ce pourrait être un autre motif d'inquiétude. Je les conjure de faire leur révolution sans utiliser les idéologies traditionnelles.

Il est très difficile de faire une critique analytique des idéologies qu'elles soient d'extrême droite, de droite, du centre, de gauche ou d'extrême gauche.

Elles ont en effet pour caractéristiques communes de n'être jamais phénoménologiques, c'est-à-dire de ne jamais se baser sur des faits, mais au contraire, sur des *a priori*, des options, des postulats, des dogmes, ou des articles de foi *qu'il n'est pas nécessaire de prouver par l'expérience ou par l'observation.*

L'idéologie est donc bien une religion ou un substitut psychologique moderne à la religion.

A la désagrégation des mythes divins, au XIXᵉ siècle, dans les pays en cours d'industrialisation, succédèrent des idéologies laïques (positivisme, scientisme — puis des idéologies dites politiques comme le marxisme, religion de génie qui, hélas, ne sut pas éviter les pièges où était déjà tombé le christianisme, religion généreuse sans doute, mais vite intolérante dont Marx fut le Jésus, Lénine, le saint Paul, Staline et ses congénères, les papes impitoyables.

Simultanément apparurent les idéologies de droite ou d'extrême droite, héritières de théories pseudo-philosophiques sur l'inégalité des races humaines (comme celle de Gobineau) ou d'abstractions (comme le nationalisme).

Toutes ces idéologies, dépassées ou trahies, bourrées de sophismes, de clichés démagogiques, de fausses évidences, de promesses verbales et chimériques sont pourtant celles qui, encore aujourd'hui, s'affrontent sur la place publique.

Mais pour combien de temps?

Un homme comme Wilhelm Reich, maître à penser des provos et de certains marginaux américains et européens, affirmait, avant de mourir fou il est vrai : « *Ce ne sont plus, de nos jours, les partis communistes ou socialistes, mais par opposition à eux, de nombreux groupements apolitiques et des couches sociales de toutes les nuances politiques, qui préconisent de plus en plus la révolution, c'est-à-dire la mise en place d'un ordre social nouveau et rationnel.* »

L'apôtre de la libération sexuelle réglait là un vieux différend avec le marxisme puritain. Et c'est peut-être aller trop vite en besogne que d'admettre globalement son propos. Ce serait oublier toutes les formes actives de gauchisme nées depuis une quinzaine d'années. Mais il n'en est pas moins vrai que des groupements nouveaux, des positions novatrices sont apparus, notamment chez les jeunes. Je pense au « surréalisme révolutionnaire » de 1947, au situationnisme et au lettrisme dont il est issu, sans oublier le phénomène hippie et ses dérivés.

En 1966, écartant lettristes et situationnistes, mais supposant l'importance « mutatrice » du phénomène hippie, j'écrivais : « Et cet homme nouveau, ce citoyen psychédélique du monde chassera à jamais de son esprit ces substituts psychologiques modernes à la religion que sont le nationalisme, le fascisme et le communisme... autant d'idéologies séculières et dangereuses que, toujours, le temps a roulées dans le " linceul de pourpre où dorment les dieux morts " [1]. »

Six ans plus tard je le pense encore pour l'essentiel.

Je n'affirmerai pas que le phénomène hippie a su résoudre complètement et définitivement ce problème de l'élimination ou de la modification des idéologies. Cela aurait d'autant peu de sens que le mot hippie a été pratiquement vidé de son contenu depuis 1967, tant par la pusillanimité de la plupart de ses membres, que par la récupération effectuée par le système.

Mais il n'empêche que — face aux idéologues modernes justement — et avec ce qu'ils comptaient de meilleur dans les rangs, garçons et filles, les hippies ont *voulu affirmer* et *su assumer* les points suivants :

1) Abolition des activités obligatoires réclamées par les idéologues successifs au nom des mêmes chimères, comme
— porter les armes au nom de la patrie sacrée,
— produire au nom du travail sacré,
— notion sacrée de famille bâtie autour du mariage légal.

2) Refus d'une société stabilisée, c'est-à-dire en fait une société « d'ordre ».

---

1. *Je veux regarder Dieu en face* (Le phénomène hippie), Paris, Albin Michel, 1968.

3) Refus d'attacher une quelconque importance à la fonction sociale considérée (en tournant uniforme ou habit « digne d'estime » en dérision).

4) Refus d'accorder au clergé, haut ou bas, un quelconque pouvoir temporel (immixion dans la vie matérielle et politique) et un regard de droit divin. « Si nous ne trouvons pas de solutions humaines aux conflits humains, nous sommes condamnés à mort », disaient-ils.

5) Volonté de ne plus être seulement à moitié éveillé pour reprendre la formule du philosophe américain William James, et de pouvoir ainsi disposer librement de son esprit et de son corps : acceptation de l'homosexualité, droit à l'anti-conception et à l'avortement pour la femme, objection de conscience admise et non sanctionnable, droit à l'utilisation librement acceptée de drogues pour une meilleure connaissance de soi, etc...

6) Lutter contre toutes les formes de pollution, atmosphériques ou culturelles.

Encore une fois, j'estimerais malhonnête et — plus grave encore — stupide, d'affirmer aujourd'hui, en 1974 que le phénomène hippie a su écarter le danger des idéologies. D'autant plus que nombre de ses membres versèrent très vite, à leur tour, soit dans une nouvelle idéologie para-religieuse, aussi néfaste que celles qu'elle prétendait éliminer, soit dans une démarche « pseudo-politique » sans lendemain.

Il n'empêche que le phénomène hippie, au moins dans sa formulation originale fut, aux États-Unis, le premier mouvement véritablement mutateur, c'est-à-dire « anti-idéologique ». Expliquons-nous.

Depuis mai 1968, par exemple, on a beaucoup employé en France et ailleurs, et souvent à tort et à travers, en allant jusqu'au contre-sens, le mot idéologie.

Des journalistes n'ont-ils pas, à plusieurs reprises, reproché à des jeunes révolutionnaires authentiques « de ne pas avoir d'idéologie réaliste et cohérente ». Ignorant (ou faisant mine d'ignorer) ainsi que :

1) par définition une idéologie ne peut être ni réaliste ni cohérente.

2) que les deux termes (révolution et idéologie) sont antagonistes. Cela reviendrait à reprocher à des athées de ne pas professer une religion quelconque.

L'idéologie opposée au véritable projet révolutionnaire : voilà certainement un des aspects les plus farouchement originaux — et l'un des plus discutés — de la contre-culture.

Acte 1 : Les idéologies sont des textes sacrés pour ceux qui croient en elles. Elles doivent être *acceptées en bloc* et ne peuvent, en aucun cas, et *au nom d'une finalité lointaine, être critiquées.*

Au contraire de l'idéologue ou de sa victime, l'idéaliste, le révolutionnaire contre-culturel pratique l'analyse critique historique individuelle, ou *critique de la critique* (ancienne) à *la lumière du moment historique présent.*

Acte 2 : Ce faisant, les idéologies sont à la base de l'escroquerie politique contemporaine des classes dominantes car elles sacrifient toujours le *présent* (vie quotidienne de l'individu, son bien-être, jouissance immédiate) à la réalisation d'un projet *futur* (le paradis, l'âge d'or, etc.).

Au contraire, vu sous son aspect contre-culturel, le projet révolutionnaire a pour but de faire accéder les individus à la jouissance immédiate de leur temps de vie, lui-même prolongé autant que possible par les progrès scientifiques et surtout par l'abolition des contraintes socio-morales : travail, discipline, donc hiérarchie et pouvoir.

Acte 3 : Pour les idéologies actuelles — qu'elles soient dites de « droite » ou de « gauche », l'individu n'est rien qu'un pion, rigoureusement tenu (par la voie culturelle) d'obéir à ses supérieurs et de commander à ses inférieurs dans une société étroitement hiérarchisée. Sa vie est définie, programmée une fois pour toutes : il est un spécialiste pouvant être sacrifié ou remplacé allègrement au « but collectif suprême » (remplacé par un autre spécialiste puisqu'il n'est qu'*interchangeable*).

Au contraire le projet révolutionnaire soutenu par la contre-culture *veut libérer totalement le temps de* vie de chaque homme et de chaque femme, afin de lui permettre d'inventer constamment son histoire individuelle. Chaque être humain devient ainsi *maître de lui-même (et seulement de lui-même :* il ne peut être sacrifié, car, *profondément original il est irremplaçable).* Il faut décréter l'état de bonheur permanent.

Ceci n'est pas un rêve.

Demain, l'automation apportera plus de temps libre aux hommes et aux femmes. Un temps plus grand d'aimer, de jouir des autres et de la vie.

« Que feront-ils de tout ce temps libre? » s'inquiètent déjà les grincheux du bulbe et les programmateurs spécialisés.

Ce n'est pas notre problème. Ni le leur.

Je ne suis pas un curé-sociologue.

De ce temps libre, ils en feront ce qu'ils voudront.

Acte 4 : les idéologies ont *toujours* pour but d'infléchir l'histoire collective vers un but abstrait, défini au départ par exemple : le triomphe de « la nation », de « la race », de « la civilisation occidentale », du « marxisme staliniste », etc. Dans ce but, *l'histoire collective* est *imposée* aux *individus* qui doivent la *subir* (guerres, famines, crises économiques, génocides, assassinats, misère, servitudes et autres fléaux faits par la main de l'homme).

« Au temps des idéologies, il faut se mettre en règle avec le meurtre. Si le meurtre a ses raisons, notre époque et nous-mêmes sommes dans la conséquence. S'il ne les a pas, nous sommes dans la folie... », lisait-on dans *L'Homme révolté*.

Au contraire, dans l'esprit de la contre-culture, l'histoire collective est composée par la somme des histoires ou des talents individuels libérés et, dès lors, apparaît imprévisible, édifiée au jour le jour, et donc non arbitraire, non dogmatique et non autoritaire.

Utiliser les théories comme n'importe quel autre outil : en les expérimentant d'abord, en les dominant totalement un jour, et en les rejetant (ou en les reléguant au grenier des vieilleries) sitôt qu'elles s'avèrent dépassées ou vidées de leur contenu originel.

Cette attitude est celle du pragmatisme. Elle s'oppose à toute idéologie messianique, bâtie sur le moule judéochrétien, qu'elle s'affirme de droite ou de gauche.

En ce sens, une grande jacquerie de l'esprit se prépare.

Face à des hommes timorés ou nantis, qui conservent et qui sclérosent l'héritage culturel remis entre leurs mains, nous voyons aujourd'hui se dresser, de plus en plus nombreux, des hommes et des femmes animés par un esprit de changement et de création.

Le choc est inévitable, mais il pourrait être différent de celui qu'on avait entrevu au début du siècle.

En effet, sauf au niveau de la politique intérieure immédiate, c'est-à-dire de l'action sociale (style : Moi y en a vouloir des sous), la distinction établie, et définie actuellement sur le plan philosophique, entre la gauche et la droite, s'avère parfois de plus en plus discutable, voire inexacte [1].

Alors, quel chemin emprunter? Soljénitsyne répond :
« Notre voie : NE SOUTENIR EN RIEN CONSCIEMMENT LE MENSONGE ! Conscient de la frontière au-delà de laquelle commence le mensonge (chacun la voit de façon différente), reculer en deçà de cette frontière gangrenée. Ne pas renforcer au moyen des baleines de corset ou des écailles de l'idéologie, ne pas coudre de loques pourries, et nous serons frappés de voir avec quelle rapidité, quelle absence de résis-

---

1. Il serait faux, par exemple, de croire que la contestation de la société moderne est due globalement à des hommes de gauche. S'ils sont la majorité, d'autres qu'eux, comme Guénon et Julius Evola par exemple, ont fait une critique intéressante et lucide de la civilisation. Mais leurs démarches et leurs conclusions, au nom d'une tradition spirituelle primordiale, et donc, forcément passéiste, peuvent porter vers une position d'extrême droite voire même un néo-nazisme, celui-ci demeurant une possibilité extrêmement vivace et fascinante pour certains jeunes, surtout dans un système complètement sclérosé.

tance le mensonge tombera à terre, et ce qui doit être nu apparaîtra au monde dans sa nudité. »

Il y a du Tolstoï et du Gandhi chez Soljenitsyne. C'est-à-dire beaucoup de bonnes choses. Mais aussi beaucoup de passéisme. Soljenitsyne, comme beaucoup d'autres écrivains russes, ne sait rien du monde moderne. Il ignore pratiquement toutes les créations artistiques, philosophiques, politiques, de la contre-culture occidentale. Et, tout naturellement, sa révolte contre ses anciens bourreaux ne débouche sur rien de créatif ni d'original.

« Ne soutenir en rien consciemment le mensonge » ne suffit plus aujourd'hui. Cette résistance passive, de style chrétien, n'a jamais convaincu personne en vingt siècles d'expérience.

En fait, Soljenitsyne nous intéresse par l'authenticité de son témoignage, et par l'élan de sympathie que son destin terrible a suscité en deçà du Rideau de fer.

Mais avant, qu'involontairement de sa part, il ne devienne une « mode de pensée », il faut dire que sa position anti-soviétique a cent fois moins d'intérêt pour nous que *l'analyse critique de toutes les sociétés d'ordre*, faite par l'autre enfant terrible du Kremlin, son illustre compatriote, le physicien Sakharov.

DE L'AVORTEMENT CONSIDÉRÉ
COMME UN DES BEAUX-ARTS...

En vérité, je vous le dis, Femmes :

« Un avortement est aussi bénin dans les douze premières semaines qu'une opération des amygdales ou la pose d'un stérilet.

« Pourquoi alors toutes ces souffrances inutiles ?

« Parce que la société et ses lois disposent de nous, de notre corps et cela a assez duré.

« C'est à nous de décider de mettre ou non un enfant au monde. Nous sommes les premières concernées dans notre corps et dans notre vie de tous les jours.

« Alors, il n'est plus question de nous taire. Nous voulons sortir de la clandestinité, de la honte et de l'humiliation.

« Nous avons donc décidé de prendre en main nos problèmes, de nous informer et de diffuser cette information à toutes les femmes, à tous les hommes...

« Notre manuel n'est qu'un premier pas. Nous voulons en effet que tous ceux qui le désirent puissent bénéficier d'une information libre et complète en matière de sexualité, de contraception et de santé.

« Connaître son corps et le corps de l'autre, l'accepter sans honte et sans peur, posséder une véritable information en matière de sexualité sont des conditions nécessaires à l'épanouissement de l'être humain.

« Ceci n'a rien à voir avec les propos de ces messieurs les députés qui répondent : débauche, vice, fornication légalisée au projet d'information sur la contraception et sur la sexualité.

« LE VICE EST DANS LEURS TÊTES (et quelles têtes!)[1] PAS DANS LES NÔTRES ! ! ! »

(Communication du Groupe Information Santé.)

Après avoir lu ce petit texte, estimez-vous vraiment que les femmes qui militent dans ces mouvements soient uniquement un ramassis de gouines hystériques et d'ogresses en fureur, comme une certaine propagande *très idéologique* le laisse entendre?

1. Cette réflexion salace et insultante pour les représentants du peuple a été évidemment ajoutée par l'auteur. *(N.D.É.)*

4.

La double riposte nazie et stalinienne
Des voyous parce que des voyants...

« *Votre société pourrie sera balayée. Le bonheur pourra enfin naître* », hurle Salvat, un héros de Zola.

Ainsi brutalement définie, la contre-culture vise, par des actes ou, des manifestes parfois souterrains (underground-action) à saper les structures d'une « société d'ordre » existante ou, en d'autres lieux, à empêcher l'arrivée ou le retour d'une société de ce genre.

Inversement, les « Sociétés d'ordre » religieuses ou laïques ayant existé, ou existant encore, ont *toujours* considéré la contre-culture et ses partisans comme l'ennemi à abattre, souvent même en priorité sur de soi-disant adversaires « politiques ».

« Crime par la pensée, disait-on. Le crime par la pensée n'était pas de ceux que l'on peut éternellement dissimuler. On pouvait ruser avec succès pendant un certain temps, même pendant des années, mais tôt ou tard, c'était forcé, ils vous avaient.

« C'était toujours la nuit. Les arrestations avaient invariablement lieu la nuit. Il y avait le brusque sursaut du réveil, la main rude qui secoue l'épaule, les lumières qui éblouissent, le cercle de visages durs autour du lit. Dans la grande majorité des cas, il n'y avait pas de procès, pas de déclaration d'arrestation. Des gens disparaissaient, simplement, toujours pendant la nuit. Leurs noms étaient supprimés des registres, tout souvenir de leurs actes était effacé, leur existence était niée, puis oubliée. Ils étaient abolis, rendus au néant. *Vaporisés*, comme on disait [1]. »

Comment expliquer autrement ce dont il était question au début de ce livre, c'est-à-dire la haine et les persécutions des nazis au sein des sept chambres culturelles du Reich, envers, par exemple, les tenants d'un « *art dégénéré et dénué de sens* », en réalité les peintres, poètes et cinéastes les plus créatifs de cette première moitié du xxe siècle? En quoi des toiles peintes, des dessins ou des gravures pouvaient-elles menacer l'ordre allemand?

Joseph Wulf, qui a publié nombre de documents relatifs à cette « grande terreur artistique », se contente, dans la plupart des cas, de retenir le fait d'être juif ou bolchevik pour expliquer l'acharnement des hitlériens contre ces artistes.

C'est une erreur monumentale, hélas accréditée par les massacres de civils juifs et slaves survenus plus tard.

Ce que la Clique Brune voulait détruire, avant tout, n'était-ce pas plutôt, justement, les ferments premiers de cette contre-culture nouvelle?

Ce que reprochait le nazisme à Georges Grosz, Max Beckmann, Otto Dix, Kurt Schwitters, Schmidt-Kottluf, E. L Kitrchner, Max Ernst, Hans Arp, Huelsenbeck, Kokoshka, Emil Nolde, Picasso, Braque, Juan Gris, Moholy-Nagy, Gropius, Kandinsky, Klee, Solemmer, et tous les artistes du Bauhaus, n'était-ce pas de piétiner joyeusement, entre autres, la morale bourgeoise, les notions sacrées de famille et de patriotisme, de race, de hiérarchie, etc.

Il serait imbécile de croire que c'est par esthétisme pur, par goût du beau, de la peinture bien faite, de la peinture figurative ou je ne sais quelle autre sornette que Hitler persécuta ces maudits. Quand Hitler déclare le 18 juillet 1937,

1. George Orwell, dans *1984*, Paris, éd. Gallimard.

s'attaquant à cet art décadent : « Des œuvres d'art qui ne peuvent être comprises et qui ont besoin d'être accompagnées d'un tas d'explications pour prouver leur droit à l'existence et aller toucher des névrosés sensibles à ce genre de stupidités et d'insolences, ne pourront plus atteindre ouvertement la nation allemande... », cet Hitler-là dissimule sous une fausse colère sa véritable inquiétude.

Georges Grosz qui, en 1927, dessine un Jésus portant masque à gaz et bottes de fantassin, profère un blasphème contre cette petite bourgeoisie dont Hitler a tant besoin [1], petite bourgeoisie sordide qui se délecte encore de l'héroïsme de ses fils morts au front en 1918. Cette peinture « du grotesque des fourmis pleines de rage meurtrière qui composaient le monde autour de moi » vaudra à Grosz d'être brisé par les nazis.

Max Beckmann dont les tableaux « illustrent tout ce qui menace la dignité humaine : le meurtre, la torture et la violence, et ce à quoi finalement le petit-bourgeois, dans son galetas, accepte de prêter la main » sera interdit de peindre, avant d'être chassé par les nazis en 1937.

Kathe Kollwitz persécutée jusqu'à sa mort en 1945, dénonce dans ses œuvres la guerre immonde et le patriotisme stupide.

Otto Dix, dont il faut voir le terrifiant tryptique *La Guerre* datant de 1932, aujourd'hui au musée de Dresde : « Il brandit le pinceau comme une hache et chaque coup asséné est un cri coloré », écrivait le critique Hugo Zeder. Art décadent! répond Hitler.

Picasso n'a pas encore peint *Guernica* (1937), mais il a déjà gravé *Songes et Mensonges de Franco*. Art décadent!

« Que nul ne se fasse d'illusions! Le national-socialisme s'est donné pour tâche de débarrasser le Reich allemand et notre peuple de toutes ces influences qui menacent son existence et son caractère... » Ainsi parle Adolf Hitler.

---

1. Ce thème du « Jésus au masque à gaz » a été repris dans un célèbre poster américain. Mais c'était pour y dénoncer un autre fléau que la guerre : il s'agissait, cette fois, de la pollution.

Kurt Schwitters, dadaïste de génie, doit s'exiler près d'Oslo. Schlemmer est destitué de sa chaire de professeur à Berlin. Hartung, qui n'a que 31 ans, s'enfuit de justesse. Kirchner, voyant ses œuvres confisquées au titre d'art dégénéré se suicide le 15 juin 1938. D'autres sont arrêtés. Certains déportés et gazés.

Même chose pour la littérature. Outre les feux de joie universitaires où l'on brûlait allègrement en place publique les ouvrages d'écrivains juifs allemands ou autrichiens (Thomas et Heinrich Mann, Stefan Zweig), les nazis devaient détruire :

H. G. Wells précurseur de la science-fiction moderne,

Freud et Havelock Hellis, Reich et Marcuse, pour leurs recherches sur la libération sexuelle,

André Gide et Oscar Wilde, ces « pédés ignobles »,

Zola, etc.

toutes ces œuvres ayant, selon les nazis « *une action subversive sur notre avenir ou portant atteinte aux racines de la pensée allemande du foyer allemand, et des forces motrices de notre peuple* ».

Jamais peut-être avant l'Allemagne nazie, à part l'Église catholique romaine [1] une « Société d'ordre » n'avait aussi vite compris la menace réelle, et agi aussi promptement contre des éléments contre-culturels [2]. N'est-ce pas le soir du 10 mai 1933, quatre mois et demi seulement après que Hitler fut

----

1. Faire des bûchers avec des « œuvres inacceptables et subversives » n'est pas une invention des nazis. Bien avant eux et sur une échelle plus vaste encore, l'Église de Rome avait fait disparaître ou détruit par le feu tout ce qui n'était pas « dans sa ligne » comme des livres d'origine chrétienne dits apocryphes et autres documents hérétiques. Quand elle n'ajoutait pas l'auteur à ses œuvres comme Michel Servet, brûlé vif en 1553 pour avoir osé écrire un Traité sur les erreurs de la Trinité !

Il est vrai que ces bourreaux avaient de qui tenir : on lit déjà dans les Actes des Apôtres que le camarade Saint Paul réunit à Éphèse tous les livres qui traitaient de choses « curieuses » et les brûla publiquement.

2. « La culture et l'art dont Munich devait devenir l'éclatant symbole aux yeux de toute l'Allemagne représentaient pour Hitler un facteur particulièrement important dans la vie de la nation », devait reconnaître Otto Dietrich, chef des services de presse du parti.

devenu chancelier du Reich que les autodafés culturels commencent en Allemagne? A l'époque, Hitler cachait encore la plus grande partie de son jeu. Au Reichstag, il rendait hommage aux lois chrétiennes « éléments essentiels pour la sauvegarde de l'âme du peuple allemand » et concluait un accord avec le Vatican et le futur pape Pie XII, garantissant le libre exercice de la foi catholique. Un an plus tard, Erich Klausener, leader de l'*Action catholique* sera assassiné, les publications saisies, l'accord violé! Ils avaient compris trop tard.

Mais un an plus tôt, lorsque les œuvres d'Einstein, de Freud, de Proust, de Picasso ou de Kokoshka furent bannies ou détruites, lorsque d'autres furent déportés ou assassinés, aucun d'entre eux, catholique ou protestant, ne s'éleva contre ces crimes. *Issus eux-mêmes de sociétés d'ordre,* leurs premières réactions furent de collaborer avec ceux qui allaient — et qui devaient évidemment — les détruire.

« La nouvelle ère nazie de la culture allemande n'était pas seulement éclairée par les feux de joie des livres et par les mesures plus efficaces, bien que moins symboliques, d'interdiction de vente ou de mise en circulation dans les bibliothèques de centaines de volumes et de publication de nombreux ouvrages nouveaux, mais aussi par la réglementation de la culture à un degré qu'on n'avait jamais encore connu dans aucune nation occidentale [1]. »

En moins d'un an; écrivains, peintres, dramaturges comme Max Reinhardt, poètes, musiciens comme Hindemith (les moins touchés), acteurs, cinéastes comme Fritz Lang, hommes de radio [2], journalistes, et artistes créateurs de toutes les sphères, durent fuir ou admettre la loi de Goebbels : « Le Reich doit non seulement déterminer les méthodes à suivre, tant sur le plan mental que spirituel, mais encore diriger et organiser les carrières libérales. »

---

1. Will. Shirer : *Le Troisième Reich,* Paris, éd. Stock.
2. La T.V. n'existait pas encore, mais la radio étant un monopole d'État en Allemagne nazie (comme l'O.R.T.F. en France actuellement), il fut aisé à Goebbels d'en faire son instrument de propagande culturelle n° un.

On pourrait se demander — compte tenu de l'ampleur et de l'importance accordées à cette répression sauvage exercée huit fois sur dix avec l'accord de la population — pourquoi et en quelles circonstances la majorité des artistes créateurs furent amenés à se placer, paradoxalement, au ban de la culture?

Hans Hofstätter, en a donné une explication assez satisfaisante, basée sur l'attitude d'une bourgeoisie qui, de méfiante à l'égard de l'artiste créateur, finit par vouloir exclure celui-ci de sa société d'ordre :

« C'est seulement, et au plus tôt depuis la fin du Siècle des Lumières — autant que l'on peut en juger — que l'art a trouvé, pour restituer les faits de la critique sociale, ses propres formes expressives; il a fallu attendre pour cela l'instant où la méfiance à l'égard de la création considérée comme " le meilleur de tous les mondes possibles " (Leibniz) vire au pessimisme et où la société bourgeoise du XIXe siècle refoule l'artiste lui-même en marge de son ordre, l'obligeant ainsi, nécessairement, à partir de cette position, à se faire observateur critique. Aussi longtemps que les artistes ne se soumettent pas aux relations économiques, ils sont contraints de se considérer comme des adversaires des conditions existantes. »

Quand Guillaume II, empereur d'Allemagne et prédécesseur culturel de Hitler et consorts, affirme que « *l'art doit contribuer à agir sur le peuple de façon éducative, il doit fournir aux classes inférieures elles-mêmes la possibilité de se nourrir d'idéaux après là dure peine et le travail* », ce kaiser paranoïaque situe très justement le combat. Il s'agit bien là d'une déclaration de guerre ouverte à tous les créateurs qui refusent d'être éducatifs et culturels, c'est-à-dire dans la ligne du pouvoir.

Saltimbanques prenez garde : la culture n'est pas faite pour jouir et gare à la dérision!

Désormais, et dans toutes les sociétés d'ordre, il y aura l'ART — art officiel, « réaliste » —, et la CULTURE D'ÉTAT, au

service de l'idéologie en place, respectueux de la tradition
avec Dieu à ses côtés, et

le NON-ART, l'ANTI-ART, la CONTRE-CULTURE authentique-
ment révolutionnaires parce que novateurs.

« ILS FIRENT DES ARTISTES DANS LE DOMAINE SPIRITUEL,
LES MÊMES BOUCS ÉMISSAIRES QU'ÉTAIENT LES JUIFS SUR LE
PLAN ÉCONOMIQUE. »

On pourrait croire aujourd'hui, en 1973, que la phrase
célèbre de Hans Johst, directeur du Théâtre nazi (phrase
prêtée à Goebbels) :

« *Quand j'entends le mot culture, je sors mon revolver* »
est désormais lettre morte. Que plus jamais, avertis par
l'expérience, nous ne l'entendrons ni ne la laisserons dire,
par un quelconque idéologue véreux. Il n'en est rien.

Aussi bien dans les régimes dits « fascistes » (Espagne,
Portugal, Grèce) que dans les pays de l'Est et même en
Europe et en France « le principe du dirigisme artistique
et culturel continue, bien après la guerre, à hanter bon
nombre de politiciens. Il est apparemment difficile de tirer
du passé la leçon qui veut que la liberté de la création et
de la recherche soit le symbole de la liberté de l'homme.
C'est pourquoi il faudrait que nous soyons prêts, même
dans la société démocratique moderne, à défendre ces liber-
tés suffisamment tôt », m'écrit un camarade allemand.

Pour nombre de bourgeois ignorants, aujourd'hui, la
contre-culture est une arme du marxisme, visant à détruire
le capital culturel sacré de l'Occident.

Rien n'est plus faux.

Beaucoup de jeunes, qui ont le cœur à gauche, le
regrettent. Mais c'est là un conflit fondamental que ni les
tenants de la contre-culture moderne, ni les marxistes de
toute obédience, n'ont su résoudre encore.

Car, s'il s'agit bien, avec la contre-culture, depuis le
mouvement dada jusqu'à l'underground actuel, de réaction
spécifique contre la société bourgeoise en tant que classe

dominante qui détermine les événements et en est responsable, il s'agit également, dans tous les cas, de multiples
contestations et oppositions contre-culturelles en contradiction flagrante avec les visages actuels du communisme
et du socialisme.

Il est vrai que le mouvement dada, par exemple, croyait
à la culture fraternelle, devant appartenir à tous, sans distinction de classe.

Mais il est également vrai que les dadaïstes ont, les premiers, ridiculisé les notions de patrie, de religion, de messianisme, de morale, de production, « valeurs sacrées et
intouchables de la culture moderne ».

Or, comparons en guise d'exemple cette attitude contre-
culturelle reprise aujourd'hui par les marginaux européens
et américains, avec les récentes déclarations du Parti communiste français à propos de l'Armée. Que lisons-nous?

« Nous connaissons l'honnêteté morale de la grande majorité des cadres de l'Armée...

« Aujourd'hui vous assistez à la désagrégation de nombreuses valeurs auxquelles vous êtes attachés...

« L'honneur est bafoué par des scandales multiples.

« Le patriotisme est caricaturé au nom de l'intérêt des
groupes financiers et industriels à caractère transnational,
cosmopolite.

« Cette désagrégation a les mêmes fondements que les
vicissitudes que vous éprouvez dans votre situation matérielle et sociale, dans votre vie professionnelle et familiale [1]. »

Travail, famille, patrie... Encore et toujours. Il n'y manque
(et pour cause) que la religion. On me dira qu'il s'agit là
de stratégie purement politique, qu'il n'est pas mauvais
d'avoir l'armée avec soi, qu'on ne sait jamais en cas de
coups durs, etc.

Peut-être. Mais on voit mal dès lors comment, ne serait-
ce qu'en France, la contre-culture révolutionnaire a pu

---

1. Dans *L'Humanité* du 24 juillet 1973.

être taxée d'obédience communiste. Soyons sérieux et lucides.

Comment les héritiers de Duchamp, de Max Ernst, d'André Breton pourraient-ils dialoguer un jour avec une gauche française qui utilise un tel langage?

A ma connaissance, les chars, quels que soient leur conducteur et leur canonnier, n'ont jamais fait avancer la culture d'un seul pas.

Les uns parlent de patrie : les autres répondent « nous voulons être citoyens du monde ».

Les uns parlent de famille et de mariage : les autres appelant Fourier à la rescousse, parlent de communauté ou d'une conception illégale de la famille, en tout cas différente de celle des chrétiens et des marxistes.

Les uns parlent de travail, de production pour un bien-être de demain : les autres répondent : « Faites des machines, nous décrétons l'état de bonheur et de jouissance immédiats. »

Le communisme de Marx, souvent trahi il est vrai par certains de ses dépositaires, a — jusqu'à ce jour du moins — fourni des sociétés d'ordre, d'un visage nouveau, certes, mais où au sommet de la hiérarchie, la primauté du pouvoir a été donnée à la classe politique — à savoir les membres du « parti » seuls vraiment conscients et initiés aux réalités politiques — ce en remplacement de l'ordre militaire ou des prêtres, tenants du pouvoir dans les sociétés d'ordre anciennes.

Ce qui en U.R.S.S. et dans certains pays de l'Est a donné lieu dans le domaine culturel et à certaines époques, à des résultats d'une « imbécillité effarante » et parfois même à des horreurs que n'auraient pas désavouées les nazis.

Mais, semble-t-il, pour des raisons très différentes. Alors que l'idéologie national-socialiste repose, avant tout, sur la culture (race, civilisation, génie aryen, etc.), l'idéologie marxiste prétend aux facultés inventives du peuple, les créateurs individuels n'étant, somme toute, que les « utilisateurs » de ce génie populaire.

Dans le « rôle des masses populaires dans l'épanouissement de la culture », on peut lire par exemple :

« La culture, affirment les idéologues réactionnaires, est l'œuvre d'une " élite "; l'humanité est redevable des acquisitions de la science, de la littérature et de l'art uniquement à une poignée d'hommes de génie.

« Ces affirmations paraissent de prime abord plausibles... les marxistes rendent hommage aux mérites des hommes de génie. Mais ils n'ignorent nullement la contribution inestimable apportée par les masses laborieuses qui ont posé les fondements de toute la culture et créé les conditions de son progrès.

« On sait par exemple que la littérature et l'art se sont épanouis pendant longtemps sous la forme du folklore.

« Les poèmes épiques, les légendes, les contes, les proverbes, les chansons ont servi de terrain à l'art des écrivains professionnels. De même les peintres et les architectes s'inspirant des arts appliqués créés par le peuple.

« L'art populaire a toujours une valeur originale et constitue un trésor inépuisable de modèles et de procédés, une source d'exaltation pour les écrivains et les artistes.

« C'est l'art populaire qui engendre et alimente la forme nationale de l'art et de la littérature dans chaque pays. » (*Les principes du marxisme-léninisme*, éd. de Moscou.)

Les leaders communistes soviétiques donc, que la notion d'élite (autre que l'élite politique du parti) gênait aux entournures, ont fini par croire ce qu'ils écrivaient, provoquant en cela pendant quarante ans la plus formidable régression que l'art et la culture slaves aient connue.

Reniant Freud et son *Malaise dans la civilisation* (1929), bannissant les peintres Kandinsky, père de l'abstraction, et Chagall parce qu'il peignait des vaches vertes, crachant sur le dadaïsme révolutionnaire, planifiant la production musicale de Prokofiev et d'un Chostakovitch, réduisant au silence ses meilleurs écrivains (Boulgakov, Armatova) déportant les autres en Sibérie (Soljenitsyne, ou encore Pilniak, assassiné dans un camp), les censeurs staliniens sont responsables devant l'histoire d'un formidable gâchis des forces vives de leur pays [1].

Sans oublier le cinéma où, après Eisenstein et Poudovkine, la très belle école soviétique versa dans la fabrication en série de films patriotiques intellichiants.

Il est caractéristique de noter que le philosophe germanique Wilhelm Reich, disciple bien-aimé de Freud, qui voulut unir la critique marxiste de l'aliénation économique à la critique freudienne de la répression sexuelle, que ce même Wilhelm Reich fut successivement exclu du Parti communiste autrichien... avant d'être interdit par la Gestapo, puis contraint à l'exil par les nazis.

Il a raconté, dans le détail, ce qui s'était passé :

« On aurait pu croire que des partis qui prétendaient lutter pour la liberté de l'homme se fussent félicités de mon travail politico-psychologique, mais les archives de notre institut prouvent que c'est le contraire qui se produisit.

« Dès 1929-1930, la social-démocratie autrichienne défendait l'accès de ses organisations culturelles à nos conférenciers.

« Les organisations socialistes et communistes interdisaient en 1932 — Berlin — malgré les vives protestations de leurs membres — la diffusion des publications du Verlag für Sexual-Politik (Éditions de Politique sexuelle).

« On m'avertit que je serais fusillé dès que les marxistes auraient pris le pouvoir en Allemagne. En 1932, les organisations communistes en Allemagne fermaient, malgré les protestations de leurs membres, leurs salles de réunions aux thérapeutes favorables à l'économie sexuelle.

« Je fus exclu des deux organisations pour avoir introduit la sexologie dans les sciences sociales et pour avoir mis en évidence leur influence sur la formation des structures humaines.

« Entre 1934 et 1937, les officiels du Parti communiste ne se lassaient pas d'informer les milieux fascistes en Europe des " dangers " de l'économie sexuelle. De nombreux documents en font foi.

« Les publications d'économie sexuelle furent refoulées des frontières soviétiques tout comme les réfugiés qui tentaient en masse

1. Il reste un mystère : la disparition de Malevitch, peintre père du suprématisme, disparu, escamoté du jour au lendemain. Quant à la fin tragique de Maïakovski, elle n'appelle plus, aujourd'hui, de commentaires.

d'échapper à l'enfer du fascisme allemand : aucun argument politique ne saurait effacer ces faits. » (Wilhelm Reich, *La Psychologie de masse du fascisme*, Paris, éd. Payot.)

Après ce témoignage sur les méthodes staliniennes dans les années 1930, voyons la riposte nazie. Elle s'inscrit le 13 avril et le 7 mai 1935 au *Journal Officiel* du Reich allemand :

« En vertu du décret du 4 février 1933, les publications Was in Klassenbewusstsein d'Ernst Parell (Pseudonyme utilisé par Reich), *Dialektischer Materialismus und Psychoanalyse* de Wilhelm Reich, les numéros 1 et 2 de la collection de psychologie politique des Éditions de Politique sexuelle, Copenhague-Prague-Zurich, ainsi que toutes les autres publications de cette collection, parues ou à paraître, sont interdites et confisquées par la police, puisqu'ils sont de nature à troubler l'ordre et la sécurité publique. 41230/35 II 2 B I Berlin, 9 avril 1935, Gestapo.

Si je me suis attardé ici, volontairement, sur la démarche contre-culturelle, bien que fragmentaire à mon sens, de Wilhelm Reich, c'est que cet homme fut vingt-cinq ans plus tard l'un des maîtres à penser de certains mouvements de la contre-culture moderne : Provo hollandais, marginaux des universités américaines, latino-américaines et européennes [1].

Reich devait d'ailleurs rencontrer les mêmes réactions et susciter des ripostes identiques dans l'establishment américain puritain et intolérant, où il s'était réfugié. Mieux, ceux qui, développant plus tard encore et parfois même dépassant sa *Théorie de l'orgasme* (la libération de l'homme doit passer aussi par la libération sexuelle des hommes et des femmes dans toutes les couches de la société), ces hommes et surtout ces femmes-là se heurtèrent, et se heurtent encore aujourd'hui, à un système de valeur, commun à toutes ces idéologies,

---

1. Sur ce personnage fascinant, on lira avec intérêt un ou plusieurs des quatre ouvrages parus en France et qui lui sont consacrés : *L'œuvre européenne de Reich* par Yves Bucin (éd. Universitaires, 1972); *Wilhelm Reich* par J.-M. Palmier (10/18); *La Vie et l'œuvre du docteur Wilhelm Reich* par Michel Cattier (éd. de la Cité); enfin *L'Œuvre de W. Reich*, par C. Sinelnikoff (éd. Maspéro).

dont il faudra attendre longtemps pour voir la disparition, semble-t-il. N'est-ce pas, mesdames du G.I.S.et du M.L.A.C.?

Il ne s'agit pas ici, à travers ce choc culturel, — comme certains l'ont fait, soit à la légère, soit perfidement — d'identifier *politiquement* le national-socialisme allemand (expression de la structure irrationnelle de l'homme nivelé dans la foule) avec le communisme stalinien (systématisation au nom d'un matérialisme dialectique d'une conscience rationnelle de l'homme nivelé dans la masse).

Mais il n'empêche qu'au niveau de leurs dynamiques respectives dans le domaine culturel, c'est indéniable, des analogies aussi troublantes qu'inattendues se sont produites.

La vérité est que le communisme, à peine adulte encore aujourd'hui, n'a jamais su ou n'a jamais accepté ce que pouvait, et ce que devait être réellement, une révolution culturelle ou, si l'on préfère, une contre-culture progressiste. A ce sujet, le texte qui suit nous paraît édifiant :

« ... On aurait tort d'interpréter vulgairement la révolution culturelle comme la négation de toute la culture du passé. La culture socialiste ne surgit pas de rien. Elle est la continuation de tout ce qui avait été créé de plus beau dans la société exploiteuse. Lénine disait : « Il faut prendre toute la culture laissée par le capitalisme et » construire le socialisme avec. Il faut prendre toute la science, la » technique, toutes les connaissances, l'art. Sans cela, nous ne » pouvons construire la vie de la société communiste. »

« Choisir dans le patrimoine culturel ces valeurs permanentes et rejeter tout ce qui est inutile, tout ce qui est contraire à la nature de la société socialiste et, à plus forte raison, tout ce qui est préjudiciable, réactionnaire : voilà une tâche concrète de la révolution culturelle.

« C'est sur cette base que se développe la culture réellement socialiste, socialiste par le contenu, c'est-à-dire une culture qui exprime la vie et l'idéologie de la nouvelle société, une culture au service du peuple, qu'elle aide dans sa lutte pour le socialisme, puis pour le communisme.

« Transformer la culture de privilège d'une élite en apanage de tous, voilà une autre tâche primordiale de la révolution culturelle.»

Il y a là une phrase ambiguë, piégée.

Celle de Lénine : « Il faut prendre toute la culture laissée par le capitalisme et construire le socialisme avec. »

Cette pensée peut paraître logique. En réalité, elle s'est révélée, dans l'expérience communiste, profondément dangereuse. Rapidement, nombre de scientifiques et artistes de toutes catégories proclamant très haut leur accord parfait avec l'idéologie marxiste, n'ont su qu'imiter de la façon la plus servile une tradition, « au mépris de ce qui constitue les nécessités historiques de son développement », comme l'a dit Breton; et ce, plus grave encore, au détriment de véritables créateurs, réellement attachés à la cause socialiste ceux-là, mais sachant parfaitement que l'évolution nécessaire à cette même cause collective devait passer par leur propre rupture intérieure et personnelle avec la tradition.

Tant et si bien que, vers 1935, on en vint à la plus paradoxale des situations qu'a décrite André Breton dans sa « Position politique de l'art d'aujourd'hui », conférence prononcée le 1er avril 1935 à Prague :

« C'est devenu, du reste, un lieu commun de souligner que les milieux politiques de gauche ne savent apprécier en art que les formes consacrées, voire périmées; il y a quelques années, L'Humanité s'était fait une spécialité de traduire les poèmes de Maïakovski en vers de mirliton; à la section de sculpture de l'Association des écrivains et artistes révolutionnaires de Paris, on commençait par mettre au concours un buste de Staline — tandis que les milieux de droite se montrent, en ce sens, remarquablement accueillants, étrangement favorables. M. Léon Daudet, directeur du journal royaliste l'Action française, se plaît à répéter que Picasso est le plus grand peintre vivant; un grand quotidien imprimait sur trois colonnes, il y a quelques jours, qu'avec l'appui de Mussolini, primitifs, classiques et surréalistes allaient bientôt, dans le cadre d'une vaste exposition d'art italien, occuper simultanément le Grand Palais. »

Telle est donc l'invraisemblable situation : une gauche politiquement révolutionnaire qui s'érige, culturellement, en défenseur de la tradition bourgeoise, et une droite politiquement réactionnaire qui défend la nouveauté, et qui veut accueillir en son sein les vrais créateurs.

Face à la sottise et au manque d'imagination des dirigeants staliniens, la formidable lucidité et la capacité de récupération de l'intelligentsia de droite, affûtée à ce genre de combat par dix-huit siècles d'expérience. Alors, comme le demande Breton :

« Que faire? L'art d'avant-garde, pris entre cette incompréhension totale et cette compréhension toute relative et intéressée, ne peut, à mon sens, s'accommoder plus longtemps d'un tel compromis. Ceux d'entre les poètes et artistes modernes — je pense qu'ils sont l'immense majorité — qui entendent que leur œuvre tourne à la confusion et à la déroute de la société bourgeoise, qui aspirent très consciemment à agir dans le sens d'un monde nouveau, d'un monde meilleur, se doivent à tout prix de remonter le courant qui les entraîne à passer pour de simples récréateurs, avec qui la bourgeoisie n'en prendra jamais trop à son aise (ils ont tenté de faire de Baudelaire, de Rimbaud morts, des poètes catholiques). »

Ce qu'a confirmé Aragon dans une interview faite par Dominique Arban pour l'O.R.T.F. Il y déclarait notamment [1] :

« Ce qu'était le Parti (communiste) à ce moment-là était intolérable pour un homme comme n'importe lequel d'entre nous... Il y régnait toute sorte de vestiges des traditions de la classe ouvrière française du XIXe siècle, lesquelles ne sont pas toutes bonnes à dire : un ouvriérisme indiscutable, un anti-intellectualisme, etc., et en même temps une incompréhension totale de ce que pouvaient être des gens comme nous...

« La vie dans le Parti pour un intellectuel était assez intolérable. Il fallait, pour y demeurer, être fou : j'étais fou. On le prendra comme on veut, mais c'est ainsi. »

Aragon parle d'un temps « où il fallait être fou ». Je parlerai d'un autre où il suffit d'être aveugle...

---

1. Ces entretiens furent réunis et publiés par Dominique Arban sous le titre *Aragon parle*, Paris, éd. Seghers, 1968.

A l'Est, pas plus que Dieu, Staline n'est mort. Comme le Père Dupanloup de la chanson : « il vit et bande encore ».

On ne peut passer sous silence la terrifiante répression culturelle qui s'exerce encore dans certains pays socialistes. En voici quelques exemples, pris au hasard.

15 juillet 1967 : l'écrivain tchèque, Jan Bénès se voit condamné à cinq ans de prison pour « trahison envers la patrie ».

16 août 1967 : un autre écrivain tchèque Macko, est déchu de sa citoyenneté pour avoir critiqué les positions socio-culturelles de son gouvernement.

Janvier 1968 : comment oublier les lourdes peines de prison qui sont infligées au procès des intellectuels, à Moscou. Guinzbourg, notamment, qui est condamné à cinq ans d'internement. Il faudrait tout de même savoir, là-bas comme ici, ce que le mot internement veut dire.

21 août 1968 : c'est l'invasion militaire de la Tchécoslovaquie par « les pays frères » (action réprouvée par le P.C. français). Mais, ceux qui à Moscou, s'élèvent contre cet acte sont exilés ou internés.

1er janvier 1969 : les *Lettres françaises*, hebdomadaire dirigé par Louis Aragon est interdit en U.R.S.S., son directeur s'étant élevé avec véhémence contre l'invasion de Prague.

Quinze jours plus tard, dans cette même Prague, Jan Palach, vingt et un ans, se fait brûler vif, place Wenceslas, pour protester contre la normalisation culturelle et la censure.

25 février 1969 : un autre lycéen, Jan Zapic, dix-sept ans, se transforme comme Jan Palach, en torche vivante et pour les mêmes raisons.

12 novembre 1969 : l'écrivain Soljénitsyne est exclu de l'Union des écrivains.

En février 1970 : en France, Roger Garaudy, toujours assis entre deux Églises, l'une chrétienne, l'autre marxiste, est écarté du Bureau politique et du Bureau central pour avoir soutenu publiquement certaines thèses autrefois dans la ligne. Il sera exclu du P.C. le 20 mai.

Le lendemain, à Moscou, l'écrivain Amalrik est arrêté pour pensée déviationniste, il sera condamné à trois ans d'internement.

En Tchécoslovaquie, à la même époque, Arthur London, l'auteur de *L'Aveu*, est déchu de sa nationalité.

Et pendant que Sakharov, savant soviétique appelle à l'aide et crée un Comité pour la défense des Droits de l'homme en U.R.S.S., le pape reçoit Gromyko pour parler affaires.

Le 29 mai 1971, en Tchécoslovaquie, à la clôture du XIVe Congrès du P.C., « l'épuration permanente » est adoptée. L'épuration permanente : l'expression est atroce, les réalités qu'elle cache, plus encore. Tout cela vous a un petit parfum de « solution finale » qui donne envie de vomir.

En juin 1972 : le même Sakharov publie un document où il demande l'arrêt des poursuites pour délit d'opinion, politique, culturel et religieux. Un texte capital.

5 janvier 1972 : l'écrivain Boukovski est condamné à sept ans de prison.

Et depuis, cela n'a pas cessé. Jusqu'à l'épuration récente en Yougoslavie (janvier 1974) où un Tito vieillissant ne peut empêcher injures, menaces et condamnations adressées aux meilleurs artistes yougoslaves. Ce durcissement idéologique se traduit notamment par la mise à l'index de cinéastes comme Dusan Makaveyev *(Les Mystères de l'organisme, Sweet movie)* et A. Petrovic *(J'ai même rencontré des tziganes heureux, Le Maître et Marguerite)*. Outre ces réalisateurs de cinéma célèbres et importants, sont condamnés comme « *défenseurs d'idées anti-socialistes, nationalistes subversifs* », des peintres (dont certains sont de mes amis) comme Velickovic, Stankovic, Kalajic, Ljuba, etc.

Tous ces artistes sont qualifiés de « *pessimisme, obscurantisme, mysticisme religieux, inhumanité, esprit destructeur* ».

Pour l'instant ce ne sont que des mots imprimés. Mais

avant une nouvelle irruption des forces sauvages contre le talent, l'intelligence, et l'imagination, il est urgent de se demander où est le pessimisme? Où est l'obscurantisme? Où est le mysticisme religieux et intolérant? Où est l'humanité et l'inhumanité? Où est l'esprit destructeur et où est la création?

Cette campagne de « purification idéologique et culturelle » montre bien qu'aujourd'hui encore, à l'Est, le marxisme révolutionnaire ne sait pas, ne peut pas ou ne veut pas admettre ce qu'est une véritable révolution culturelle : c'est-à-dire la liberté, accordée à tous, de recherches, de pensée, de création et de jouissance.

L'Archipel Goulag de Soljenitsyne, récemment expulsé d'U.R.S.S., est un document accablant sur l'enfer vécu par les créateurs, les intellectuels, et les autres sous Staline. Certes, comme Georges Marchais l'a dit un soir à la Télévision française, les méthodes staliniennes ont été condamnées officiellement lors du XXe Congrès. Mais, à quoi bon, si l'un des grands témoins russes, *qui en a souffert dans sa chair et dans son esprit,* ne peut l'écrire en toute liberté et l'intégrer à une œuvre qui servira d'avertissement aux générations futures?

Il est vrai, pas un honnête homme ne songerait à le nier que la presse bourgeoise et d'extrême droite, exploite à fond les « déclarations » de Soljenitsyne, pour mieux dissimuler ses propres tares et problèmes culturels.

Mais pour un garçon ou une fille engagé sincèrement dans la contre-culture moderne, le conflit Soljenitsyne-société d'ordre soviétique, n'en demeure pas moins inadmissible et intolérable.

Transformer la culture de privilège au bénéfice de tous est assurément une tâche importante de la révolution culturelle. Mais il ne sert à rien de vouloir transformer la culture pourrie par une élite en une culture pourrie pour tous.

A la base de toute révolution culturelle, il y a la création et la recherche. Qui ne respecte pas le créateur ou le chercheur ne peut prétendre à celle-ci.

En France, la gauche n'est pas encore au pouvoir. Pressé de questions à ce sujet, Monsieur Georges Marchais a solennellement affirmé la liberté de pensée, de recherches et de création, si le Programme Commun l'emportait un jour aux élections législatives.

Certains ricanent. D'autres en doutent. Il suffit, pour l'instant, d'en prendre acte [1].

Mais il n'en demeure pas moins, notamment au sein de la jeunesse, une grande confusion, entre :

CONTRE-CULTURE.

RÉVOLUTION.

MARXISME.

Ce trigone, aujourd'hui encore impossible, un mouvement fondamental de la contre-culture moderne, le surréalisme, a essayé de le réaliser.

C'est, à ma connaissance, la première fois dans l'histoire littéraire qu'un groupe d'artistes et de poètes, c'est-à-dire de novateurs de formes et d'inspiration, s'inscrivent à un parti révolutionnaire et veulent soumettre leurs recherches aux nécessités de ce même parti.

En effet, un temps, bouleversés par les échos de la révolution de 1917, les surréalistes vont introduire cette modification profonde du comportement culturel : le vrai créateur sera nécessairement associé à la révolution sociale. Chaque novation passera donc par une ligne politique.

Grâce aux multiples ouvrages parus sur la question, on n'ignore plus grand-chose de cette tentative unique. Au départ chacun joua le jeu. Surréalistes et marxistes essayèrent honnêtement de se comprendre et de se compléter. Mais

---

1. Je ne vois d'ailleurs pas pourquoi certains feraient un procès d'intention au camarade Marchais. Le 18 avril 1972 un peintre de mes amis, Jean Moulin, fut condamné et ses trente-huit toiles saisies pour... outrage aux bonnes mœurs. Ça ne s'est pas passé à Moscou ou à Tombouctou, mais à Paris (75) France. Alors, un peu de pudeur !

vite leurs démêlés furent nombreux. Et ce fut la rupture.

Rupture pour des questions de langage : le langage collectif des socio-politiques était aux antipodes du langage individuel des créateurs.

Autre problème et non des moindres, la plupart des surréalistes avaient confondu le romantisme de la révolution et la révolution elle-même.

Enfin, les surréalistes, issus directement de la psychologie des profondeurs (Freud, Janet) et revendiquant l'inconscient, se trouvaient en perpétuel désaccord avec les marxistes matérialistes pour lesquels, seul, l'être social et économique détermine la conscience de l'homme [1].

Le 29 janvier 1974, j'ai parlé de ce conflit avec Louis Aragon. Il sourit, avant de me répondre : « Les communistes ne sont plus anti-freudiens. De toute façon il faut comprendre qu'à l'époque le freudisme était très mal connu. Nous n'avions pas les textes originaux. Avec Breton nous l'avions découvert dans des traductions plus ou moins bonnes et des livres de vulgarisation d'une qualité discutable. En outre, ce freudisme était déjà exploité par des hommes qui envisageaient des exploitations très éloignées des préoccupations du psychologue viennois : les services de police par exemple, s'y intéressaient beaucoup.

« En fait, pratiquement, tout le monde s'opposait à Freud, en ce temps-là : les catholiques, les protestants, la bourgeoisie, les communistes, etc.

« Les choses ont bien changé. Aujourd'hui, dans la presse communiste, on cite Freud couramment, on parle de ses livres.

« — Je crois que tu es un peu optimiste, lui dis-je.

« — Et moi je vois que tu ne lis pas L'Humanité », dit-il en riant.

En fait, Aragon se trompe ou est trompé.

---

1. « Transformer le monde », a dit Marx; « changer la vie », a dit Rimbaud, ces deux mots d'ordre pour nous n'en font qu'un », dit Breton dans son discours au Congrès des écrivains de 1935.

Les savants marxistes orthodoxes s'opposent toujours radicalement aux théories de Freud. Témoin ce document officiel, dont nous publions des extraits à la fin de cet ouvrage, et où trois psychologues d'U.R.S.S., se réclamant toujours de Pavlov, parlent à propos de Freud d'une « *interprétation pseudo-scientifique des phénomènes psychiques, d'une démarche anti-scientifique et politiquement réactionnaire* ».

Après avoir pris note de cette condamnation sans appel, revenons aux problèmes posés par les surréalistes.

André Breton et ses compagnons étaient des révolutionnaires au niveau ontologique, au niveau de la constitution de l'homme. Un peu mystiques, ils se tournaient vers les valeurs fondamentales de l'esprit humain et ses possibilités de création. Ils dirent non au marxisme et finalement se retournèrent comme Breton vers l'art fantastique, l'ésotérisme, la magie, la théosophie et la gnose [1].

Seuls, Louis Aragon et Paul Eluard parvinrent à assimiler successivement, et toujours avec la plus grande réussite, le dadaïsme, le surréalisme et le communisme [2]. Les autres, « ces poètes philosophes » comme on aurait dit Novalis, ne purent jamais souscrire complètement à ce dernier.

« Moi, je croyais à l'avenir des choses, m'a dit récemment Louis Aragon. Au changement profond et réel. Les autres surréalistes n'y ont pas cru. Je ne peux leur donner tort d'avoir quitté le parti communiste à ce moment-là. Je ne leur ai d'ailleurs jamais reproché. Mais, disons que j'avais une autre conception de l'existence et du combat, ainsi que Paul Eluard d'ailleurs qui, après avoir quitté lui aussi le Parti m'a rejoint de nouveau pendant la guerre et est mort communiste. »

On a retrouvé aux États-Unis et en Europe, quarante ans plus tard, une situation presque identique : celle des hippies,

1. Après la dernière guerre, le groupe surréaliste sans Breton fit une nouvelle tentative vers le marxisme. Nous en reparlerons.
2. Paul Éluard fut, en effet, dadaïste au début. Il publiait dans ce mouvement une petite revue appelée *Proverbes*.

révolutionnaires mystiques et leurs alliés de quelques jours, ou de quelques mois, selon les endroits, les gauchistes marginaux de la contre-culture américaine ou de mai 1968.

Alors que penser? Le trigone CONTRE-CULTURE, RÉVOLUTION, MARXISME est-il réalisable?

Je crois qu'il faut voir les choses en face.

Le marxisme est une arme utile de transformation sociale. Mais il est en contradiction fondamentale avec l'expression mystique ou créatrice de certains êtres. Entre l'un et les autres les rapports sont difficiles sinon impossibles.

Les acteurs de la contre-culture moderne ne peuvent être sociaux que par surcroît. Mais ils sont d'abord autre chose. Lénine retrouvait la pensée de Platon, lorsque celui-ci disait qu'un poète est néfaste à la république. Ces deux-là voyaient peut-être bas, mais ils voyaient juste.

L'homme de la contre-culture est impossible à comprendre pour quiconque est engagé dans un dogme collectif. Sa vie est une alchimie. Il se sait irremplaçable [1]. Son chant aussi. Il utilisera donc sa vie pour réussir ce chant, parfois pour le bonheur des autres mais, s'il le faut, au détriment de la société, des mœurs, de la morale, des conventions, des admirations, de l'ordre public.

Nixon les a traités de voyous.

Ils sont des voyous parce qu'ils veulent être des voyants.

---

1. « Quand on y regarde de près, tout ce qu'on a, c'est son moi », admettait Picasso devant Tériade en 1932.

Si la religion d'État nationaliste, sadique et narcissique s'essouffle ou recule un temps devant le soulèvement de la jeunesse, les politicards de droite savent lui opposer immédiatement, sous une allure jeune, pure et sympathique, la bonne vieille religion masochiste et internationale qu'ils manient en coulisses...

« Supportez la misère, résignez-vous à l'oppression, songez au paradis qui vous attend, faites confiance à Dieu et chantez ses louanges... »

On connaît la chanson. Nombre d'entre nous l'ont fredonnée. A l'école, au catéchisme, au patronage, ou à la fin du repas, pour la première communion.

Aujourd'hui, folk, pop, rock, la musique a changé. mais les paroles sont restées les mêmes.

laissez-moi vous raconter l'histoire de la Jesus Revolution américaine. C'est un modèle du genre.

5.

Jésus le récupérateur

Jesus back! Jésus revient!

« *C'est le nouveau cri de ralliement des jeunes Américains* », écrit un journaliste le 7 janvier 1973. Puis il ajoute, sans sourciller : « *C'est le cri de la nouvelle révolution des jeunes aux États-Unis. Le symbole en est l'index levé vers le ciel et l'arme principale, le sourire.* Le Mouvement de Jésus *comme on l'appelle est le prolongement de la rébellion des campus* (Sic.) *Mais aux manifestations de masse et à la violence succède la recherche d'une certaine forme de spiritualité face aux problèmes d'un monde qui leur paraît aberrant* [1]. »

Et voilà, finie la révolution. Pourquoi lutter? Jésus, comme le bon Zorro, est de retour. Il va tout arranger. Il suffit de prier, d'être sage. D'alterner risettes et dévotions.

On organise sur les plages de Californie d'immenses baptêmes collectifs. Le mouvement hippie renaît-il une fois encore de ses cendres? On assiste à un premier « Festival du Rock du Doux Jésus ».

Sur les chemises, maillots et autres T-shirts, immédiatement mis en vente, on a imprimé quelques crédos publicitaires : « *Jésus est mon seigneur* », « *J'appartiens au peuple de Jésus* » ou bien encore « *Jésus vous aime* ». Et ces nouveaux

1. A. de Segonzac dans *France-Soir* du jour.

hommes-sandwiches colportent le message, en toute inno-
cence.

Jésus, qui ne veut pas être en reste avec ses fans, monte
sur la scène. Ce qui, somme toute, est plus agréable que de
gravir le Golgotha. Jésus devient comédie musicale, chanson
pop, opéra rock, oratorio électronique, best seller, superstar
enfin.

Et tandis qu'un peu partout dans le monde, quelques
jeunes prêtres tentent, malgré les rebuffades et les interdits,
de « *redonner un sens à leur sacerdoce et à leur vie terrestre* »,
la pantalonnade christique de la « Jesus Revolution » se
développe sous les regards bienveillants d'un haut clergé
téléguidé par la Machine.

Que veulent ces jeunes? Ont-ils renoncé définitivement
à leurs révoltes?

Non pas, répond la presse officielle : « *...leur esprit de
rébellion contre le monde matérialiste légué par leurs parents,
leur désir de modifier le système n'a pas changé. C'est pourquoi
ils se tournent vers la religion, ils essaient d'y trouver la réponse
à leurs angoisses. Par ce biais, ils espèrent changer les individus
en commençant par eux-mêmes* ».

D'identifier la Révolution de Jésus à la contre-culture,
il n'y avait qu'un pas, vite franchi par les exégètes appointés
de l'establishment.

Il fallait à tout prix récupérer les forces vives en ébullition depuis 1963. Coûte que coûte, désamorcer ces masses
explosives qui, à plusieurs reprises, et dans différents pays,
avaient fait trembler la Machine sur son socle.

Utiliser la voix religieuse? Le climat de désir orgastique
exacerbé de ces foules semblait s'y prêter.

Mais le mot « Dieu » avait beaucoup servi. Trop servi.
Chacun ne l'avait-il pas utilisé pour dominer, coloniser,
massacrer?

*Je n'ai jamais très bien compris
La raison de la bataille*

Mais j'ai appris à l'accepter
Et à l'accepter avec fierté :
On ne compte pas les morts
Quand Dieu est à vos côtés

Et, un peu plus loin :

Vous ne posez jamais de questions
Quand Dieu est à vos côtés...

Version moderne et grinçante du *Tuez-les tous, Dieu reconnaîtra les siens*, cette chanson de Bob Dylan fut en 1964 la plus formidable dénonciation du bourrage de crâne idéo-religieux qu'ait connu le répertoire de la chanson populaire.

Cette complainte, célébrissime dans le monde occidental tout entier, avait frappé les jeunes imaginations. Ce Dieu-là inspirait la plus grande méfiance. Ne l'avait-on pas retrouvé simultanément dans la bouche de Roosevelt : « *La foi en Dieu est indispensable pour sauvegarder l'ordre social* » et sur les lèvres d'Hitler « *Le Créateur nous a chargés d'une révision historique de la plus grande portée* ». Dieu dans les discours de Pétain, de Chamberlain, de Franco, de Mussolini, de Salazar, quand ce n'était pas sur le ceinturon des S.S. « Got mit uns ».

Dieu est avec nous. Hum?...

Les fréquentations de Monsieur Dieu avaient été pour le moins douteuses depuis un siècle...

Mais alors, si Dieu est inutilisable, comme faire accepter à ces jeunes générations et par le biais de la religion, une docilité inconditionnelle au vieux monde, tout en leur donnant, bien sûr, l'illusion d'une révolte?

Certains aspects du phénomène hippie vont suggérer la réponse dès 1967. Et, notamment, l'incroyable histoire d'un voyage de Jésus aux Indes, racontée par l'historien Notovitch, épisode qui met en joie les enfants-fleurs [1]. Certes

1. Voir *Je veux regarder Dieu en face.*

rien n'est moins sûr que cet exil fabuleux au pied de l'Himalaya...

Mais le personnage est là. Vagabond mystique et révolté, il plaît incontestablement. Il fascine par ses ambiguïtés, ses contradictions. En ce sens, il est résolument moderne. Sans oublier ses cheveux longs.

Mieux, c'est un perdant, un héros malheureux, un prophète vaincu. Pour une jeunesse, rendue masochiste par ses échecs, il apparaît plus facile de s'identifier à Jésus qu'à Dieu. De cela, rapports et enquêtes psychosociologiques en témoignent formellement.

Dès lors, c'est décidé.

Jésus sera l'appât. Il ne reste plus qu'à tendre le piège.

Une fois encore, les États-Unis — ce pays où tout fait semblant de commencer et, en réalité où rien ne s'achève — vont servir de terrain d'expérience.

Le « Dossier Jésus » est confié au pasteur Billy Graham, prédicateur inlassable, tribun né, champion de la loi et de l'ordre dans le respect des évangiles et... ami intime de Dick le Menteur, alias Richard Nixon [1]. Autre responsable de l'affaire : Bill Bright, fondateur de la « Croisade chrétienne des universités ».

Première phase de l'opération : il s'agit de rassurer d'abord la « nouvelle droite » américaine, inquiète des succès du phénomène hippie (1966-1968), des coups d'éclats des gauchistes Weathermen (1968-1972), des tergiversations au Vietnam, de la condamnation du bon cardinal Spellman (1967), de tous ces procès où l'on acquitte des nègres black panthers, des rassemblements fraternels et crasseux de Woodstock (1969), des messages anti-républicains délivrés non moins publiquement par Bob Dylan, Joan Baez, Tom Paxton...

Coup d'envoi le 28 mai 1970 dans le stade de l'université de Tennessee, à Knoxville, cité profondément religieuse et raciste.

---

1. On verra avec intérêt le film de Bertrand Castelli sur ce bouffon...

Lieu judicieusement choisi : la science n'est plus l'humble servante de la théologie, comme au temps de Galilée. La cathédrale désormais, c'est l'Université, et le catéchisme c'est la vie des campus.

Le phénomène toxicomanique, les premières vagues révolutionnaires, la contestation même des religions officielles sont nées sur les campus.

C'est donc là, et nulle part ailleurs, que doit germer la réaction de l'Opération Jésus.

A l'université de Tennessee, 75 000 personnes, jeunes pour la plupart, ont répondu à l'appel de cette première croisade. Il y a là des convaincus, mais aussi des désœuvrés, des paumés, des déçus de la New Left (nouvelle gauche). La drogue les a bannis, la société les a jugés, la révolution avortée par manque de structures créatrices les a laissés désemparés.

La Machine, tel un rouleau compresseur, a écrasé leurs dernières velléités.

Ils ne savent plus où ils sont, qui ils sont.

Ils sont là, en manque de fraternité, avides de nouveaux rassemblements qui rassurent, à la recherche d'un père. *Les autres le savent.* Témoin cette réflexion de Richard Hoog, un évangélisateur de 27 ans mouillé dans cette histoire : « *Les gosses cherchent une autorité, l'amour, la compréhension. Jésus est ce que leur père n'est pas...* »

La Machine a bien fait les choses.

Deux mille chanteurs vêtus de blanc. Affichée, une phrase de l'Évangile : « Je suis la Voie, la Vérité, la Vie. » Un seul drapeau américain et, invité d'honneur, l'ami personnel du pasteur Graham, le président Nixon soi-même qui prononce un discours à l'ombre du Christ en fleurs!

Un millier de vrais hippies et autres non-violents, outrés par tant d'impudence, manifestent leur indignation en hurlant une autre citation de la Bible : « Tu ne tueras point. »

Paternel, le président sourit avec indulgence; comme dans la chanson de Robert Charlebois :

C'est charmant et surtout plein d'humour,
Dit le Président à son Vautour
Ce Petit a bien de l'avenir...
Mais l'Enfant le voit toujours venir.

Les contestataires seront très vite noyés sous les accla-
mations du plus grand nombre. Et un journaliste français,
témoin oculaire de raconter : « *A l'appel de Billy Graham,*
à la fin de son vigoureux sermon qui visiblement toucha Nixon,
au point qu'à ce moment il saisit la main de sa femme, assise
à ses côtés, des centaines de personnes dévalèrent des gradins
pour venir dire " oui " au Christ. Le président les regarda,
ému un instant et puis discrètement il s'éclipsa [1]. »

Bill Bright enchaîne en décembre 1970 à l'université
de l'Illinois.

Le premier acte de la nouvelle passion de Jésus est terminé. Il s'agit à présent de convaincre tous ceux qui, il
n'y a pas si longtemps, incendiaient ces bâtiments universitaires, boutaient les forces de police hors de son royaume,
réclamaient la paix au Vietnam, l'égalité raciale. Tout cela
entre deux festivals de pop music. Il s'agit aussi de ramener
dans le grand troupeau tous ces Jesus freaks (cinglés de
Jésus) marginaux, drogués pour la plupart, fous de théosophie, d'astrologie, de bouddhisme, d'alchimie ou de magie
et qui hantent les villes californiennes, de San Francisco à
Los Angeles...

A la fin de l'année 1886, Guyau, jeune sociologue français
à peine âgé de 32 ans, publiait *L'Irréligion de l'avenir*. Dans
cet ouvrage important, Guyau explorait successivement la
genèse des religions dans les sociétés primitives, analysait
la dissolution de ces mêmes religions dans les sociétés

1. A. de Segonzac, *France-Soir*, 30 mai 1970.

modernes, avant d'envisager dans une troisième partie — qui justifiait le titre du livre — les principales hypothèses susceptibles de remplacer les dogmes vacillants dans un futur proche : panthéisme pessimiste, naturalisme idéaliste ou matérialiste, entre autres.

L'Irréligion de l'avenir fut un des ouvrages que Nietzsche conservait en permanence dans sa bibliothèque et dont il avait couvert les marges de notes et de réflexions. C'est d'ailleurs ces commentaires qui m'ont incités à découvrir ce livre, bourré de prémonitions fulgurantes.

Mais, objecteront certains, peut-on encore perdre son temps à étudier de telles sottises, alors même que l'on prétend parler d'un monde nouveau, d'un devenir actif et d'une attitude contre-culturelle? N'est-ce pas, indirectement faire une fois encore le jeu des forces asphyxiantes d'un vieux monde dont on veut justement se débarrasser?

A cette question, Guyau répondait non. « Les raisons qui ont jadis produit une croyance sont encore, disait-il, le plus souvent celles qui la maintiennent de nos jours. »

J'approuve totalement, à cela près que j'ajouterais au mot « raisons » celui d' « intérêts »; ainsi complétée, cette phrase garde toute son inquiétante vigueur à une époque où nous assistons, semble-t-il, et notamment dans la jeunesse, à une renaissance du sentiment religieux, à travers le personnage du Christ en particulier.

« Au fond, écrivait déjà Guyau, le véritable dieu adoré par le christianisme, c'est Jésus, c'est-à-dire une providence médiatrice chargée de réparer la dureté des lois naturelles, une providence qui ne donne rien que le bien et le bonheur, tandis que la nature distribue les biens et les maux avec une pleine indifférence. »

C'est Jésus qu'ils invoquent, et c'est devant la personnification de la providence, plutôt que devant celle de la cause première du monde, que l'humanité s'est agenouillée depuis deux mille ans.

Il semblerait donc qu'une partie de la jeune humanité

n'ait pas plus envie de vivre debout que ses prédécesseurs.

Sur les peuples primitifs, les « hommes providentiels » ont toujours exercé une formidable tentation. Cela se conçoit. Mais pouvait-on imaginer que des hommes du nouveau monde puissent faire encore appel, dans leur désarroi, à un de ces hommes providentiels ?

La réponse est simple, il s'agit, ni plus ni moins, d'un complot global, à l'échelon occidental du moins, visant à exploiter une des folies permanentes de l'homme, son non-sens des responsabilités, sa non-volonté de se voir déconcerté par des choses qui lui échappent, et à la limite, sa lâcheté congénitale. Il ne peut se résoudre à dire comme Turenne, à qui on demandait comment il avait perdu la bataille : « Par ma faute ! »

Au Moyen Age, quand il y avait la peste, c'était la faute des Juifs.

A Naples, le peuple battait ses saints quand la moisson n'était pas bonne !

Pour le soldat vaincu de 1940, une seule explication possible : l'incompétence et la trahison des chefs, et pas un instant, le fait d'admettre que l'adversaire lui était supérieur sur le terrain.

Toujours ce refus d'assumer la responsabilité. Et c'est là qu'intervient l'idée de la providence spéciale ou divine, le concept de l'homme providentiel : « Elle permet à l'homme de se décharger, de se laver les mains en face des événements. Un résultat qui coûterait trop à prévoir et à obtenir par des moyens naturels, on le demande à la providence (ou à Jésus, l'homme providentiel), on l'attend au lieu de le produire. »

Donc, outre-Atlantique, et déjà en Europe, certains révoltés d'hier adressent des prières propitiatoires au Christ. Puissance d'autant plus immense qu'elle leur est plus vague. Elle leur semble pouvoir tout, précisément parce qu'elle ne peut rien de précis.

Si Jésus-Christ avait pu sortir les hommes de la merde,

depuis deux mille ans, ça se saurait. Ils croient donc obtenir le maximum d'effets avec le minimum d'efforts.

« *Redeviens un bébé pour aller au ciel!* » chantent ces débiles en souriant. Et parlant de ce mouvement, quelques abrutis avancent le mot magique : contre-culture.

Pas d'accord.

La contre-culture, c'est la révolte. La création et la nouvelle connaissance. Et non l'action de s'incliner puérilement devant les événements.

Mais il reste ce fait étrange que la personnalité de Jésus, emblème d'une civilisation pourrissante, fascine d'authentiques révolutionnaires, et ce, depuis 1789, où l'on exaltait déjà « Jésus le sans-culotte ».

Si, actuellement, des cultures officielles s'appuient ouvertement sur la morale de Jésus tandis que des contre-cultures, à tendances révolutionnaires, se réclament du même personnage, pour des raisons parfois opposées, il y a à cela plusieurs explications dont la première est, sans doute, tout simplement historique.

Jusqu'au milieu du ve siècle, une grande partie de la chrétienté croyait que le Christ et Jésus étaient deux personnages différents : le premier, un homme; le second, un être divin.

Ce n'est qu'en 431, au concile d'Éphèse présidé par saint Cyrille d'Alexandrie, que fut défini par ce dernier ce qui serait désormais l'orthodoxie catholique. Voici ce qu'il écrit : « *Si quelqu'un attribue à deux personnes (ou à deux hypostases) les choses que les Évangiles et les Apôtres rapportent comme ayant été dites par Jésus-Christ... et appliquent les unes à l'homme... et les autres comme dignes de Dieu... qu'il soit anathème.* »

Dès lors, la réunion des deux mots, des deux personnages, des deux hypostases comme le dit la curie dans son jargon, paraît définitivement consommée. Plus de Christ et plus de Jésus, mais un seul Jésus-Christ. Sinon c'est l'anathème, l'hérésie. Les bûchers ne sont pas loin.

Pourquoi certaines foules chrétiennes crurent-elles long-temps en l'existence de deux personnages différents ? Et pourquoi cet acharnement des scribes à les présenter sous une même enveloppe ?

Répondre à ces deux questions, c'est également comprendre les divergences actuelles culturelles et contre-culturelles.

Depuis 1920, 1925, des historiens dignes de ce nom se sont — enfin — penchés sérieusement sur cette énigme du Christ. Les travaux sont nombreux, sans parler des affabulations fantastiques d'auteurs qui ont cru trouver là matière à ima-giner : le Christ extra-terrestre, le Christ fils d'un légionnaire romain en goguette, le Christ féminin, etc. J'en passe de plus délirants encore...

Mais si l'on s'en tient aux recherches historiques rigou-reuses, il en ressort que :

1) Un personnage appelé Christ-Messie a réellement existé au début du premier siècle en Palestine, au temps d'Auguste et de Tibère.

2) Le Christ-Messie n'est pas obligatoirement Jésus dont le nom n'apparaît qu'au IIe siècle.

3) Le Christ-Messie est un homme, visiblement un révolu-tionnaire « temporel », une sorte d'agitateur politique.

4) Jésus, lui, dont l'essence est considérée comme divine, ne propose qu'une révolution spirituelle, métaphysique, sans rien changer à l'ordre du monde.

Il ne s'agit pas ici de heurter des convictions religieuses profondes et personnelles. La foi est en dehors de l'histoire et de la science. Elle appartient au jardin secret de l'individu. Libre à lui de croire ce qu'il lui plaît. La foi peut se contenter de mystère. Il le lui faut même.

Mais, et c'est l'Église de Rome qui l'a voulu ainsi, les ori-gines du christianisme sont du domaine de l'histoire, et même de la science au niveau des cosmogonies chrétiennes affirmées.

Voyons donc, sous l'aspect historique d'abord, ce qui pour-rait s'être réellement passé selon certains historiens :

Au début de l'ère dite chrétienne, l'Empire romain est à

l'apogée de sa puissance. Sa civilisation à son plus haut point de splendeur. Rome domine tout le Bassin méditerranéen, tant politiquement qu'économiquement et militairement.

Ses navires sillonnent des lignes de navigation commerciales très sûres.

Politiquement, tout est calme. Sauf en Palestine où les Romains se montrent extrêmement vigilants. Ils ont disposé là des forces militaires importantes et mis en place un dispositif policier et fiscal très serré. Pourquoi la Judée est-elle si étroitement surveillée?

Tout simplement parce que c'est une poudrière, en état d'insurrection constante et endémique, en proie à des explosions farouches de messianisme fanatique.

Des Juifs attendent l'homme qui les délivrera du joug romain, l'homme qui leur redonnera la grandeur. Style de Gaulle si vous préférez...

D'autres Juifs collaborent avec l'occupant. Et notamment les Hérodes qui détiennent le pouvoir avec l'appui de Rome et de ses envoyés.

Contre les Hérodes et, par conséquent, contre Rome, vont se dresser une série d'hommes appartenant tous à la même famille, les Galiléens, et dont le Christ-Messie sera l'une des plus illustres figures.

Juda le Gaulonite (ou le Galiléen) tout d'abord, chef d'une famille d'aristocrates déchus, issus de David, instigateur de la révolte contre les Romains lors du recensement de Quirinius de l'an 7, prétexte à de nouveaux impôts, aux démembrements de certaines terres. La famine règne cette année-là, propice à une émeute. La guerre civile commence. Juda le Galiléen sera assassiné par les Pharisiens, autres collaborateurs de Rome.

Juda le Galiléen est le chef d'une famille de neuf enfants, sept garçons et deux filles, que lui a donnés son épouse Salomé-Marie.

Le fils aîné, celui qu'on appellera Christ-Messie est né en 739 environ de l'ère romaine (soit — 14 de l'ère chrétienne) dans le nid d'aigle de Gamala, berceau de cette famille des Galiléens.

Emmené par ses parents en Égypte (sans doute pour fuir la police d'Hérode), puis revenu en Judée, le Christ-Messie a vingt et un ans lorsque son père est assassiné.

Il entre à son tour dans la résistance armée à l'âge de vingt-huit ans ou vingt-neuf ans, soit dans la quinzième année du règne de Tibère. Comme son père, il prétend au trône de David, usurpé par les Hérodes.

Des foules entières le suivent, galvanisées par cet homme ardent, doué d'une rare éloquence. Cet homme jeune aux cheveux longs, indice qu'il est l'aîné d'une famille et qu'il a voué sa vie à Dieu et à la loi juive.

C'est un véritable maquis de résistance qu'a organisé Christ-Messie. Escarmouches, combats se succèdent pour la liberté. Mais, inférieurs en nombre, le Christ va également échouer.

Traqué pendant sept ans par les hommes d'Hérode Antipas et de Ponce Pilate, il est finalement arrêté après un dur combat, condamné comme insurgé, émeutier, brigand et chef de révolte et crucifié en l'an 788 de Rome, soit l'an 35 de notre ère, à l'âge de quarante-neuf ou cinquante ans.

Avec ses frères, Simon Pierre, Jacob Jacques, Menahem, et d'autres membres de sa famille, la lutte continue pour l'indépendance de la nation. Tous périrent de mort violente, les armes à la main. Soit, après capture, décapités ou mis en croix.

La plus terrible révolte fomentée par ces Galiléens, celle de Menahem, jeune frère du Christ, verra même les troupes romaines, plier l'échine un instant. Menahem entre à Jérusalem sur son âne en vainqueur (épisode prêté à Jésus dans la Bible). Mais, devant le danger deux des meilleurs généraux de Rome, Vespasien et Titus (le propre fils de Néron) viendront écraser la sédition. Puis, Néron, en représailles, rasera une première fois Jérusalem.

La dernière explosion aura lieu sous l'empereur Hadrien.

Son chef de guerre, Bar Kocheba, fils de l'Étoile, n'est autre que le petit-fils de Juda le Gaulonite, et donc un des neveux du Christ-Messie. Bar Kocheba sera tué par ses propres partisans, après la défaite.

Nous sommes en l'an 135.

Hadrien, qui veut en finir une fois pour toutes avec ces révoltes messianistes, supprime leur nation, la raye de la carte du monde, et disperse les Juifs : c'est la Diaspora.

Le messianisme chrétien est mort tué par les légions de César, aidées par les Juifs du Temple, loyaux sujets de Rome.

L'âge héroïque du « christianisme » (traduction française de l'hébreu messianisme) est clos.

A l'héroïsme d'une poignée d'hommes vont succéder maintenant, dès ce IIe siècle, le travail littéraire titanesque de scribes de génie, avides d'une revanche contre Rome et contre leurs propres compatriotes collaborateurs.

L'image de Jésus apparaît. D'essence divine, détaché des royaumes de ce monde, apôtre de la non-violence, de l'amour humain.

Puis, par un long travail d'écriture, de corrections, de « traductions », de suppressions, de témoignages escamotés, on superposera Christ et Jésus. Et ce que n'a pu faire le glaive, la plume et les sermons vont le réussir.

Les christiens deviendront les chrétiens; et Rome, nous en reparlerons, ouvrira ses portes aux barbares, portes soigneusement huilées par l'élite chrétienne.

Barbares qui très vite à leur tour seront récupérés sous le nouvel étendard de la Croix [1].

Mon histoire vous a-t-elle plu? Ma tête sur le billot, je

---

1. Jésus-Christ, fait d'histoire ou objet de croyance : ce thème a justifié un nombre incalculable d'ouvrages, dès le XIXe siècle avec David Strauss, Renan, etc. Pourtant, les ouvrages les plus importants où l'on trouve une critique textuelle de la Bible et de l'historicité de Jésus-Christ datent tous, pour la plupart, de l'époque « contre-culturelle » dont nous avons parlé au début de ce livre, c'est-à-dire de 1910-1930. Ce n'est pas un hasard.

Ceux qui touchèrent l'intouchable sont : Guignebert : L'Évolution des dogmes (1910), Le Problème de Jésus (1914), Le Christianisme antique (1921). Loisy : L'Évangile selon Marc (1912). J. M. Robertson : The Jesus problem ne la jurerais pas complètement exacte. Mais, de cette époque date une fâcheuse habitude de nos chefs, coutume dont parle Lichtenberg, cette *manière de ventriloquie transcendante qui consiste à faire croire aux gens qu'une parole vient du ciel alors qu'elle a été dite sur la terre.*

Je pressens certaines attaques toutes personnelles. Et notamment celle-ci : pourquoi, me diront certains, avoir été l'un des premiers à défendre le phénomène hippie et pourquoi s'acharner ainsi aujourd'hui, sur le « Mouvement de Jésus »? N'est-ce pas du même ordre d'idée? Le second ne découle-t-il pas naturellement du premier?

Je réponds non dans les deux cas.

Hippies de 1966 et « révolutionnaires de Jésus » de 1972 n'ont aucun point commun, sinon leur âge et une bonne dose de naïveté.

Je m'explique. Qu'ont été les premiers hippies? Des mutants de Dieu, qui avec Lewis C. S. proclamaient : « *Les Dieux ne nous parleront face à face que lorsque nous aurons nous-mêmes un visage.* » C'est-à-dire lorsque nous aurons agi sur nous-mêmes, et créé par nous-mêmes, au point que nous serons dieux à notre tour.

(1917), *Christianity and Mythology*. V. Klausner : *Jésus de Nazareth* (1923). Daniel Masse : *L'Énigme de Jésus-Christ* (1925). P.-L. Couchoud : *Le Mystère de Jésus* (1926). A. Drews : *Le Mystère de Jésus* (1926). R. Eisler : *The Messiah Jesus and John the Baptist* (1929). Allaric : *Les Écritures manichéennes* (1918), etc.

A cette question : qu'y a-t-il de vrai dans toute cette histoire judéo-chrétienne dont chaque minute de notre vie souligne encore l'empreinte? D'autres se sont efforcés depuis de répondre. Citons entre autres : L. Bordet : *Religion et mysticisme* (1959). Bultmann : *Jésus, Mythologie et démythologisation* (1968). Couchoud : *Le Dieu Jésus* (1951). O. Culmann : *Chrystology du Nouveau Testament* (1958). Dupont-Sommer : *Les Écrits esséniens découverts près de la mer Morte* (1959). G. Gusdorf : *Mythe et Métaphysique* (1963). G. V. Jones : *Chrystology and Myth in the new testament* (1956). W. C. Kummel : *Verheissgun und Erfüllung* (1953). G. Las Vergnas : *Jésus a-t-il existé* (1958). E. Percy : *Die Botschaft Jesus* (1953). B Russel : *Pourquoi je ne suis pas chrétien* (1960). L. Ory : *Le Christ et Jésus* (1968).

Ce qui implique une recherche. Les « révolutionnaires de Jésus » ne créent rien : ils admettent.

Or, qui sont les hippies ?

Des garçons et des filles que l'on accuse, à juste titre, de renier les valeurs traditionnelles qui firent la grandeur de l'Occident, de vouloir détruire la notion de famille (mariage + morale + oppression sur l'enfant), la religion nationale, et l'État.

« Si la vague hippie étend encore ses ravages on en parlera encore dans dix ans comme d'une catastrophe nationale », écrira à l'époque Richard Travern, curé-sociologue à l'université de Boston.

Qui sont les hippies ?

Des draftdodgers qui refusent de faire leur service militaire, des « drogués » qui utilisent des « bouillons diaboliques » selon l'expression d'un célèbre biochimiste catholique; des êtres dépenaillés, bientôt poursuivis, arrêtés, tabassés qui affirment que « Dieu a changé de visage ».

Les hippies ?

Des étudiants ou de jeunes prolétaires qui rédigent des professions de foi menaçantes à l'égard des pouvoirs établis, comme la célèbre et longue « Jamais plus nous ne serons une nouvelle génération de l'espérance », refusant d'imiter celles que l'Occident chrétien a conduit aux massacres entre 1914 et 1954. Ils sont un peu les enfants de Dada...

Les hippies ?

Sur cinq, interrogés au cours d'une longue enquête, quatre déclarent que les religions traditionnelles, vidées de leur contenu métaphysique et social ne présentent plus pour eux le moindre intérêt dans la recherche de la Vérité.

Ce qui implique une exploration originale.

Les hippies ?

Des êtres au désespoir lucide qui ne veulent plus écouter les prêtres, les pasteurs; qui dénoncent les manigances christo-politiques d'un cardinal Spellmann; qui fustigent enfin tout un clergé, intermédiaire moribond qui ne sait plus que répéter, en marmonnant, les bienfaits d'un acte créateur passé — la révolte du Christ, par exemple — sans avoir le courage de poursuivre l'exploration que ce Christ avait représentée et assumée [1]...

Les hippies?

Des mystiques en révolte *contre* la religion. On accole trop souvent mysticisme et religion. Relisez Guyau : « Le mysticisme, loin d'expliquer l'origine des religions en marque plutôt la décomposition. Un mystique est quelqu'un qui, sentant vaguement l'insuffisance et le vide d'une religion positive et bornée cherche à compenser par la surabondance du sentiment, l'étroitesse et la pauvreté du dogme [2]. »

C'est là que se situe le mouvement hippie, phénomène avant-coureur de cette crise. Comme ceux de la Beat Generation et des Provos avant lui.

Bien que fragmentaire, le phénomène hippie, au meilleur de sa démarche apporta la preuve de cette vacuité religieuse. Tentative d'accession à une autre forme de civilisation, de vie, de compréhension, de l'amour, de l'être et de ses dimensions spirituelles. Il y avait là une révolte très profonde, confuse certes, et quand bien même les résultats créatifs n'ont pas été à la mesure de ce que l'on pouvait en espérer.

Donc, la révolte hippie se réclamait, à la fois, du Christ, agitateur galiléen, et de Jésus, image mystique et destructrice des religions en place.

Comment, dès lors, une fois l'analyse faite, comparer puis

---

1. Il y a des exceptions, bien sûr. Comme celle du cardinal Léger, archevêque de Montréal, qui démissionne en novembre 1967 du Vatican, afin de se rendre enfin utile; il décide de se consacrer aux lépreux. Ou celles encore de ces prêtres basques anonymes qui depuis août 1968 risquent leur peau, chaque jour, pour préserver un lambeau de liberté aux hommes qui les entourent.

2. Dans son livre *Discipline, ritualisme et spiritualité*, mon vieil ami René Fouéré tient un raisonnement identique : « Il y aurait un hiatus entre religion et spiritualité », écrit-il. « La première (religion) serait magique par ses efficiences et fausse par ses dogmes, au surplus maladroite par ses entraînements. La seconde, mysticité pure, réaliserait souverainement l'esprit... » (éd. de la Colombe).

affilier les hippies et les « Révolutionnaires de Jésus », ces débiles mentaux manipulés par Nixon et sa bande de pasteurs dévoyés!

Ces derniers, agitateurs? certainement pas. Mystiques en révolte? Encore moins.

Si le troupeau humain vit dans une immense prison aux barreaux invisibles mais réels, les hippies furent des évadés un peu fous sans doute, des agitateurs modernes plus sentimentaux dans leur altruisme que réellement constructifs. Mais les « Révolutionnaires de Jésus » sont en revanche des moutons, plus ou moins inconscients, de ces moutons que les autorités pénitentiaires introduisent dans chaque cellule pour connaître par leurs soins, les projets d'évasion.

On me trouvera dur, peut-être injuste avec ces jeunes illuminés...

N'a-t-on pas souvent reproché aux libres penseurs de vouloir détruire sans remplacer. On verra que ce n'est pas mon propos.

Mais, bien qu'athée on ne peut plus conscient comme Lichtenberg, il ne m'est jamais arrivé, en outre, d'estimer comme lui, par goût du paradoxe, que le christianisme était « *le système le plus parfait pour favoriser le bonheur dans le monde* ».

J'irai plus loin. Il s'agit là d'une pensée étrangère au monde gréco-latin et celte, dont la nécessité et l'importance historiques dans le passé, en Occident, peuvent être objectivement discutées. Et nous en discuterons.

Pour créer, on se heurte forcément au sacré. C'est notre cas lorsque nous constatons un fait ou plutôt une série de faits, historiques et indiscutables.

Car la vérité essentielle, la voilà :

On ne peut pas détruire une religion chez un peuple. Elle tombe toute seule, à un certain moment, quand ont disparu les évidences prétendues sur lesquelles elle s'appuyait; elle s'en va par voie d'extinction; elle ne meurt pas à proprement parler, elle cesse. Elle cessera définitivement quand elle sera devenue inutile.

Et ce ne sont pas les nouveaux Révolutionnaires de Jésus, ces enfants déguisés en idiots conduits par un idiot déguisé en enfant, qui pourront y changer quelque chose.

DEUXIÈME BATAILLE

Nulle part ailleurs...

6.

Grandeur et décadence de l'empire romain N° 2

Il y a des forces intellectuelles et spirituelles en action dans le monde. Hier et toujours. Les acteurs de la contre-culture qui refusent d'être fichés, télémanipulés, exploités, endoctrinés, recensés, H.L. misés et sermonnés, le savent mieux que quiconque.

La crise de civilisation, que nous découvrons à peine, correspond, selon certains, à une immense crise religieuse au sens le plus large du mot : celui des relations de l'homme aux autres, à lui-même, et au monde. Crise d'une faillite ou d'une impossibilité actuelle de ces relations.

C'est l'opinion d'André Malraux. Curieux bonhomme : révolutionnaire en Orient puis gaulliste en Occident. Les uns lui reprochent ceci, les autres cela. Personnellement ce manque d'unanimité me rassure.

Il est vrai que Malraux, comme André Breton, n'est jamais sorti du romantisme révolutionnaire. Mais les tics faciaux de ce grand agité ne sont que les signes extérieurs d'une richesse profonde. Un 13 mai, il en appelle aux soldats de l'an II. Puis le voilà parti pour le Bengla-Desh opprimé, aux sons des guitares de George Harrison, l'ancien Beatle. Il est devenu fou, disent ses amis d'hier. Peut-être, mais quelle belle folie !

Pour se réaliser, les grands créateurs ont besoin d'une

alchimie, à partir de leurs propres souffrances et des souffrances d'autrui. Malraux, déjà accablé par les malheurs
personnels, a besoin de la tragédie de l'histoire pour vivre
son lyrisme. Ce qui le rend si vulnérable. Ce qui le fait,
aussi, tellement actuel. Je crois que Malraux voit juste. Et
qu'il voit haut. Qu'importe qu'il fût un voyou puisqu'il
est un voyant.

Arnold Toynbee, historien britannique, partage son opinion. Il estime que notre crise est un soulèvement métaphysique de la jeunesse après l'effondrement de la pensée
chrétienne. Que les jeunes réfutent cette société dépourvue
de finalité exaltante, de transcendance, et de tout esprit
créateur original. Et qu'il faut chasser les marchands du temple.

Ces propos ont été naturellement repris, publiés et com-
mentés par la majorité des revues underground contre-
culturelles, politiques et apolitiques, tant en Amérique qu'en
Europe et en U.R.S.S.

Des grands journaux californiens aux plus modestes
fanzines [1] polycopiés qui fleurissent un peu partout dans
les provinces, à travers lycées, écoles, pensionnats, entreprises, on retrouve la même interrogation : *la religion cessant,
doit-on la remplacer et par quoi?*

Gauchistes, jeunes communistes, et même quelques chrétiens de gauche proposent naturellement le messianisme
politico-social.

« Dieu, je vous soupçonne d'être un intellectuel de
gauche », disait-on au joli mois de mai. Escarpit a repris la
formule. Mais ce n'est qu'une hypothèse, fragmentaire à
mon sens. Et ce n'est pas la seule.

Si la religion a bien été la variante historique, contingente,
— et qui a duré pendant des siècles — d'une interrogation
fondamentale de l'homme dans la société, cette fonction
peut trouver d'autres variantes historiques que la variante
religieuse ou socio-politique.

---

1. Contraction de « fanatique » et de « magazines ».

Il y a là un problème vacant qui attend son langage.

Hier, déjà, cette recherche s'exprimait par quantités de philosophies rajeunies (rousseauisme) et d'utopies socialisantes comme celle de Fourier.

Cette variante vise aujourd'hui, sur un mode ou sur un autre, la qualité de la vie.

Sur toute une frange nouvelle de la pensée prolifèrent de nouvelles interrogations fondamentales, parfois délirantes.

Pour la nouvelle gauche américaine, très éloignée du marxisme orthodoxe, la devise devient : « *One man, one soul* » (un homme, une âme). Les autres se font théosophes, spirites, occultistes, satanistes. Là, ce sont les fameuses tentatives de communautés urbaines ou rurales. Ici, en Europe, parallèlement aux créatiques lettriste et situationniste [1] on note parfois un regain d'intérêt pour la franc-maçonnerie.

Ils créent ou réinventent pour eux-mêmes et ceux qu'ils aiment, un langage original.

Si l'imagination n'a pas pris le pouvoir, elle s'est inscrite dans la subversion sous toutes ses formes.

Car, dans cet univers informe où l'on s'ennuie, il reste à chacun une finalité possible : JOUIR EN CRÉANT.

Créer n'importe quoi, dans n'importe quel domaine. Imaginer le monde. Rêver ses beautés cachées, mutilées ou polluées. Il faut créer jusqu'à s'étourdir. Il faut dépuceler ce vieux globe, trop blanc pour être honnête.

Et, au milieu de tous ces pisse-froids, rire en essayant de laisser une empreinte originale, suivant la parabole du poète canadien, Léonard Cohen :

« Après une grosse chute de neige, nous allions dans une cour avec certains de nos amis. La neige formait une surface unie, vierge. Bertha était la fileuse. Nous tenions ses mains tandis qu'elle tournait sur ses talons, on tournait autour d'elle, nos pieds ne touchaient plus le sol. Alors elle

---

1. Lettrisme, situationnisme, provos, nouveau surréalisme révolutionnaire : nous allons parler longuement de ces mouvements un peu plus loin.

nous lâchait, et chacun de nous tombait dans la neige. Il
fallait rester dans la position où l'on était tombé. Quand tout
le monde était ainsi tombé dans la neige fraîche, c'était la
partie la plus belle du jeu qui commençait. Il fallait se relever prudemment, en prenant bien soin de ne pas abîmer les
empreintes de la neige. On les comparait. Bien sûr, chacun
s'était efforcé de tomber dans une position invraisemblable,
les bras et les jambes dans tous les sens. Alors on s'en allait,
et il restait des empreintes blanches de fleurs, dont nos pas
étaient les tiges [1]... »

J'ai un ami qui est jésuite. Personne n'est parfait. Il a
enseigné à Berkeley et à l'université populaire de Vincennes.
Il croit en Dieu, je crois en lui. Mais nous nous compre-
nons bien. Je lui ai parlé de cette succession ouverte du
christianisme, curieux de sa réponse. Voici ce qu'il m'a
dit :

« Je ne crois pas à l'avènement d'une autre société religieuse. Depuis le XVIIIᵉ siècle, l'évolution suivie par l'Occident, et imposée par lui dans le monde entier, est une chose
jamais vue dans l'histoire connue de l'homme : à savoir une
société sans religion.

« Cette hypothèse n'existait pas auparavant. Même la
société chinoise, qui n'était pas religieuse au sens strict,
n'a jamais cessé d'englober et de représenter une population
religieuse. En effet, si le bouddhisme était une " sagesse "
et non pas une " religion ", son aspect populaire était
religieux.

« Ce qui se passe aujourd'hui en Occident est une véritable création. Notre marche vers une société sans religion
semble être un mouvement implacable. Va-t-il se généraliser
dans le monde entier? Ou est-il simplement lié à la prédo-

1. *The Favorite Game* de Leonard Cohen, Paris, éd. Bourgois.

minance temporaire de l'Occident? On ne saurait le dire encore.

« Mais en Occident, tout semble joué : on ne verra plus après celle-ci, de nouvelles sociétés religieuses. Car il s'agit là d'une évolution interne, irréductible, qui est propre à notre monde. Un point de non-retour me paraît avoir été franchi. »

Puis il conclut, avec une certaine lassitude inquiète :

« Toutes les hypothèses de civilisations areligieuses, irréligieuses, ou parareligieuses peuvent donc se vérifier demain. »

C'est également le constat de la contre-culture, à travers ses recherches et ses créations. Comme le disait Haldane, *Ce qui ne fut pas sera, et nul n'en est à l'abri.*

Ce pourra être le communisme enfin adulte et dépouillé de ses dangereuses contradictions. Ou le socialisme humaniste, le communautarisme, ou le fascisme à nouveau visage.

Ne haussez pas les épaules. TOUT EST POSSIBLE QUAND LE JEUNE LION DORT AVEC SES DENTS.

Le fascisme est une affaire de jeunesse.

Dans cette Allemagne, où la première contre-culture fut étranglée, *toute la jeunesse cherchait à briser ou, tout au moins, à sortir du circuit occupé par la gérontocratie social-démocrate, tenants du pouvoir, gardiens bornés d'un progrès devenu statique, et vide de toute finalité spirituelle.*

Les jeunes fascistes italiens et allemands étaient souvent, à l'origine, des socialistes ardents qui voulaient mettre en pièces la sclérose du vieux socialisme en place. Mussolini lui-même était un ancien anarcho-socialiste. Et le jeune Hitler s'inscrivit dans un mouvement appelé Parti ouvrier allemand.

A la même époque, c'est encore avec la jeunesse que Staline élimina la vieille garde de Trotsky et de Zinoviev.

Pour exprimer sa force révolutionnaire, et son besoin fondamental de transcendance, la jeunesse ira se chercher les prétextes les plus arriérés si on ne lui propose pas, ou si on lui refuse, les raisons les plus progressistes de vivre et de créer.

Et, tant qu'on ne résoudra pas les problèmes tant quotidiens que métaphysiques de la jeunesse, aucun autre problème ne pourra être résolu.

Au sein de la contre-culture, ou à côté d'elle, des garçons et des filles, de tous les âges et de toutes les origines, perçoivent cette crise métaphysique de façon plus aiguë que d'autres.

A l'insolent refus dadaïste, à l'imagination surréaliste et à la contestation gauchiste, lettriste ou situationniste, ils adjoignent une quête qui leur est très personnelle. Ils veulent s'affranchir d'une sorte de pesanteur étouffante propre à la société terrestre. Certains d'entre eux croient encore à une fusion possible de toutes les religions, soigneusement décantées, avec ce que chacune d'elles possède de meilleur pour l'homme. Nous avons vu que c'était peu probable. Mais ils espèrent encore.

Ils travaillent, seuls, mais plus souvent en communautés, non plus, peut-être, à la résolution du problème global de la jeunesse, mais, au moins, à son examen en profondeur.

Il n'y a pas, pour eux, que les problèmes politiques et sociologiques immédiats. « Il y a ce grand drame moral, spirituel, intellectuel que nous vivons tous », disent-ils.

Et la majorité se tourne vers l'Orient.

La contre-culture authentique ne s'oppose pas à ces études métaphysiques ou philosophiques. Au contraire et nous verrons pourquoi.

Mais, nous savons d'expérience, par exemple, qu'il n'y a rien de plus dangereux que de vouloir refaire le monde dans la paix d'un ashram hindou ou dans le calme feutré d'un monastère thibétain. C'est peut-être plus enrichissant que de changer la civilisation, autour d'une bouteille de Beaujolais, à quatre heures du matin, chez un bougnat. Mais c'est tout autant inefficace si on perd le contact avec une réalité occidentale qui est la nôtre.

Je la connais bien, cette quête de la vraie ou fausse sagesse orientale. Elle m'a passionné [1]. Mais elle est souvent plus importante par ce qu'elle sous-entend et dénonce, (le manque à gagner religieux de l'église catholique romaine), que par ce qu'elle apporte.

On part seul, avec une fille ou quelques copains. On est heureux.

« Le vent purifie la route » comme dans les Pûranas sanscrites.

Là-bas, tout est merveilleux. Les gens sont gentils. Le chanvre n'est pas cher.

Mais, parti avec des idées toutes faites sur une Inde que l'on a rêvée, on a vite tendance à voir un sage dans le premier mendiant venu, ou à reconnaître la perfection des premiers temps dans ce qui n'est que misère et corruption.

Et puis, un jour, il faut revenir. Parce que l'on est malade. Parce que l'argent manque. Parce que les flics du coin ont tout de même fini par vous foutre à la porte. Ou parce que l'enseignement du guru n'en finissait pas de commencer.

Et fidèle au dicton, le jeune Occidental, « trop impatient d'avoir un enfant, finit par épouser une femme enceinte ».

De cette démarche, d'une trop longue haleine pour eux, ils ne gardent souvent, en effet, qu'un refus terrible de leur propre vie, ou la nostalgie de repartir ailleurs pour oublier, à nouveau, qu'il faut se battre pour être en paix.

La majorité n'a rien appris de ces expériences. Créé moins encore.

Arnaud Desjardins me racontait qu'un sage thibétain, consulté par de jeunes Américains, finit par leur dire, agacé, « que leur fuite vers l'Orient, et donc leur refus de CE QUI EST », lui paraissait diamétralement opposé à l'enseignement oriental qu'ils étaient censés chercher. Et que l'essentiel, autant qu'il pouvait en juger après quarante années de méditation, « n'était pas de trouver l'Orient mais de se trouver eux-mêmes ».

1. Plusieurs chapitres de *Je veux regarder Dieu en face* et de *Campus* lui sont consacrés.

Venir de si loin pour se faire engueuler, c'était un comble! Ils s'en allèrent, maudissant le Thibétain, en se promettant, tel le corbeau de la farce, qu'on ne les y reprendrait plus.

Ces réserves faites, la dernière n'ayant qu'une valeur anecdotique, je ne partage pas entièrement l'opinion de certains camarades, américains et européens, engagés dans la révolte contre-culturelle, et pour lesquels ces « mystiques décadents » ne présentent qu'un intérêt folklorique.

La contre-culture, c'est l'ouverture. Et cette intolérance me hérisse.

Selon moi, leurs recherches ou leurs façons d'appréhender les problèmes actuels ne doivent pas être négligées.

Un athée qui confond, par exemple, Dieu et la religion (ou la société religieuse) n'est plus seulement un athée, mais un ignorant doublé d'un crétin.

Je voudrais être clair en ce domaine.

Si la mort du Dieu chrétien chez l'homme occidental est bien, comme on l'a vu, une des causes de l'immense malaise de notre civilisation qui se conteste et se transforme, alors ces « mystiques de pacotille » peuvent être utiles.

Ils peuvent aider chacun de nous, y compris le socialiste le plus rigoureux, à franchir certains obstacles qui nous sont invisibles.

Et, comme le dit un proverbe arabe, *quand un chien vous aide à passer le fleuve, vous ne demandez pas s'il a la gale...*

Incontestablement, ils perçoivent des choses que nous ne voyons pas. Car ils sentent et respirent différemment l'air du temps.

Dès les années soixante, par exemple, fascinés par l'irruption sauvage du christianisme dans le monde antique, ils ont voulu comparer notre crise actuelle avec la décadence, puis la chute, de l'Empire romain.

Ce parallèle, qui a passionné Henri de Montherlant dans

son *Treizième César* [1], est aujourd'hui trop souvent repris et affirmé, sous une forme ou sous une autre, dans les revues de la contre-culture, pour que nous n'y consacrions pas quelques pages.

Qu'avons-nous de commun avec ces Romains de la décadence?

Qu'y a-t-il de vrai dans ces allégations? Existe-t-il réellement des correspondances?

C'est ce que je vous propose de voir, point par point.

Mais sans oublier ce que fut l'Empire romain et ce qu'il est devenu aujourd'hui : bicéphale.

Rome 1974 s'appelle ici Washington, là Moscou. Ces deux centrales culturelles dominent le monde. Chacune d'elles a, certes, ses consuls et ses proconsuls, ses provinces et ses alliés. Parfois des démêlés avec les uns et les autres. Ici des manifestations d'indépendance, là des rébellions ouvertes.

Mais, Rome 1974 reste bien pour l'instant, qu'on le veuille ou non, cet étrange amalgame de Washington et de Moscou.

Voyons maintenant ce fameux parallèle à vingt siècles d'intervalle. Pour la circonstance, et parce qu'il fut un précurseur, Monsieur H. G. Wells nous prêtera sa machine à explorer le temps...

I. — *Dans Rome, à une vie simple, austère; à un je ne sais quoi de sobre et de sérieux répandu sur toute l'existence, la pureté relative des mœurs, la dignité du foyer domestique, à ce Romain de la république, « homme du droit », succède un luxe insolent pris sur les dépouilles des provinces conquises. On voit naître le gaspillage, la surconsommation.*

Au XXe siècle, après les aventuriers de la colonisation, hommes rudes et impitoyables, on voit apparaître la génération des enfants de ces mêmes colonisateurs.

1. Paris, éd. Gallimard.

Les voilà aujourd'hui, bourrés de bien-être obligatoire et de produits inutiles, à consommer de gré (pour le plaisir) ou de force (par la publicité).

C'est déjà vrai pour les jeunes Soviétiques, plus encore pour les Européens et les Américains. C'est la surconsommation, le gavage imbécile sous les yeux d'un tiers-monde qui crève de faim. (A l'exception des peuples arabes qui, depuis et je m'en réjouis, ont, en principe largement de quoi...)

II. — *Au départ, chez les Romains, la patrie — être divin collectif — était chose sacrée comme l'était la famille elle-même, car la cité n'était que le foyer agrandi.*

C'est ainsi, également, que la patrie terrestre se rattachait à une patrie plus haute et, qu'en servant la première on servait la seconde.

Rome la divine appartenait aux deux mondes.

On voit à la fin de l'Empire romain ce sentiment patriotique disparaître peu à peu.

Quant à la famille, son esprit disparaît : on ne veut plus se marier; l'autorité du père, hier encore exorbitante est battue en brèche; enfin, le divorce se fait moins rare.

La correspondance avec notre époque est ici plus frappante encore. Tout y est. Rien ne manque : la patrie, la famille, le mariage, toutes ces valeurs aujourd'hui remises en cause par diverses jeunesses.

Mais le plus significatif, reste sans doute la contestation du père.

Dans l'Occident moderne, à partir de la Révolution française qui fera tache dans le monde entier, c'est le même processus. Le roi, pouvoir de droit divin disparaît.

La tête tranchée de Louis XVI, c'est le premier meurtre du père, phénomène contre-culturel qui a tant passionné les utopistes français du XIXe siècle et, surtout, Freud...

III. — *La religion était essentiellement terrestre et politique aux grands jours de la république romaine. Une religion peu faite pour stimuler les aspirations profondes de l'âme, ou développer dans la conscience ces tourments sacrés qui lui font rechercher l'apaisement par-delà les conceptions religieuses du présent.*

Au moment de la décadence, tout s'effondre sous les coups de boutoir de deux courants : l'impiété et la superstition.

En ce qui concerne l'impiété, il faut noter le travail de sape d'Auguste Comte et du positivisme, l'anti-cléricalisme du XIXᵉ siècle, la séparation de l'Église et de l'État, enfin les attaques violentes du marxisme dès l'aube du XXᵉ siècle.

Sous le choc, la plupart des grandes religions actuelles subissent ou vont subir schismes et désintégration totale.

IV. — « *A Rome, la religion officielle est traitée désormais sans façon, comme un décor créé à l'usage des machinistes de la scène politique* [1]. »

Rien n'est plus vrai aujourd'hui. La religion court dans tous les sens, comme un poulet décapité dans l'affolement d'une impossible fuite. Ici, elle prête main-forte au fascisme chilien; là, pour être dans le coup, elle se livre à son ennemi mortel : le marxisme. Sans oublier la collusion, aux États-Unis, entre les Églises chrétiennes et l'impérialisme du Pentagone.

V. — « *Les rites du culte romain n'ont été inventés que pour les foules* », dit Polybe.

La religion est l'opium du peuple répond Karl Marx, en écho.

VI. — « *Partout, dans les lieux sacrés s'étendent le silence et la tristesse* », note Plutarque.

Dans l'Occident moderne, le souci le plus préoccupant de l'Église est celui de la désaffection des fidèles pour les

1. Mommsen, vol. 4.

lieux saints, à l'heure de la messe, des vêpres, ou des autres cérémonies du culte. Combien d'hommes et de femmes disent aujourd'hui avec Cicéron : « Me regardes-tu comme assez insensé pour croire à toutes ces fables ? »

Même la musique pop et le jazz introduits dans les églises n'ont pas suffi à les remplir.

VII. — *A Rome, les mœurs des prêtres deviennent effroyables et leur fourberie commence à être connue. On parle même de leur trompeuse inspiration prophétique.*

Il y a là une différence fondamentale entre Rome l'antique et Rome 74. Le prêtre (ou le pasteur) conserve en Occident, dans la majorité des cas, la sympathie de la population, y compris celles des athées. Hormis quelques rares scandales, d'ailleurs montés en épingle, le clergé occidental garde l'estime et souvent, même, le respect des autres hommes : Don Camillo et Peppone...

Dans le pire des cas, le prêtre est jugé inoffensif.

VIII. — *A Rome, la superstition fait rage. Les arts magiques s'étaient développés et tout ce merveilleux était accepté avec avidité.*

Tout ce que l'on avait adoré jusque-là était insuffisant.

Les auteurs contemporains constatent, sans cesse, l'invasion de nouveaux cultes bizarres, qui étaient d'autant plus recherchés qu'ils étaient étranges.

Ici se situe naturellement le phénomène hippie (et ses dérivés), mais aussi une multitude de sectes nées au XXe siècle, notamment en Californie, où parfois la drogue devient un sacrement [1].

Sans oublier le regain d'intérêt en Occident depuis quelques années pour les mages, les horoscopes et autres cartoman-ciennes.

1. Lire *Jesus H. Christ ou les utopies religieuses américaines* de Roger Delorme Paris, Albin Michel, 1971.

IX. — *Dans la Rome des Césars, on frappe à toutes les portes, on se tourne vers tous les autels à la fois, désabusé de ses croyances et pourtant altéré de vérité.*

Dans cette attraction toute particulière pour les religions nouvelles, il est une chose à remarquer : c'est surtout vers l'Orient que l'on se tourne.

Ici encore, la similitude des situations et des démarches a de quoi confondre. Tous les jeunes d'Amérique et d'Europe se réclamant d'une finalité exaltante, se tournent plus ou moins vers l'Orient.

C'est vrai pour l'hindouisme, le taoïsme, le bouddhisme et le soufisme. C'est également vrai par la fascination qu'exercent les arts martiaux aujourd'hui (Judo, Jiu Jit Su, Ai Ki Do, etc.). Sans oublier le messianisme politique, exercé en Europe, par le maoïsme chinois. En Occident, la religion devient souvent exotique lorsqu'elle n'est plus vécue. Sans omettre la fascination éternelle du « civilisé » pour le « barbare ».

X. — *A Rome, certaines sectes « devenues folles » se font asperger par le sang de leurs victimes : animal ou être humain.*

On pense évidemment à quelques faits divers particulièrement atroces, comme celle de l'affaire Charles Manson en Californie. Mais cela reste des cas isolés.

XI. — *A Rome, les messies se multiplient : Appolonius de Tyane, Jésus Christ, Simon le Magicien, Mithra, Isis, Cybèle.*

« *Les faux messies, dit-on, ne réussissent que dans un siècle qui soupire après le véritable.* » *Mais, comment reconnaître les vrais des faux, tant, parfois, ils se ressemblent* [1].

Voit-on, aujourd'hui apparaître de nouveaux messies? Au sens strictement religieux, non. Hormis quelques doux fadas et gentils foutraques.

---

1. Mithra, le Dieu fait homme pour le salut des hommes, né sur une roche le jour du solstice d'hiver (c'est-à-dire Noël) adoré dans son berceau rustique par des bergers!
Avouez que cela rappelle quelqu'un d'autre...

Mais, dans le rôle idéologique du Messie, celui qui libère les hommes, qui annonce la sortie de l'Histoire, et qui leur rendra la cité idéale, il y en a au moins deux : Karl Marx pour l'Occident, Mao-tsé-toung pour l'Orient.

XII. — *Revenons à Rome. On y note les progrès d'une corruption abominable. Scandales de tous ordres se multiplient. Les grands édictent des lois, mais vivent dans le désordre.*

En ce qui concerne les scandales, depuis une cinquantaine d'années, vous avez le choix : de l'affaire Stavisky au Watergate nixonien, sans oublier, un peu partout, les scandales immobiliers et autres ballets roses.

Mais, lorsque les grands vivent dans le désordre aujourd'hui, c'est avec la plus grande prudence. Car un élément nouveau les menace constamment : la presse et les médias.

XIII. — *Le peuple romain accepte désormais pour guides : des fous furieux, des histrions, des monstres, des vieillards imbéciles ou des bouffons sanguinaires. Les assassinats politiques se multiplient.*

Convenez avec moi que rien n'a changé depuis cette époque où Caligula faisait un consul de son cheval. Aujourd'hui on fait, parfois, un préfet avec un âne, ce qui n'est guère mieux. Pour le reste, bouffons sanguinaires et vieillards débiles, nous avons également quelques beaux articles en magasin.

Les meurtres, de Jaurès aux Kennedy, n'en parlons pas : il y a pléthore.

Et si Tacite nous a montré les Romains de cette époque « *pâles de terreur, se faisant délateurs ou bourreaux pour n'être pas victimes* », on pense irrésistiblement à ces populations modernes, majorités silencieuses apeurées d'un rien et prêtes à collaborer avec toutes les gestapos du monde pour sauvegarder leurs modestes biens. (Le record historique de la lâcheté populaire appartenant toujours à l'Allemagne entre 1933 et 1945 [1].)

XIV. — *En outre, Montesquieu note dans ses considérations que l'un des aspects les plus évidents de la décadence romaine se situait à l'instant où, après l'époque des hommes extraordinaires qui font les institutions, nous assistons au spectacle aberrant des chefs formés par ces mêmes institutions. L'ère des pantins autoritaires.*

Ce paradoxe qui démantela Rome me paraît des plus actuels.

Parallèlement, on assiste dans Rome à une libération sexuelle totale. « Plus loin que l'adultère, la femme se conduit comme une courtisane », lit-on. Les orgies se multiplient.

Au niveau de la partouze, les esclaves en moins, les Romains furent des enfants à côté de certains Occidentaux d'aujourd'hui, raffinés et imaginatifs.

XV. — *Les vices contre-nature chers au paganisme hellénique se développent à Rome, sans frein ni mesures, et dans toutes les classes de la société.*

Dans notre monde moderne, dire que l'homosexualité existe dans tous les milieux sociaux paraît banal. Ce qui l'est moins, c'est qu'elle va se développant, notamment aux U.S.A., en Grande-Bretagne et en Allemagne. Il s'agit là d'une réalité chiffrée, également valable pour toutes les classes sociales.

Dans un roman dingue intitulé *La folle semence*, Anthony Burgess a imaginé l'homosexualité au pouvoir. Force nous est de dire que ça ne marche pas mieux [2]!

Si, de nos jours, l'homosexualité n'a pas encore acquis droit de cité, il semble qu'une plus large tolérance soit à noter [3].

1. La Russie sous Staline et la France sous l'occupation peuvent également être citées.
2. *La Folle semence* d'A. Burgess, Paris, éd. Laffont.
3. Voir texte sur ce sujet dans *Campus*, du même auteur.

XVI. — *Des peintures érotiques emplissent les demeures et jusqu'aux vêtements des Romains...*

Depuis *Le déjeuner sur l'herbe* de Manet jusqu'aux dessins de Hans Bellmer, la peinture occidentale moderne a fait beaucoup de progrès.

Mais c'est encore avec le cinéma érotique ou franchement porno, la photo et les posters que les meilleurs résultats ont été obtenus.

XVII. — *Rome justifie dans la pratique la théorie grecque de l'épicurisme : « Étouffe ton âme dans la jouissance! »*

On assiste à une recrudescence de violence et de cruauté, notamment dans la popularité des jeux du cirque.

Pour les circenses modernes (cinéma et séries TV américaines) la recette n'a pas changé : violence et sexe.

XVIII. — *Économiquement, Rome dépend de l'extérieur : c'est d'Égypte, par exemple, que lui vient sa subsistance. Et sa vie, selon l'expression de Tacite, est confiée aux hasards de la mer.*

C'est exactement ce qui se passe aujourd'hui. A la différence qu'il ne s'agit plus de grain mais d'énergie. Toute la civilisation technique russo-américaine et surtout européenne dépend actuellement du pétrole arabe.

XIX. — *Au fond, le monde romain était dévoré par l'ennui.*

« Il était semblable, dit Sénèque, à ce héros d'Homère qui se tient tantôt debout, tantôt assis, dans l'inquiétude de la maladie. C'était l'agitation d'une âme qui ne se possède plus. »

Et l'on note, fait nouveau, l'apparition de suicides motivés uniquement par le dégoût de vivre dans un temps pareil. (Tacite.)

Je ne connais rien de plus déprimant que cette civilisation strictement matérialiste que les technocrates nous mijotent. Quant aux suicides notamment chez les adolescents, ils sont en hausse constante dans tous les pays occidentaux. Nous vous renvoyons ici à votre journal habituel.

XX. — *Mais dans cette Rome décadente souffle déjà un vent de renouveau. Certains s'élèvent contre les injustices. Cicéron avait déjà prêché la charité du genre humain. Sénèque, lui, plaide la cause de l'esclave, du sous-prolétaire de l'époque. Il montre en lui « la nature humaine qu'il faut toujours honorer ».*

Se manifeste également une tendance à l'universalisme : « *Nous avons le monde pour patrie.* »

Mais, plus qu'aucun autre peut-être, c'est un poète, Virgile qui a le pressentiment que quelque chose se prépare. Qu'un choc contre-culturel terrifiant va balayer ce vieux monde et le remplacer par un monde nouveau. « *Voyez, dit-il, quel frémissement de joie universelle devant le grand siècle qui vient...* »

Ce sera l'ère chrétienne.

Ici les avis diffèrent. Pour Aimé Michel « le changement s'était fait de l'intérieur, comme la métamorphose d'un insecte. Il n'était pas le fait d'une religion particulière ni même de plusieurs religions rivales. Il résultait d'une découverte historique de l'humanité, d'un mûrissement de l'inconscient collectif... »

Pour d'autres, il s'agit bel et bien d'une révolution culturelle [1].

Aujourd'hui les dieux de l'Occident vacillent nettement. Ici, on affirme que les barbares sont aux frontières. Là, les provinces se révoltent. Escrocs de la pensée et faux messies en appellent aux nouvelles superstitions.

Mais voilà qu'apparaissent, comme hier au temps de Rome, des gens, jeunes pour la plupart, aux cheveux longs et à l'hygiène rudimentaire. Ils se réunissent dans des caves et parlent d'une contestation globale. On les pourchasse. On les juge. On les emprisonne. Ces séditieux ont l'air de s'en

---

1. Une autre analyse faite par des acteurs de la contre-culture ne voit, dans le christianisme des premiers siècles, que « le déferlement d'une pensée étrangère dans le monde gréco-latin ».

foutre. Inlassablement, ils poursuivent leur travail de sape...

Alors, vivons-nous la fin d'un nouvel empire? La décadence d'une Rome moderne? La destruction d'une nouvelle Babylone?

Certes, et on l'a vu, les analogies sont troublantes. Mais une comparaison n'est pas une raison. En outre, l'histoire n'est pas tout à fait cyclique. Dès lors, avec l'aide de ces « mystiques décadents », peut-on tirer, au moins, un enseignement du passé? Personnellement, je crois que oui.

On peut retenir de cette leçon que les civilisations apparemment les plus solides sont mortelles. Et qu'il y a déjà eu, dans cet esprit, plusieurs « fins du monde » pour les Mayas, pour les Grecs, pour les Romains, pour les Arabes, etc.

Si nous portons un regard critique sur notre civilisation occidentale, il nous faut conserver cette dimension.

Rien ne prouve, bien sûr, qu'elle contienne un enseignement pour l'action qu'il faut mener aujourd'hui. Mais il en est un, peut-être, pour sonder la profondeur de l'histoire et les mouvements qui l'agitent.

Notre civilisation occidentale russo-américaine, technique et scientifique, bureaucratique et technocratique semble d'une très grande force. Et pourtant, de multiples courants venus la contester depuis 1945 l'ont déjà obligée à se transformer. Eh bien, d'autres mutations plus spectaculaires viendront.

Les partisans de cette civilisation technocratique persistent à croire qu'elle seule peut assurer le bonheur des hommes et la justice dans le Tiers-Monde, unique source possible de non-conflit total et définitif.

Ce que les tenants et acteurs de la contre-culture réfutent depuis une cinquantaine d'années, ayant ceci en commun de ne pas découvrir une finalité exaltante dans cet univers de statistiques et de règles à calculer.

La contre-culture affirme que la sclérose bureaucratique mène infailliblement à la fin d'une civilisation. Et non les créateurs et les révoltés comme on le laisse croire. Ceux-ci ne veulent que changer la culture, la surpasser et donc, réformer profondément la civilisation.

Depuis quand changer signifie-t-il détruire?

Tout ce qui vit aime le perpétuel changement. Et ce jeu-là nous est nécessaire.

Mais il faut faire vite. « *Cette civilisation dont les modernes sont si infatués n'occupe pas une place privilégiée dans l'histoire du monde... Elle peut avoir le même sort que tant d'autres qui ont déjà disparu à des époques plus ou moins lointaines, et dont certaines n'ont laissé derrière elles que des traces infimes, des vestiges à peine perceptibles ou difficilement reconnaissables* [1]. »

Avertie par l'expérience, une contre-culture authentique et positive ne voudra pas détruire la civilisation. Les nihilistes sont des demeurés mentaux. Et c'est peut-être la faute la plus grave que l'on puisse imputer, historiquement, au christianisme.

Rome attendait un changement. *Mutatis Mutandis.*

Or, ce fut un effondrement du savoir. L'obscurité pendant des siècles et des siècles. Une des plus longues nuits de l'humanité civilisée, si obscure qu'on ne sait pratiquement rien de ces temps-là.

La barbarie, que réclament certains hallucinés aujourd'hui, ce n'est pas, comme hier, la contre-culture, c'est la non-culture.

Il a fallu attendre près de mille ans — du IIe au XIIe siècle — pour voir renaître un monde. A cause de l'irruption du christianisme, tout fut oublié, perdu, détruit : connaissances, techniques, secrets de l'art, sciences, etc.

---

1. René Guénon : *La crise du monde moderne* (Gallimard). On pourrait ajouter que notre civilisation a ceci de particulier dans l'histoire connue du monde qu'elle offre le spectacle d'une explosion simultanée du savoir et de la technologie.

J'attends toujours des nouvelles de la société salvatrice qui s'est établie sur les ruines de Rome et d'Athènes.

La vérité est que le christianisme est venu de la nuit.

La contre-culture moderne des jeunes Occidentaux ne cherche pas la nuit de l'intelligence et de la création. Mais, au contraire, plus de lumières encore.

La barbarie, aujourd'hui, ce n'est pas la contre-culture, mais cette épée de Damoclès atomique que des bouffons sanguinaires ont suspendue au-dessus de nos têtes. Voyez le discours de Jean Rostand à la fin de ce livre. Je n'en connais pas de plus édifiant sur la question.

Avertis par la Grande nuit du Christianisme primitif, nous savons désormais qu'il existe des remèdes pires que le mal et des sanctions plus graves que les fautes.

Entre parenthèses, apprenez-le également, messieurs les parents, les instituteurs, les professeurs, et autres chefs de notre existence : *Mieux vaut laisser son enfant morveux que de lui arracher le nez.* Cette phrase n'est pas d'un révolutionnaire en pleine crise de croissance. Elle date du XVIe siècle et vous la trouverez dans les *Essais* de Montaigne.

Or donc, la société religieuse a fait ses preuves : elles sont accablantes. « La civilisation chrétienne s'est révélée creuse à un degré terrifiant : elle n'est qu'un vernis extérieur, l'homme intérieur est resté à l'écart et, par conséquent, inchangé. L'état de son âme ne correspond pas à la croyance qu'il professe... Extérieurement, tout est bien là, en images et en mots, dans l'église et dans la bible. Mais tout cela fait défaut au-dedans », accuse Jung.

Reste le problème de Dieu dans la société moderne et à venir.

Il y a toujours eu une distinction entre l'idée de Dieu et la religion. De fait, la croyance en Dieu n'entraîne pas nécessairement une structure religieuse.

L'idée de Dieu a survécu à toute une série de religions, et, aujourd'hui encore, dans l'Occident non marxiste, c'est bien ce qui semble se produire : Dieu survit à la condamnation des églises [1].

Feuerbach a dit un jour qu'il fallait remplacer le monde divin par celui de l'humain. Que tous les pouvoirs de Dieu devaient être assumés par l'homme.

Karl Marx a poursuivi la démonstration en affirmant que seul l'homme en lutte, et donc l'homme prolétaire dans son esprit, pouvait et devait récupérer les pouvoirs divins.

Mais nous savons aujourd'hui, grâce à la psychologie des masses ou, plus simplement, par une observation honnête et objective, « qu'il n'existe pas de frontières caractérielles délimitant une classe de la société » (W. Reich).

S'il existe bien des capitalistes exploiteurs, des bourgeois réactionnaires et des travailleurs progressistes, il existe aussi des capitalistes libéraux, des bourgeois progressistes et des ouvriers profondément réactionnaires.

Mais alors qui assumera les pouvoirs de Dieu?

Ou, si l'on préfère, Dieu saura-t-il reconnaître les siens dans cet imbroglio caractériel et sociologique?

La vérité est qu'il se passe aujourd'hui des choses étranges.

Il y a, semble-t-il, un élargissement, une libération de l'idée de Dieu. Notamment chez les jeunes.

On voit, un peu partout se multiplier des expériences personnelles, des recherches individuelles. On voit également des petits groupes se former autour d'une autre idée de Dieu.

Mais, *toutes ces démarches* cessent complètement de se rattacher à une institution ecclésiale, ecclésiologique ou globalement religieuse.

Objection : mais que devient alors cette idée de Dieu, dans les communautés par exemple, lorsqu'elle n'est plus définie par une Église ou par une société religieuse?

Réponse : l'idée de Dieu devient chez eux une référence, une simple interrogation, le nom que l'on donne à un désir,

---

1. *Y compris,* dans certains pays marxistes où l'idée de Dieu n'a pu être déracinée.

le nom *commun* d'expériences hétérogènes les unes aux autres.

Il n'y a plus parfois aucun rapport entre ce que des gens très différents mettent sous et dans le nom commun de Dieu.

Sɪɴᴏɴ, ᴘᴇᴜᴛ-ᴇ̂ᴛʀᴇ, ᴄᴇʟᴜɪ ᴅ'ᴜɴ ᴍᴏᴅᴇ̀ʟᴇ ᴄʀᴇ́ᴀᴛᴇᴜʀ.

Nouvelle question : cette situation va-t-elle durer? N'est-elle que transitoire ou va-t-elle s'amplifier?

Nous pensons qu'elle ira en se développant. La radicalité d'une expérience personnelle et interne pourra continuer à se nommer Dieu sans que, pour autant, une nouvelle institution religieuse donne un contenu homogène à cette exigence-là.

Après une période de Dieu-institution, et qui a duré plusieurs millénaires, nous sommes peut-être à l'aube d'une « dissémination poétique du nom de Dieu... »

7.

Pour une science-fiction subversive

« Dans le conflit culturel que vous réclamez, où réside le vrai problème ? »

Voilà ce qu'aurait demandé d'abord Malinowski à ses élèves, et ce, avant même de s'accorder avec eux sur les définitions, les nécessités et les dangers d'une telle rupture.

L'attitude du célèbre anthropologue peut paraître illogique, irrationnelle. Mais elle a le mérite d'être efficace.

Définir d'abord une action, une démarche, un comportement, n'est-ce pas surtout ergoter sur un mot, hésiter entre deux adjectifs, se chamailler avec un vocabulaire déjà piégé, je l'ai dit.

N'est-ce pas jouer les académiciens du nouveau dictionnaire de la révolution culturelle ? N'est-ce pas définir à n'en plus finir...

S'attarder, ailleurs, sur les modalités de la contre-culture comme si chaque chose *agie* devait être au préalable expliquée, programmée, c'est faire la part trop belle à des intellectuels exaltés, aux sexes rabougris, très vite ivres du son de leur propre voix et qui, de toute façon et quelles que soient leurs bonnes intentions, à force de dire n'importe comment finissent par dire n'importe quoi.

Énumérer enfin tous les dangers que recèle — et c'est vrai — l'attitude contre-culturelle, n'est-ce pas perdre un temps précieux à rassurer les timorés et les lâches qui de toute façon ne s'engageront jamais complètement, et iront en fin de compte vers le vainqueur, quel qu'il soit.

Essayons donc plutôt de raisonner comme Malinowski. Où réside le vrai problème?

Le vrai problème est ici de savoir si la chose est possible.

Savoir si la contre-culture est possible comme développement de la personne dans la société.

Savoir si plusieurs contre-cultures, propres à des sociétés ou à des milieux sociaux particuliers, sont simultanément possibles — comme cela semble être le cas actuellement — sans pour autant, une fois additionnées, aboutir au chiffre zéro.

Savoir, enfin, si l'action contre-culturelle est aujourd'hui encore possible, bref s'il n'est pas trop tard pour modifier et même changer profondément l'éventuel développement d'une culture universelle.

Ce qui, en résumé, revient à savoir si la contre-culture du monde nouveau pourra bientôt, sinon un jour, se substituer à la culture de l'ancien monde qui, bien qu'anachronique, nous est actuellement encore imposée, et telle qu'a pu la définir Tylor, il y a un siècle : « Ce tout complexe qui englobe la connaissance, la croyance, l'art, la morale, le droit, les coutumes, et toutes les autres possibilités et pratiques acquises par un homme comme membre d'une société. »

En 1952, dans un roman célèbre intitulé *Demain les chiens*, Clifford D. Simak, écrivain américain, s'est plu à imaginer la terre dominée culturellement, après l'Homme par la race canine [1].

Le propos est énorme et l'auteur d'ajouter : « Que chaque

1. *Demain les chiens*. Traduction française en 1953 pour le Club français du Livre. Réédité en 1972 par « J'ai lu », format de poche.

lecteur y trouve ce que bon lui semble : un simple divertissement, le reflet d'événements historiques, ou quelque allusion
au sens caché. Pour notre part, et en guise de conclusion,
nous nous contenterons de dire : Ne prenez pas ces récits
trop à cœur, car le désarroi, sinon la folie, guette ici le chercheur trop anxieux de savoir. »

Nous prendrons le risque d'être fous.

L'imprévisible est arrivé. Comment?

Tout simplement : profitant de leur état domestique,
vivant dans l'ombre de leurs maîtres, esclaves de leur plaisir,
et de leur tendresse paternaliste, les chiens nous ont observés.
Patiemment. Pendant des siècles et des siècles, subissant
caprices d'enfants sadiques, caresses et coups de triques,
ils nous ont regardés vivre.

Certains hommes, moins policés, moins civilisés, mieux
formés enfin, estimaient que cette dictature culturelle fini-
rait par conduire l'homme à une impasse voire à sa perte.
Qu'il fallait ouvrir le dialogue avec les chiens.

Qu'une nouvelle culture, aussi invraisemblable qu'elle
nous paraisse, était peut-être souhaitable, au développement
d'une culture universelle...

« Jusqu'à maintenant, l'homme a marché seul. Une seule race
pensante, intelligente, se suffisant à elle-même. Pensez comme on
aurait pu aller plus loin, plus vite, s'il avait existé deux races pensantes, intelligentes, à travailler ensemble. Parce que, comprenez-
vous, les deux races ne penseraient pas de la même façon.

« Elles pourraient confronter leurs idées. L'un penserait à quelque
chose que l'autre aurait oublié. C'est la vieille histoire des deux
têtes.

« Songez-y, Grant. Un esprit *différent* de l'esprit humain, mais
qui travaillera en collaboration avec lui. Qui verra et comprendra
certaines choses qui échappent à l'esprit humain, qui élaborera,
si vous voulez, des philosophies que l'esprit humain ne pourrait
concevoir. »

Mais l'homme et son orgueil héréditaire, ses privilèges,
ses profits personnels, sa technologie répressive, ses armes

perfectionnées, cet homme-là, fruit d'une élite, ne pouvait accepter de partager ses pouvoirs culturels...

A leurs pieds, les chiens continuaient à ne rien dire.

Pour un morceau de sucre, certains vendaient leurs âmes. Chiens policiers, ils obéissaient aux flics.

Chiens de garde, ils veillaient farouchement sur ce qui ne leur appartenait pas.

Victimes d'un formidable inconscient collectif, la majorité acceptait l'esclavage.

Mais quelques-uns d'entre eux nous écoutaient sans trêve. Sans relâche, ils apprenaient nos sons, fixant les mouvements de nos lèvres dans leur mémoire encore obscure, essayant de retenir chaque modulation.

Les esclaves apprenaient le langage de leurs maîtres.

Et, un beau jour, l'un d'eux a parlé. Il lui a suffi de parler, d'émettre un simple son articulé pour refuser désormais toute obéissance à ce mammifère, tout juste bipède, qui l'avait opprimé depuis la nuit des temps. Pour réfuter toute cette culture hominienne qu'on avait imposée à sa race.

Nous sommes les chiens de Clifford D. Simak.

Comme eux, des animaux devenus domestiques, par un lent et subtil dressage idéologique. Mais certains d'entre nous ont déjà aboyé, montré les dents...

Chiens dadaïstes de Zurich et de Berlin; lévriers surréalistes des années 30; chiens en meute ou isolés comme Marx, Freud, Einstein, Bohr, Duchamp; chiens du Bauhaus et du V.M.P.; chiens de la beat-generation et plus récemment encore chiots de mai 1968, de Berkeley, de Berlin et de Milan, roquets de lycée, enfants fleuris et chiens gazés; tous ne se ressemblent pas mais tous ont un point commun : la prise de parole contre les idéologues.

Pour l'imagination au pouvoir et le respect des créateurs.

Pour discréditer ces chiens-là — qui brusquement refusèrent le collier culturel — auprès des autres chiens qui eux, dans leur niche de béton, l'oreille basse, regardaient la révolte s'étendre, on a dit qu'ils avaient la rage ! Qu'il fallait les piquer! Par mesure de salubrité publique! Le ministère de l'Hygiène mentale a exigé leur élimination.

Depuis les hommes de la Machine cherchent la nouvelle « solution finale »...

NOUS SOMMES LES CHIENS ENRAGÉS DE CLIFFORD D. SIMAK.

Nous voulons dépouiller l'homme-machine de ses pouvoirs culturels, aliénants pour nous et nos enfants. Cette « culture » polluée, sclérosée, dégueulasse, nous n'en voulons plus. Rien ne nous arrêtera.

Ils ont cru que nous dormions. Ils avaient tort.

Comme dit le proverbe bantou qui a servi de titre à ce livre « *le jeune lion dort avec ses dents* ». Et nous allons mordre.

NOUS SOMMES LES CHIENS DE CLIFFORD D. SIMAK.

Comme les leurs, durant des siècles et des siècles, nos cerveaux ont été lavés par un régime de douche écossaise, soigneusement dispensé : paternalisme et coups de trique. Alternativement. Et sans possibilité de dialogue.

NOUS SOMMES LES CHIENS DE CLIFFORD D. SIMAK.

Comme eux, nos pères ont subi, accepté, parfois réclamé et même revendiqué l'esclavage culturel d'une élite au pouvoir.

Pour éviter le piège de la monotonie et pour mieux tendre celui de l'habitude à ce peuple de chiens, l'idéologie changeait parfois de drapeau; étendards royalistes, gonfalons chrétiens, oriflammes princiers, aigles du génocide, abeilles d'or sur fond d'hermine et hypocrisie sur fond de sable, bannières sanglantes des pseudo-révolutions, navires négriers battant pavillon de la démocratie, enseignes gammées et calicots staliniens, allez les chiens, suivez le panache blanc et hissez les couleurs! Vous les travailleurs cocus, les créateurs dupés, les petits, les sans-grades!

Les hommes-chiens ont tout vu, tout connu, tout supporté pendant huit cents générations.

L'armée et sa méga-force de destruction, ses légions fidèles, ses phalanges de fanatiques.

Les polices urbaines chargées de réprimer les insurrections, les polices secrètes chargées de les noyauter sans oublier les milices du parti qui règne;

Les historiens fonctionnaires qui réforment les faits, truquent les chroniques, inventent les victoires, gomment les défaites, créent les mythes, fabriquent les saintes, épinalisent l'horreur, font d'un peuple en colère une bande d'ivrognes en furie, et pour faire bon poids bonne mesure, subliment la cruauté des répressions, justifient les massacres et sonnent quotidiennement la charge du mensonge.

Lisez ou relisez *1984* de George Orwell [1]. Il date de 1949. En voilà un extrait, il est prémonitoire.

« Que se passait-il dans le labyrinthe où conduisaient les pneumatiques? Winston ne le savait pas en détail, mais il en connaissait les grandes lignes. Lorsque toutes les corrections qu'il était nécessaire d'apporter à un numéro spécial du *Times* avaient été rassemblées et collationnées, le numéro était réimprimé. La copie originale était détruite et remplacée dans la collection par la copie corrigée.

« Ce processus de continuelles retouches était appliqué, non seulement aux journaux, mais aux livres, périodiques, pamphlets, affiches, prospectus, films, enregistrements sonores, caricatures, photographies.

« Il était appliqué à tous les genres imaginables de littérature ou de documentation qui pouvaient comporter quelque signification politique ou idéologique.

« Jour par jour, et presque minute par minute, le passé était mis à jour. On pouvait ainsi prouver avec documents à l'appui, que les prédictions faites par le parti s'étaient trouvées vérifiées.

« Aucune opinion, aucune information ne restait consignée, qui aurait pu se trouver en conflit avec les besoins du moment.

« L'histoire tout entière était un palimpseste gratté et réécrit aussi souvent que c'était nécessaire. Le changement

---

1. Paris, éd. Gallimard, collection Folio.

effectué, il n'aurait été possible en aucun cas de prouver qu'il y aurait eu falsification.

« Il y avait les immenses ateliers d'impression, avec leurs sous-éditeurs, leurs experts typographes, leurs studios soigneusement équipés pour le truquage des photographies.

« Il y avait la section des programmes de télévision avec ses ingénieurs, ses producteurs, ses équipes d'acteurs spécialement choisis pour leur habileté à imiter les voix.

« Il y avait les armées d'archivistes dont le travail consistait simplement à dresser les listes des livres et des périodiques qu'il fallait retirer de la circulation.

« Il y avait les vastes archives où étaient classés les documents corrigés et les fournaises cachées où les copies originales étaient détruites.

« Et quelque part, absolument anonymes, il y avait les cerveaux directeurs qui coordonnaient tous les efforts et établissaient la ligne politique qui exigeait que tel fragment du passé fût préservé, tel autre falsifié, tel autre encore anéanti. »

Fabuleux bouquin que ce *1984*! Mais l'inquiétante aventure de Winston, anti-héros égaré, puis broyé, dans cet univers fou, ne paraît plus, aujourd'hui, aussi invraisemblable que lors de sa parution, après guerre.

On y avait simplement vu, à l'époque, une dénonciation romancée du nazisme et du stalinisme.

En réalité, c'est *notre* monde que l'on y voit décrit, avec sa culture perpétuellement truquée, et ses informateurs, qui se taisent ou qui parlent « dans la ligne ».

Avec ses grandes compagnies du commerce de l'homme, les cartels et les trusts, la coalition des petits lâches silencieux, etc. [1]

Dès lors, comment s'étonner, qu'un jour...

COMME CHEZ LES CHIENS DE CLIFFORD D. SIMAK, IL Y AIT EU LA PRISE DE PAROLE...

Nous sommes peut-être des animaux, mais l'heure du

---

1. *Campus* du même auteur aux éd. Albin Michel.

morceau de sucre est passée. Finis les flattements d'échine. Il n'est même plus l'heure de tendre la main. Trop tard pour les compromis.

Les responsables du mouvement d'extrême droite « Ordre nouveau » ont raison d'écrire dans leur livre-programme : « Et pourtant ce n'est pas encore cela le caractère le plus marquant de notre époque. C'est la désintégration des valeurs de notre civilisation. On rit des idéaux dépassés, ceux de l'honneur et du sacrifice, de la discipline et du sens des responsabilités. »

Ils ont vu juste. Mais ce qu'ils omettent d'ajouter, c'est que ces mêmes valeurs, peut-être rigoureuses et bénéfiques au début de l'humanité, n'ont servi, ensuite, qu'à exploiter l'homme, et à le détruire intérieurement et physiquement.

Comme les chiens fictifs de Clifford D. Simak, nous connaissons désormais le langage de nos maîtres. Reste à leur dire *non* [1].

« Tu es décidément incorrigible, il faut que tu foutes de la science-fiction partout! » m'a dit un copain, en lisant la première mouture de ce manuscrit.

1. J'ai choisi le symbole du chien par le biais de Simak mais, en d'autres livres, l'homme « civilisé » se voit dépossédé de son contrôle par d'autres formes de vie terrestre.

Par des singes dans *Le Règne du gorille (Genus Homo)* de Sprague de Camp et Schuyler Miller, dont s'est sans doute inspiré Pierre Boulle pour sa célèbre *Planète des Singes*.

Par des insectes, les fourmis dans les *Demi-dieux* d'Arthur Gordon Bennett, les guêpes dans *Les Furies* de Keith Roberts, frelons et papillons dans *Infernale Menace* de Vargo Statten.

En d'autres utopies ce sont les rats. Les végétaux et d'autres formes de vie énergétique qui interviennent.

Ces œuvres de fiction, souvent satiriques, traduisent bien, en fait, le complexe d'insécurité des tenants culturels de la race humaine, conscients de leurs manques et de leurs faiblesses, terrorisés à l'idée de perdre leur contrôle.

A la limite, le personnage de l'extra-terrestre ou du simple mutant ne serait que l'archétype d'une sagesse, d'une nouvelle culture et d'une science si élevées que l'homme-machine les redoute, et dont l'homme-esclave pressent la venue.

Il m'agace. Il m'agace d'autant plus sachant d'avance que d'autres vont penser comme lui. En guise de réponse, je vais lui chercher une interview de l'écrivain Ray Bradbury, l'auteur des *Chroniques martiennes*.

Il lit : « Dans le domaine de la politique et de la philosophie, la science-fiction a devancé, d'une période pouvant aller de vingt à cent ans, toutes les déclarations de nos orateurs et de nos philosophes de l'ère spatiale. Chaque fois qu'un politicien ouvre la bouche aujourd'hui, on pense à l'édition de 1928 d'*Amazing Stories*... »

Il n'a pas l'air convaincu du tout. Il me parle de « subversion révolutionnaire authentique et efficace... » Sa voix se fait soupçonneuse, presque accusatrice. J'en ai ras le bol. Et je lui lis un autre passage de l'interview de Ray Bradbury.

« La science-fiction est peut-être le domaine où règne la liberté la plus grande. Pendant le mac carthisme, j'écrivis un roman intitulé *Fahrenheit 451*, qui était une attaque directe contre la force destructrice qu'il représentait dans le monde et une plaidoirie pour les créateurs.

« Par la suite, poursuit Ray Bradbury, les Russes introduisirent illégalement le livre en Russie, où il se vend très bien.

« Étant donné qu'il s'agissait de science-fiction, ils n'ont pas compris que c'était toutes les formes de tyrannies, quelles qu'elles soient, que j'entendais attaquer, celles de droite, de gauche et du centre. De sorte que j'ai été une force subversive en U.R.S.S. en même temps qu'aux États-Unis », conclut Bradbury [1].

Cette fois, mon copain se tait, songeur. Il a vu le film de F. Truffaut sur *Fahrenheit 451* en France. Ça l'a marqué. Il se rend compte que la subversion contre-culturelle de

1. Interview parue dans *Show*, 4 décembre 1964.

Bradbury, à travers un simple bouquin de S.F., a été beaucoup plus importante plaidoirie qu'il ne l'imaginait.

Je voudrais donner, ici, trois autres exemples d'une science-fiction tour à tour prophétique, dérisoire, et subversive.

Prophétique, quand Arthur Léo Zagat et Nat Schachner écrivent en 1929 et 1930 un roman intitulé *Exiles of the moon* (publié en 1931), et dans lequel on assiste à une lutte féroce entre les workers (les prolétaires) et les aristocrates. Ces derniers font arrêter quelques meneurs parmi les travailleurs, et les déportent dans des camps de concentration où ils devront être gazés. Dans ce roman la lutte finale verra la victoire des travailleurs qui aboliront la notion de classe.

Science-fiction dérisoire quand le même Schachner, en 1933, dans *Ancestral voices* brosse un tableau de la civilisation avec l'oppression des Juifs par les hitlériens. Un homme qui voyage dans le temps va parvenir à vivre chez les Huns. Là, il sera amené à tuer un de ces barbares, qui se trouvait être son ancêtre, tout ce conflit provoquant sa non-existence actuelle, la disparition d'Adolf Hitler, ainsi que celle de nombreux dignitaires nazis et d'un nombre égal de Juifs!

Subversive enfin, dans le *Cold*, toujours du même Shachner, ouvrage écrit en 1939. On y voit la solidarité entre êtres pensants de diverses planètes prendre le pas sur le patriotisme. Cette objection de conscience partant d'un refus d'obéissance et allant jusqu'à la résistance armée aux ordres de leurs gouvernements respectifs.

« Je ne suis qu'une marionnette dans leur jeu », chante Bob Dylan, dans un pamphlet de jeunesse intitulé *John Brown*.

Si les institutions font les pantins, qui anime les marionnettes que nous sommes devenues?

Qui, en tirant les ficelles de la coulisse, nous fait saluer, agenouiller, lever le poing, marcher comme des automates, trimer comme des bœufs et tuer parfois celui d'en face?

Qui? Les pantins? Certainement pas. La preuve : changez les pantins noirs par des pantins blancs. Cela ne change rien au sort des marionnettes.

Pour un écrivain de S.F., c'est une institution globale, universelle, sous-humaine et presque invisible, que nous appellerons la *Machine.*

Une Machine magnétique, en forme d'iceberg, dont un cinquième seulement apparaît à la surface; une Machine qui dérègle les boussoles de la raison humaine et contre laquelle viennent se fracasser les vaisseaux fantômes de nos velléités libertaires et de nos aspirations les plus secrètes.

Quand a été construite cette Machine et qui l'a élaborée? Au départ, fut-elle bénéfique à l'homme?

A-t-elle eu plusieurs maîtres successifs, soucieux de ne pas en révéler les secrets du fonctionnement à leurs remplaçants?

Y a-t-il eu cassure?

Car aujourd'hui la Machine est emballée. L'a-t-elle été sciemment par quelques spécialistes? En apparence, personne ne la maîtrise plus. Ses engrenages ignorent tout de la force motrice qui les anime. Ses courroies patinent sous des accélérations trop brutales.

C'est ce que constate l'Américain Charles A. Reich, limitant la réflexion à son pays (ce qui est inexact) : « Les Américains, dit-il, ont perdu le contrôle des mécanismes de leur société et seules de nouvelles valeurs et une nouvelle culture peuvent leur en rendre le contrôle. Au cœur de tout se trouve ce qu'il faut bien appeler un changement de conscience. C'est-à-dire une nouvelle manière de vivre, presque un homme nouveau [1]... »

Cherchons le vrai poste de commandes. Jusqu'où est-il enfoui, ce monstrueux ordinateur dont l'action invisible fait qu'à tous les niveaux de notre société on ne trouve que des individus mutilés, des chercheurs bloqués, des producteurs castrés, des créateurs stérilisés ou bâillonnés, des enfants

1. *The Greening of America* de Charles A. Reich (1970).

angoissés, des femmes sans pubis et des hommes sans couilles, des dieux fossiles, des pouvoirs réels en échange de marchandises illusoires, des lois paranoïaques, des messages illisibles.

Une communauté monstrueuse enfin d'êtres humains décervelés avec, à leur tête, des chefs sans paroles à l'image de leur histoire.

Et, pour perpétuer ce gâchis, sécuriser les adultes et réprimer les autres, l'arme secrète de la Machine : la Culture officielle.

Ah, la Culture !

Elle s'étale, bien en surface, lisse comme la plate-forme d'un billard électrique.

Glissez une pièce dans la fente, Messieurs les parents, et vos enfants pourront jouer aux études.

Et voici que les spots s'allument, bleus comme la ligne des Vosges, violets comme la soutane d'un évêque, rouges comme le sang des héros. Et voilà que la bille de votre destin commence à rouler, avec deux flippers pour vous donner l'illusion qu'elle ira où vous voudrez. Mais il y a les bumpers magnétiques qui réexpédient la bille là justement où commence votre perte.

Dernière boule. Vous n'avez pas obtenu le résultat minimum escompté par la Machine, pourtant bienveillante, convenez-en...

Allons, ne vous découragez pas et remettez une pièce. Et le jeu recommence avec ses éclairs trompeurs et ses sons hypocrites. Et un jour, ça y est : vous avez gagné une partie gratuite. Vous avez gagné un diplôme.

Mais cette partie gratuite n'est pas à vous.

Ce diplôme ne Vous appartient pas.

Il vous faut le rejouer.

IL APPARTIENT, COMME VOUS, A LA MACHINE [1].

Cette Machine que nous allons casser.

1. Le symbole de la Machine — ou d'un mécanisme sublimé — gouvernant le monde est un thème que la science-fiction a largement exploité :

Face à nous, que voit-on?

Une énorme Machine servie par une gérontocratie. Des vieillards. Des centaines de milliers de vieillards, détenteurs des pouvoirs culturels.

A Rome pourtant, ça bouge? me disiez-vous. Je réponds « Tempête dans un calice » [1].

Il fut un temps où il était admis qu'instruire les jeunes générations appartenait aux personnes âgées. Mais celles-ci ayant la fichue manie de transmettre à leurs élèves ou apprentis, le monde où elles avaient grandi elles-mêmes, très vite le décalage se fit ressentir.

Rien n'est perdu dirent alors certains optimistes. Il suffit, pour pallier ce manque, d'éduquer simultanément les personnes âgées, d'enseigner les enseignants en somme.

La réaction d'après mai 1968 en France prouve que la

Le Lendemain de la Machine de Francis G. Rayer; plus extraordinaire Le Monde des A de Van Voght, roman qui bénéficie de la traduction de Boris Vian et où l'humanité est également dominée par un méga ordinateur.

Robert Heinlein dans Révolte sur la lune, Philip K. Dick dans Le Marteau de Vulcain, Harlan Ellison avec Je n'ai pas de bouche et il faut que je crie, Ward Moore dans Le Vaisseau fantôme ont également décrit ce symbole mécaniste châtiant, contrôlant et torturant en permanence l'humanité.

C'est d'ailleurs là un des rôles les plus positifs de ce genre littéraire où l'idée est, beaucoup plus que les personnages, la véritable héroïne du roman. La science-fiction, souvent contre-culturelle est un forum où peuvent s'affronter sans réticences ni préjugés, les différentes hypothèses au cas où, par exemple, notre système socio-culturel s'effondrerait.

Et, dans L'Univers de la science-fiction (Payot), Kingsley Amis note à ce sujet : « A mon sens, sa grande utilité, c'est le moyen qu'elle nous fournit de présenter sous forme de roman une étude sociologique, d'isoler et de juger les tendances culturelles de notre civilisation... nombre de sociologues seraient surpris et peut-être mortifiés de découvrir que certaines de leurs vues les plus originales sont lieux communs dans la science-fiction depuis longtemps. »

1. Révolution dans l'Église! Le 12 août 1966, le motu proprio Ecclesiae Sanctae, conscient du problème et de ses responsabilités, fixe l'âge limite des évêques et des curés à ... soixante-quinze ans! Ce genre d'information « révolutionnaire » fait ma joie. Et vous connaissez la dernière que raconte Paul VI depuis 1970 : « Ne pourront plus participer à l'élection du Pape les cardinaux de plus de... quatre-vingts ans! »

chose est impossible. Ceux-là même qui avaient engagé le dialogue ne l'avaient admis, au fond, que contraints, apeurés. L'insurrection réprimée, tout a repris comme avant. Pire même en certains endroits.

Max Planck, un des plus grands savants de l'histoire des hommes, le père de la théorie des quanta, a écrit très justement dans son autobiographie qu'il était impossible de convaincre les gens de quoi que ce soit de nouveau. Que tout ce que l'on pouvait faire, à la limite, était de leur donner le temps de mourir. A ce moment-là seulement, les jeunes générations, en âge de la révolte, pourraient embrasser les nouvelles vérités.

Aussi désolant que soit le constat de Planck, il se révèle malheureusement de plus en plus exact.

« Le monde actuel est une gérontocratie dominée par des personnes dont le cerveau est gelé depuis avant l'âge atomique, écrit un autre savant. Ils agissent comme il était peut-être bon d'agir avant cet âge, mais leurs actions restent sans rapport avec le nouvel ordre des choses. »

Cinquante-cinq, bientôt soixante pour cent de la population mondiale aura moins de trente ans et nous subissons la tutelle de vieillards autoritaires !

Le danger de cette gérontocratie est d'autant plus grand pour nous, et nos enfants, que nous vivons une époque de transformation d'une rapidité terrifiante nécessitant une perpétuelle adaptation.

Cette adaptation, parfaitement indispensable pour supporter ce « choc du futur » dont parle Alvin Toffler, les détenteurs des pouvoirs culturels ne la refusent pas seulement.

Mieux, ils la *nient*, cherchant — pour mieux préserver leurs intérêts — NOTRE AVENIR DANS LEUR PASSÉ !

Toutes les puissances actuelles, tous les régimes en place perpétuent l'ignoble tradition culturelle qui consiste à créer et à développer un système « d'éducation » anti-jeunesse, anti-novation, anti-création, pour servir leurs intérêts, augmenter leurs profits et assurer la stabilité de leur *Machine*.

Mais, objecteront certains, peut-on vraiment construire l'avenir sur une autre base que le passé?

Oui et non, car il y a là un piège de simple vocabulaire.

Pour la majorité des gens, le passé est au niveau moral, politique, social, éthique, religieux, contenu implicitement dans notre histoire culturelle, telle qu'on nous l'enseigne dans les écoles-prisons, avant de nous la resservir un peu plus tard, sous son aspect « information ».

Mais ce n'est pas l'histoire véritable de l'homme.

Étant enfant, mon père me l'avait dit déjà, dans son langage simple, au cours d'une partie de pêche, je crois. A l'époque je devais avoir dix ans, je n'y avais guère attaché d'importance.

J'ai été beaucoup plus troublé, des années après, d'en retrouver l'écho chez un homme comme le professeur Albert Szent-Gyorgyi, biologiste, inventeur de la vitamine C et prix Nobel 1937.

Pour ce savant en colère, si l'homme se conduit comme un parfait imbécile, cela tient surtout à ce que son esprit est pollué, dès l'enfance, par ce fameux dirigisme culturel.

Pour Szent-Gyorgyi, le passé historique enseigné n'est qu'une pantomime sanglante, qu'il faut désormais refuser car il est une autre histoire, un autre passé, celui des créateurs.

« L'histoire véritable pour moi, écrit-il, c'est l'histoire de la lente évolution de l'homme, l'histoire de comment il s'est élevé du niveau des animaux ses semblables, à sa situation supérieure présente...

« Le rythme de cette ascension résulte de deux facteurs, l'un qui tire en avant, l'autre qui pousse en arrière.

« Ce qui pousse en arrière, ce sont les guerres, l'effusion de sang et les destructions, ces forces étant rois, barons, dictateurs, généraux, etc. Cette histoire-là n'est pas seulement sanglante, elle est fausse...

« Les représentants des forces qui tirent l'Homme en avant, ce sont ceux qui recherchent et trouvent les connaissances nouvelles et les nouvelles beautés, les valeurs éthiques les plus impératives... Comme Bertrand Russell l'a fait remarquer, la hauteur du piédestal des statues que nous élevons à nos héros nationaux est souvent proportionnelle au nombre de ceux qu'ils ont tués. Pour moi, ajoute Szent-Gyorgyi, les héros véritables de l'humanité sont les Galilée, Newton, Darwin, Pasteur, Shakespeare, Bach, Lao-Tseu, Bouddha, dont on voit rarement les noms cités dans les livres " d'histoire ", bourrés par ailleurs de descriptions de batailles et de modifications de frontières nationales dépourvues de la moindre signification [1]. »

Pour répondre à la question posée au début de ce chapitre, à savoir s'il est possible de construire l'avenir sur une autre base que le passé, disons d'abord que la contre-culture actuelle peut s'inspirer sans dangers ni regrets de ce véritable passé de l'homme qu'exalte Szent-Gyorgyi.

Il n'est pas question d'écrire comme Shakespeare, de composer comme Bach, d'imiter Bouddha ou de refaire la démarche de Galilée ou de Newton.

Mais tous ces hommes et quelques milliers d'autres furent, en leur temps, les artisans de petites ou grandes révolutions contre-culturelles, en désaccord et même en guerre ouverte avec une culture officielle aliénante et figée.

La contre-culture peut puiser chez eux de nouvelles forces, des idées stratégiques, du courage aussi.

Ces hommes et ces femmes ridiculisés, souvent traqués, torturés, exécutés même, s'imposent comme de formidables précédents aux actions contre-culturelles modernes.

Démocrite, fondateur de la théorie atomiste de la matière, qui vit ses œuvres détruites pour avoir nié l'intervention des dieux dans la nature et dans les choses humaines; Anaxagore, philosophe de génie, chassé d'Athènes pour incrédulité; Épicure (comme son disciple Lucrèce) qui voulut glorifier la vraie connaissance et affranchir l'homme de la peur de ses dieux et maîtres, ce qui lui valut pendant deux mille ans les anathèmes des Pères de l'Église; Socrate, exécuté par le poison, pour « corruption de la jeunesse », mais qui, en fait,

1. A. Szent-Gyorgyi : *The Crazy Ape*, Philosophical Library New York 1970. Excellente traduction française de Michel Chrestien *Le Singe fou* (Un biologiste s'adresse à la jeunesse) chez Stock, 1971.

et surtout, avait eu l'audace de se dresser contre la tyrannie; à Rome, il y eut à l'époque impériale, pour d'autres grands contestataires comme Sénèque et Pétrone, « une manière digne et définitive de récuser le Pouvoir : le suicide »[1]. A Prague, le pauvre Jean Palach a suivi leurs traces.

Et Christ, « ce jeune hébreu mort trop tôt » comme l'a rêvé Nietzsche, et sur lequel il fallait revenir longuement dans ce livre, compte tenu des caricatures, fausses interprétations, mutilations culturelles et autres massacres que son simple nom a provoqués...

N'oublions pas ces milliers d'artistes, de savants, de poètes, de penseurs progressistes du Moyen Age auquel le Vatican et ses Inquisiteurs réservèrent leurs persécutions imbéciles et cruelles, leurs cachots et leurs bûchers.

Et tous ces cathares languedociens et ces bogomiles bulgares qui plaidaient pour l'émancipation de la femme et qui eurent le tort de ne vouloir retenir du message de Jésus que le principe de la défense des pauvres... Le principe de la liberté de l'Homme...

C'est avec la religion que la Machine a trouvé ses premiers bâillons, ses premiers bourreaux, ses premiers flics.

« Quiconque n'est pas avec elle est contre elle... On veut maîtriser les forces de la nuit en les rendant répugnantes. Abominables. Le succès de l'entreprise est douteux. La cathédrale gothique, la miniature, témoignent de la virtuosité des imagiers à dissimuler, derrière la leçon chrétienne, la richesse de l'inconscient populaire », a pu écrire Pierre Espagne.

A l'époque et, par force, l'underground et la contre-culture étaient dans les cathédrales.

Rabelais, génie inimitable, dont « le rire est un des gouffres de l'esprit » et qui étrillait joyeusement la société, la magistrature, la loi, l'Église et la guerre, faillit y perdre la vie.

---

1. La phrase est de Pierre Paraf : *Les Grandes Contestations*, Paris, éd. Payot.

Thomas More qui écrivait « Partout où la propriété est un droit individuel, où toutes les choses se mesurent par l'argent, là on ne pourra jamais organiser la justice et la prospérité sociale » eut moins de chance et périt décapité.

Ne fallait-il pas maintenir à tout prix les idées reçues et les fonctionnaires médiocres d'une Machine déjà en place sur son socle de misères?

Lénine a dit un jour : « La bourgeoisie par peur du prolétariat qui grandit et qui se renforce, soutient tout ce qui est périmé, tout ce qui dépérit, tout ce qui est moyenâgeux. » Affirmation longtemps exacte mais aujourd'hui incomplète.

Aveuglé par l'idéologie, une partie du prolétariat où je suis né ne vaut guère mieux. Staline s'étant chargé un peu plus tard de le démontrer. Comme son compère du pacte germano-soviétique, le divin Adolf et sa Clique Brune.

Les bases de l'Inquisition datent du concile de Vérone de 1183, mais elles ont su faire école sous d'autres masques, et sous bien d'autres régimes, jusqu'à nos jours. Toujours avec la bénédiction des masses prolétaires et bourgeoises.

Si le passé doit nous servir à quelque chose c'est d'abord en ce sens.

Nous sommes désormais méfiants. Très méfiants. Qu'ils sortent leurs cultures une fois encore, et cette fois, c'est nous qui sortirons nos revolvers.

Quant à leurs innombrables victimes, qu'elles aient été simplement bafouées en leur temps (Galilée, Pasteur, Rousseau, Fourier, Freud, etc.), toujours censurées, souvent emmurées, parfois fusillées ou gazées, de ces hommes et de ces femmes-là, je le répète, nous revendiquons le souvenir et nous sommes d'accord pour le transmettre.

ILS SONT LE SEUL PASSÉ DU VIEUX MONDE QUE NOUS VOULONS CONSERVER. ET CE QU'ILS ONT FAIT, NOUS POUVONS LE FAIRE.

POUR LE RESTE, IL FAUT ROMPRE CE FAUX DIALOGUE.

Nous avons sur tous les vieillards de la Machine et parfois

sur leur digne progéniture un avantage : nous connaissons leur langage.

Durant la dernière guerre, des résistants habiles avaient, paraît-il, eu l'idée de chiffrer leur message en langue basque. Miliciens, S.S. et spécialistes allemands du décryptage s'y cassèrent les dents, cherchant, pour mieux trouver la clef de ces énigmes, des références avec toutes les langues connues. En vain.

Cette histoire pourrait servir d'exemple à la naissance d'un véritable underground, non compris à la surface, non récupéré par la Machine.

TOUT DEVIENDRAIT ALORS POSSIBLE.

Nous sommes des centaines de milliers. Il suffit de nous reconnaître et d'oser. Vaincre notre solitude et notre peur.

Comme le disait un jour Montaigne à son père : « *Monsieur, pourquoi une si grande foule d'hommes laisse faire ces bourreaux? Leur force ne vient-elle pas seulement de la lâcheté commune?* [1] »

---

1. Cité par André Lamandé, dans *La Vie gaillarde et sage de Montaigne*, Paris, éd. Plon.

LE LIVRE TOUT BLANC DE MONSIEUR MISSOFFE

Au mois de mai de l'année 1966,
Monsieur François Missoffe, ministre de la Jeunesse et du gouvernement français, décida de lancer une grande campagne d'information auprès des jeunes, et ce par le biais d'un questionnaire.

Que voulez-vous? Qui êtes-vous? Quels sont vos besoins? Telles étaient en gros, les questions.

Une fois terminé ce Rapport d'enquête sur la Jeunesse française, pourtant volumineux de 500 pages, on ne put que constater l'échec de l'entreprise : sur cent mille questionnaires distribués, sept mille à peine furent remplis. Le fait était là : les jeunes refusaient de répondre.

Monsieur Missoffe, qui n'était pas mauvais homme, et qui, comme il l'avait déclaré au Parlement, voulait « se faire l'avocat des Jeunes » auprès de l'opinion et du gouvernement, en fut, dit-on, très attristé.

Qui dit avocat, dit accusé.

La réponse des accusés vint plus tard, beaucoup plus tard, ce qui n'étonnera personne, dans un pays où les communications ne brillent guère par diligence.

La réponse des accusés (personne ne savait au juste de quoi ils l'étaient) arriva très exactement deux ans après et d'une façon extrêmement imprévue pour ses destinataires. Qui aurait pu penser en effet, qu'en mai 1968, un petit rouquin et quelques copains, pour avoir voulu pénétrer dans le dortoir des filles de Nanterre, auraient déclenché un processus qui immobiliserait la France et jouerait un rôle considérable dans la modification de conscience des jeunes Européens.

Les auteurs de cette missive, romantique et enflammée, furent appelés « enragés ». Ils furent tabassés, emprisonnés, honnis.

Cinq jours plus tôt, en Allemagne de l'Ouest, le Parti néo-nazi N.P.D. remportait un nouveau succès en obtenant 10 % des suffrages aux élections du Bade-Wurtemberg; ils furent appelés « Les élus du Peuple ».

Et vous voudriez, après cela, que nous parlions le même langage?

8.

Une contre-culture de la drogue

Au cours du premier semestre 1970, ce furent les « Entretiens de Rueil, ivresse chimique et crise de civilisation », vaste confrontation sur le phénomène de la drogue et, notamment, ses rapports éventuels avec ce qu'il faut bien appeler une « contre-culture ».

Beaucoup de choses y furent dites. Une seule nous intéresse ici.

Devant M. Aron (sociologue et professeur à la Sorbonne), M. Domenach (directeur de la revue *Esprit*) et le Pr Monod, prix Nobel, chargé de présider le débat, un étudiant en médecine invité, M. Lazarus je crois, fit la déclaration suivante :

« Vous avez parlé tout à l'heure des vrais révolutionnaires et de la drogue. Cela m'a rappelé une chose que l'on disait beaucoup en mai 1968. On s'est aperçu, à la Sorbonne, qu'une très grande quantité de drogue circulait... A la place du pouvoir, à ce moment-là, une des seules choses qu'il était possible de faire, c'était de salir les mouvements étudiants, de salir un peu tout ce que l'on pouvait. Et, pour salir, il n'y qu'à mettre de la drogue : or, il était dit à la Sorbonne que la drogue était introduite par une certaine police non officielle...

« Je me permets de dire la chose puisqu'ici, on pourra nous répondre en connaissance de cause... »

Vain espoir. Aucune réponse ni démenti ne furent jamais donnés à cette accusation. C'est grave. Mais, il y a eu, à mon sens, pire encore.

Que des éléments de la Machine se soient infiltrés parmi les émeutiers de mai 1968 et les aient encouragés à prendre de la drogue, personne, à ma connaissance, n'en possède aucune preuve.

En revanche, ce qui suit est irrécusable.

L'incompétence, la pusillanimité et la confusion des pouvoirs publics en matière de drogue, de 1966 à 1971, ont permis de décocher à la jeunesse un de ces coups de Jarnac comme on n'en avait plus vu depuis le bon roi Henri II.

Dès mai 1968, en effet, on vit se manifester une volonté, relativement originale en matière de sournoiserie : celle d'assimiler ou, pour le moins, de superposer dans l'esprit du public, les quatre mots à la mode :

JEUNE = RÉVOLUTION = CHAOS = DROGUE [1].

Tout ceci, bien entendu, à cause de quelques éléments étrangers, juifs allemands notamment, corrupteurs et anti-français.

Une certaine presse, apeurée par la réaction des « braves gens » de juin 1968, s'employa à donner du crédit à ces informations. Ne serait-ce que pour retrouver le sien, bien entamé par ses continuelles séances d'essayage et changement de jaquette du mois précédent.

Elle y réussit, au moins partiellement, dès l'automne suivant. De cette époque, date un racisme anti-jeunes dont le conflit de générations actuel se serait bien passé.

Que ces mêmes jeunes « tendent à créer leur propre système de valeurs, basé essentiellement sur leur propre

1. Des conférences débats remarquables, comme celle de novembre 1969 organisée par la Maison de la Médecine et à laquelle j'ai participé avec le Pr Gaultier, le Dr Fully et Roumageon, N. Roussel, doyen des juges d'instruction, M. Carrère, M. Susini et le R.P. de Certeau, n'ont malheureusement jamais été suivies, à l'époque, par une meilleure information générale sur le problème de la drogue. (Conférence à la Faculté de médecine, rue des Saints-Pères à Paris.)

expérience, et refusent les valeurs adultes essentiellement basées sur l'expérience du passé, comme si ces valeurs avaient cessé d'être transmissibles », c'était déjà beaucoup [1].

Mais qu'ils osent se droguer, qu' « ils pèchent ainsi contre l'esprit », comme disait si joliment Mauriac, c'était trop.

En tout cas, plus que ne pouvaient en supporter tous les braves gens, alcooliques eux-mêmes, et donc drogués à cinquante pour cent.

Ce fut la revanche du père, comme l'on dit aujourd'hui.

Politicards, curés, flics, moralistes, historiens véreux, scientifiques sans conscience, responsables de médias, profs hier encore tremblants comme des feuilles de copie, tous pasteurs pasteurisés de l'ordre établi et de la culture officielle, chacun voulut troquer son costume de peur pour un uniforme de vengeance.

Deux années durant, et sur toutes les radios notamment, propices par leur mystère fascinatoire à ce genre de débordement, ce fut carrément de l'hystérie. On en vint très vite aux dernières stupidités. Par exemple, tout adolescent, amateur de modèles réduits, surpris un pot de colle d'avion à la main, devait être considéré comme un drogué en puissance! Parents, si vous avez une armoire à pharmacie, fermez-la bien et surveillez vos enfants. Épiez-les. Etc.

On entendit même, sur certaines antennes, des hommes en appeler à d'autres hommes pour qu'ils dénoncent leur fils ou leur fille, leur frère ou leur sœur, « au cas où ceux-ci seraient des drogués ou fréquenteraient des toxicomanes. C'est votre devoir social » [2].

Aux armes, citoyens. Nos valeurs sont attaquées!

1. Nous avons vu de quel « passé » ils parlent!
2. Sous l'impulsion de Chaban-Delmas, Premier ministre, il y eut pourtant d'excellentes séances de recherches et de travail au Foyer international, rue Cabanis. A ces réunions participaient notamment : Dr Bensoussan, Dr Olivenstein, MM. Domenach, Brichet, Dr Douady, Dr Lefort, Dr Renard, Régis Richard, président du Comité anti-drogue, Pr Sutter, et Michel Lancelot. Là encore, la brochure éditée — résultat de ces travaux — et intitulée *La Drogue, informer pour prévenir* ne fut pas à la hauteur des travaux réalisés. *(N.D.É.)*

Au temps du nazisme, nombre d'enfants, endoctrinés dès leur plus jeune âge, dénonçaient à la Gestapo les conversations de leurs parents.

Après mai 1968, certains ont vécu ce nazisme à l'envers. Et pour qui? Et pourquoi tout ce tam-tam?

En réalité, pour quelques centaines de lycéens et d'étudiants, un millier peut-être, bourgeois repentis pour la plupart, hier encore actifs, brûlants de renverser les barrières et qui, déçus par l'échec de mai, cherchaient à présent des frissons inédits dans l'héroïne ou la cocaïne.

Et pour ces quelques paumés, plus à plaindre qu'à juger, toute une jeunesse fut condamnée.

Mais, me direz-vous, que faisaient les quelques millions d'autres? Ils auraient dû protester. Hurler contre cette falsification.

Eh bien, les autres ne voulaient ou ne pouvaient plus s'exprimer. Cette parole volée, on la leur avait reprise. Voilà pour la première explication. La seconde est que, par centaines de milliers, ils s'étaient inscrits au chômage de l'imagination. Ils attendaient de nouveau, avec impatience, le non-lieu ou le pardon de la Très Juste Opinion Publique.

Quelques autres s'en étaient retournés vers des structures plus solides : ici, au parti communiste (ou socialiste); là chez les francs-maçons.

Hormis quelques irréductibles, courageux, durs au mal, et obstinés, les derniers enfin, qui se retranchaient dans l'attitude mi-héroïque, mi-désabusée, style anciens combattants de mai... ou s'en allaient fonder une communauté rurale...

Et, tandis que tout ce petit monde s'éloignait ou s'autodétruisait, chacun à sa façon, la Machine, elle, s'autoreconstruisait, reconnectant ses circuits débranchés, changeant ses rouages humains qu'une poignée de forcenés avaient endommagés sans le savoir.

Il y a dans la vraie contre-culture américaine (pas celle décrite par les sociologues appointés par le système), un personnage qui fait, à juste titre, figure de symbole.

Il s'agit du psychologue Timothy Leary, américain d'origine irlandaise, celui qu'on a surnommé « l'apôtre du L.S.D. », et dont j'ai largement parlé dans les deux volumes précédents de cette trilogie.

Connaissez-vous Louis Lecoin, champion de l'objection de conscience, qui « hors des manigances, des gangs d'affairistes, loin des croisades idéologiques et bien au-dessus des patries qui semblent avoir fait leur temps et approcher de leur déclin », ce même Lecoin qui, « pour avoir haï la guerre avec fermeté, avec passion, avec une persévérance jamais démentie » passa douze années de sa vie en prison française pour délit d'opinion [1] ?

Après Louis Lecoin, Tim Leary est sans doute la plus grande victime de la contre-culture ou, plus exactement de la rigidité dogmatique et rationaliste, propre au climat culturel dominant.

Leary emprisonné. Leary évadé. Leary trahi. Leary repris. Il n'y eut jamais pour cet homme aucune issue possible : ni du côté de l'establishment ni dans la révolution.

Jugé et appréhendé une première fois par les curés-flics de Johnson, le voilà en cavale. Mais, réfugié, à Alger, chez les Black Panthers, ceux-ci, à leur tour, le mettent en état d'arrestation pour non-orthodoxie révolutionnaire !

« Changez la société par la lutte des classes et vous changerez l'homme », disent les premiers, avec Eldridge Cleaver.

« Changez d'abord l'homme et vous changerez, peut-être, la société », répond Leary, têtu.

1. Louis Lecoin fut proposé au Nobel 1964 de la Paix par Mme Albert Camus, Autant-Lara, Jean Cassou, Maurice Nadeau, J. Montaron, Jean Paulhan, Gaëtan Picon, le bâtonnier Thorp, etc. Lorsqu'il apprit la candidature de Martin Luther King, il insista pour qu'on efface la sienne. En 1965, il publia un livre remarquable sur son combat pour l'objection de conscience, intitulé *Le Cours d'une vie*.

C'est, une fois encore, le vieux débat entre marxistes et surréalistes, repris trente ans plus tard.

Son hypothèse d'élargir la conscience se heurtera partout à la même incompréhension. Chez les blancs chrétiens comme chez le pouvoir noir, une égale opacité. Ici otage, là ilote.

Vérifiant une fois de plus, à ses dépens, que pour un homme engagé dans une recherche fondamentale, il n'y a pas de salut dans l'engagement séculier.

Un ami me disait récemment qu'il y avait chez Leary le sujet d'une grande tragédie moderne. Je le crois, profondément.

Je vous propose un document : mon dernier entretien, en Suisse, avec Timothy Leary, peu de temps avant son arrestation à Kaboul par des agents fédéraux américains.

Conversation édifiante : courageux jusqu'à l'inconscience, mystique déboussolé, scientifique pervers, prophète des nouvelles explosions intérieures, Leary est tout ce que l'on voudra, sauf un imbécile et un faussaire.

Depuis que le Dr Jekyll, sous l'effet d'une préparation chimique, est devenu le terrifiant Mr. Hyde, sous la plume habile de R. L. Stevenson, les possibilités d'expansion de la conscience humaine et d' « un dédoublement de la personnalité » affolent les tenants de la culture.

Or, que veut d'abord Leary ? Sinon répondre aux questions que nous nous posons sur cette ivresse chimique, paradoxalement libératrice et asservissante, et dont bon nombre d'entre nous, à des titres divers, semblent réclamer la nécessité.

Que veut encore Leary ? Comme Ésope, il cherche un homme qui parlerait aux autres hommes le langage de l'éternité. Celui de l'intelligence pure, c'est-à-dire de la création.

Enfin, Leary parle d'un temps futur où l'âme serait encore immortelle.

Rêve éveillé? Cauchemar nécessaire? Sa démarche est peut-être fausse. Mais quelle formidable lucidité lorsqu'il déclare :

« On réclame toujours plus de lumière. Pourquoi?

« Et de quelle utilité peut donc être toute cette lumière puisque les gens n'ont pas d'yeux, ou bien, s'ils en ont, les ferment par principe? [1] »

On a dit beaucoup de choses sur Leary. Des vraies et des fausses. Plus de fausses que de vraies d'ailleurs. Cette ultime rencontre, et les commentaires qu'elle appelle, voudraient mettre les choses au point.

Je voudrais, tout de suite, rectifier une erreur fréquemment commise : Leary ne se fit *jamais* le défenseur des « drogues qui ferment l'esprit » (héroïne, cocaïne, amphétamine, barbituriques et tranquillisants à haute dose).

Pour Leary, chercheur scientifique, seuls les hallucinogènes (L.S.D., mescaline, psylocibine, haschisch, marijuana) ouvrent un champ de recherches, et une perspective de connaissances nouvelles à l'être humain. Une sorte de Troisième Œil, à la Rampa, sur des états de conscience que nous connaissons mal, ou que nous avons oubliés depuis des générations [2].

Exemple : en abordant, avec cet esprit et par le biais de la drogue, l'étude du mysticisme qui touche à celle de la religion, Leary va se promener aux frontières de terres inconnues. Ce que les États modernes, religieux et dogmatiques par essence, n'aiment guère [3].

---

1. Timothy Leary fait ici allusion, je pense, à la célèbre phrase de Jung qui dit : « Il serait grand temps de réaliser qu'il ne sert à rien de faire l'éloge de la lumière et de la prêcher quand personne ne peut la voir. Il faut apprendre à l'homme l'art de voir. »

2. Relire à ce sujet le rapport « God, Soul and Drugs », dans *Je veux regarder Dieu en face*, du même auteur.

3. « Parce que l'usage et l'abus des drogues touchent à nos systèmes de valeurs les plus profonds, à nos espoirs, à nos aspirations aussi bien qu'à nos peurs, c'est un sujet particulièrement chargé en valeurs émotionnelles. » (Déclaration de Stanley F. Yolles, directeur de l'Institut national américain de la Santé mentale.)

Et, en ce sens, le procès culturel qui va s'instruire contre lui rappelle, sous bien des aspects, celui des sorcières de Salem ou de Galilée.

Cette histoire sent le soufre. Et l'Inquisition.

A-t-on le droit, disent leurs juges en substance, de s'échapper des limites de la conscience et du jeu de la morale classique, en voulant créer des états mystiques ou simplement parallèles, à l'aide de substances chimiques hallucinogènes?

Oui, répondent Leary, Pahnke, Alpert, Metzner, Watts, Huxley et d'autres jeunes chercheurs. Défi public. Leur sort en est jeté. Ils seront désormais persécutés, interdits de recherches, tenus d'errer et de fuir la répression, un peu comme certaines sectes primitives des premiers siècles.

A cette vindicte, seul Aldous Huxley échappera. Il meurt le 22 novembre 1963 (le même jour que J. F. Kennedy), à l'âge de soixante-dix-neuf ans. Rongé par un cancer, au seuil de la mort, Huxley avale du L.S.D. et entre, en souriant, dans le Grand Passage...

Privé de l'énergie et du prestige d'Aldous Huxley qui l'auraient beaucoup aidé, Leary va désormais lutter seul.

« Dans un livre que j'ai appelé *Hight Priest*, m'a dit Leary, j'ai décrit mes premières expériences psychédéliques. Que l'on ne me traite pas de galopin inconscient : la première eut lieu alors que j'avais quarante ans.

« Préparé à cette mutation, tant par mon expérience professionnelle de psychologue et de chercheur, que par mon profond désir de spiritualité, j'étais comme un alchimiste réunissant les éléments qui permettraient de lever un voile.

« Pourquoi autant de garçons et de filles m'ont-ils imité?

« Parce que les résultats de la révolution technologique sont tels que la génération née après 1943 était également préparée biologiquement, nerveusement, et historiquement, à libérer par la drogue, une énergie propre, emmagasinée, mais férocement réprimée par un système rationaliste et sclérosé. Voilà ce que je crois. »

A Lausanne, je posais alors à Leary le problème de sa propre responsabilité devant les résultats parfois désastreux et même tragiques de semblables déclarations, notamment au sein des mouvements contre-culturels américains.

Voici ce qu'il me répondit. Posément.

« Quand cette mutation s'est amorcée, j'ai été appelé à me prononcer, à dire si c'était là une direction que l'on pouvait prendre.

« J'ai dit oui, c'est une voie possible.

« Mais je ne me sens pas responsable de quelques accidents, réellement dus à la drogue, qui ont pu émailler cette révolution d'une certaine jeunesse [1].

« Il est vrai que les hallucinogènes ont libéré chez les jeunes, *comme chez les adultes d'ailleurs*, des quantités d'énergie insoupçonnées. On peut aujourd'hui approuver, ou regretter, les formes qu'elles ont prises.

« Mais c'était, avec moi ou sans moi, historiquement inévitable.

« De plus, en tant que scientifique, j'estime que toute force s'équilibre. Que toute action est également réaction comme le démontre la célèbre loi de Newton.

« Chaque force que nous libérons réagit. Rien de plus normal.

« L'énergie libérée par la drogue peut être utilisée comme n'importe quelle énergie sous une forme positive ou négative, créatrice ou destructrice.

« Encore que je ne sois pas sûr par exemple, et je suis

1. Il n'existe aucune preuve, à l'heure actuelle, sur un plan strictement scientifique, de l'action nocive des hallucinogènes sur le cerveau, sur l'encéphale ou sur les facultés intellectuelles. Le Pr Henri Gastaud, doyen de la Faculté mixte de médecine et de pharmacie de Marseille, ne déclarait-il pas le 6 novembre 1969 : « Je suis donc bien obligé d'admettre que la plupart des effets rapportés au chanvre indien sont de caractère affabulatoire, purement passionnels et dénués de fondements scientifiques et objectifs... » (Journée d'information présidée par le Pr Robert Debré.)

même assez sceptique, du fait que Charles Manson et ses acolytes, monstrueux assassins de Sharon Tate, aient agi sous l'influence du L.S.D. C'est logiquement possible mais là encore, ce n'est pas prouvé.

« Et je sais qu'aujourd'hui, aux États-Unis notamment, bon nombre d'avocats conseillent à leurs clients, coupables d'un crime horrible, de plaider l'irresponsabilité pour avoir absorbé du L.S.D.

« Cela dit, je le répète, dit Leary : toute substance, toute matière, peut être utilisée pour le bien et pour le mal de l'espèce humaine.

« C'est vrai pour l'atome.

« C'est vrai pour la technique exigée par la conquête de l'espace.

« C'est également vrai pour la conquête des espaces intérieurs. »

Ce qu'un savant authentique, Hoffmann, l'inventeur du L.S.D., m'a confirmé personnellement. Selon lui nombre de puissances militaires travaillent à ce jour, secrètement, à l'élaboration de nouvelles armes chimiques où des hallucinogènes comme le L.S.D. (ou plus puissants encore), pourraient jouer un rôle important dans l'asservissement de l'ennemi présumé et envahi.

Et Hoffmann, qui n'a rien d'un plaisantin je vous l'assure, m'a révélé que des propositions de collaboration lui avaient été faites en ce sens!

Leary a proposé un chemin. Ce n'est sans doute pas le meilleur pour obtenir l'épanouissement de l'homme et de sa civilisation future. Mais il fallait bien, un jour, qu'un homme s'y attaquât, avec les risques que cela comportait[1].

Grâce à Leary, Pahnke et les autres, nous en savons plus

---

1. On rejoint ici la pensée de Gurdjieff : « Il est préférable de mourir en faisant des efforts pour s'éveiller que de vivre dans le sommeil. »

aujourd'hui. Qui peut nier ce fait? Notre connaissance des hallucinogènes et de leurs possibilités positives s'est améliorée, approfondie, grâce a des centaines de chercheurs dans le monde entier [1].

« Nous avons essayé de mettre en valeur le pouvoir suggestif et révélateur des hallucinogènes, reprend Timothy Leary. Amour-L.S.D., Dieu-L.S.D., Connaissance-L.S.D., Liberté-L.S.D., Paix-L.S.D., Instrument critique-L.S.D. Nous voulions atteindre la beauté, la création, et donc la " divinité " possible de l'homme.

« A cela, d'autres scientifiques nous ont opposé L.S.D.-Suicide, L.S.D.-Psychose, L.S.D.-Déchéance, L.S.D.-Ceci, L.S.D.-Cela... Je crois que, sur l'ordre de leurs maîtres, ils exprimaient surtout leurs propres angoisses et *leurs propres paranoïa devant un changement possible.* »

Et Leary de poursuivre : « Notre mouvement n'avait rien de messianique. Nous n'avons jamais prétendu détenir seuls la vérité. Nous n'empêchions personne de rechercher *autrement* à côté de nous.

« Mieux, nous avons encouragé et soutenu, comme nous le pouvions, et dans la mesure de nos moyens, ces autres démarches (gauchisme des Weathermen, Hippiedom, recherches ésotériques, bouddhisme Zen de Watts, et autres redécouvertes de mystiques orientales, etc.).

« Nous n'avions pas de temples, pas d'églises, pas de prophètes, pas de messie, pas de service d'ordre. »

Ce que Leary condamnait ainsi implicitement, c'était la hiérarchie religieuse, les pratiques du haut clergé, les compromissions Église-politique, etc. On comprend mieux, dès lors, pourquoi Nixon jette Leary en prison, et cajole les agneaux bêlants de la Révolution de Jésus.

---

1. Après Freud, James, Havelock, Ellis Jaensh, qui s'étaient déjà penchés sur les possibilités éventuelles ouvertes à la recherche par les hallucinogènes, il faut citer : Lewin, Roger Heim, Erich Fromm, Green, Delay, W.H. Sheldon, Bucke, W.R. Inge, S. Borghey, C.M. Edsman, R. Prince, Osmond, J.J. Downing, Björn-Netz, Mircea Eliade, S. Cohen, Hoffmann.

Leary a tenté également d'établir les rapports entre les drogues hallucinogènes et certaines pulsions fécondatrices. « Pour les uns, acte musical. Pour d'autres, lignes, couleurs, architectures ou d'autres formes encore. Je maintiens qu'il y a là, pour certains créateurs, des possibilités inexplorées.

« Cela dit, je suis convaincu pour ma part, et avec ma compagne, qu'une façon plus modeste de canaliser cette énergie brusquement libérée, est de l'utiliser dans l'acte d'amour ou dans l'acte sexuel comme vous voudrez. Exacerber la polarité entre le proton positif femelle et l'électron négatif mâle qui permet la structure. Simple loi magnétique...

« J'ai été surpris, au début, de constater à quel point un hallucinogène pouvait approfondir les relations sexuelles entre deux êtres qui *s'aiment...* »

Cette affirmation de Leary paraît plus discutable : augmenter de façon sensible l'intensité du plaisir sexuel? Ce point, « étudié » par d'autres chercheurs, s'est révélé parfaitement invérifiable et même démenti par certains.

Mais, il n'empêche qu'un tel langage, face à une tradition judéo-chrétienne très stricte en ce domaine, a rencontré — et notamment dans les pays anglo-saxons très puritains — un nombre important d'auditeurs...

Et cela est significatif dans la mesure même où cet écho soulignait une frustration réelle.

Ici, Leary rejoint Wilhelm Reich.

Et ce retour à la tradition du dieu Pan (joie, vibration, plaisir) repose en fait, de façon moderne, les très anciens rapports entre sexualité et religion, rapports sacralisés à l'origine, et que la civilisation occidentale a rayé de ses dogmes.

Chez Leary comme chez Reich il s'agit ni plus ni moins de la remise en cause d'une des valeurs les plus fondamentales de notre culture : la notion du péché insérée dans l'instinct de l'homme [1].

Peut-on juger un tel homme selon un système de valeurs que lui-même réfute? Peut-on juger un chercheur sur ses expériences et leurs retombées dramatiques?

Le Dr Pierre Bensoussan, psychiatre, psychanalyste, expert devant les tribunaux, et qui vient de publier un livre remarquable sur ce sujet, a affirmé que non [2].

« De même, écrit-il, que des expériences de méditation transcendantale ou de soufisme, qui permettent d'accéder à d'autres états de conscience, sont intéressantes, on ne peut écarter a priori, au nom d'un système de valeurs, les hallucinogènes comme moyens de recherches, avec les réserves de sélection et de préparation indispensables. »

Il n'est pas le seul. Dans certains milieux de recherche scientifique extrêmement sérieux, Leary a conservé tout son crédit.

1. Une autre théorie de Leary, celle des *espaces/temps de l'Homme* mérite d'être versée à ce dossier.
Selon le psychologue de Harvard, il y a les énergies externes qui agissent, d'une part à l'extérieur, et d'autre part en nous par les images qu'elles créent. Leary appelle *espaces* ces énergies externes qui sont : l'économie, la politique, les frontières, les querelles sociales, les guerres, etc.
En revanche, la mystique, l'art, la sexualité, sont des énergies internes qu'il appelle *temps*.
Dans son esprit, il faut prendre conscience de *ces rapports espaces/temps,* afin de réaliser un équilibre. A chaque niveau des *temps internes* doivent correspondre des *espaces externes* équivalents.
Ce qui veut dire qu'un hallucinogène ne peut être d'aucune utilité à celui qui se préoccupe uniquement des forces externes (un révolutionnaire engagé, par exemple, uniquement dans la lutte des classes).
« Synchroniser ces deux formes d'énergie, dit Leary, n'est pas simple. Même avec l'aide d'une substance chimique. Cela nécessite un effort immense.
« Mais ce défi d'aller aussi parfaitement au profond qu'au-dehors, il faut le relever. Il y a là, peut-être, une chance pour l'homme et, en tous cas, pour certains hommes, d'aller plus loin. »
Cette théorie a été, et est encore, expérimentée quotidiennement par les gauchistes américains weathermen.
2. *Qui sont les drogués?* par le Dr Pierre Bensoussan, Paris éd. Laffont.

Sa tentative restera-t-elle unique? Leary est, à nouveau, en prison, pour une trentaine d'années cette fois, et cela peut donner à réfléchir à d'éventuels émules. Sa quête retombera-t-elle dans l'oubli comme d'autres déjà similaires, avant la sienne?

Y aura-t-il une place, un jour, sur la terre, pour ce mutant chimique? Pour cet homme nouveau aux perceptions plus étendues, dont les moyens de communication ne pourront plus être seulement verbaux et dont la pensée pourrait peut-être s'étendre dans l'avenir, le présent et le passé, à la manière jungienne [1]?

Pourra-t-il au moins, dans un monde plus tolérant, coexister avec d'autres hommes, engagés en d'autres combats, et ambitieux d'autres victoires?

Il appartient aux contre-cultures à venir de répondre. Personnellement, je crois qu'elles lui rendront hommage un jour.

Je vois dans Leary un alchimiste moderne. Un explorateur comme les cosmonautes, et victime, comme eux, de vertiges inconnus.

Timothy Leary a fait, après tant d'autres, des erreurs de parcours et quelques détours inutiles, pour être *éveillé*.

Mais il s'inscrit, au sein de la contre-culture, et sans discussion possible, dans une voie où les surréalistes mais, plus encore Daumal et Lecomte, les tenants du Grand Jeu, l'avaient précédé. Comme l'a justement souligné mon ami Michel Random :

---

1. Cette position de pointe de Timothy Leary peut choquer, j'en conviens. Elle rejoint pourtant celle de la biologie moderne sur une mutation possible de l'être humain.
   Il n'est pas aujourd'hui de la science-fiction de prévoir, dans un avenir moins lointain qu'il n'y paraît, et à partir de notre connaissance récente des constituants de la cellule et de notre possibilité d'agir sur eux, de penser donc, que dans quelques années, et suivant les programmes et les nécessités d'un univers comme celui d'Huxley dans *Le Meilleur des Mondes*, on pourra produire à volonté des serviteurs, des esclaves, des dirigeants, des bureaucrates, des ingénieurs, *en modifiant simplement notre code génétique*. Cette perspective effrayante n'est déjà plus actuellement du domaine de l'impossible ou de l'imagination.

« Image dominante dans le Grand Jeu : celle de l'homme qui dort. Il arrive toujours un moment de l'existence où la conscience la meilleure est comme aspirée par le besoin animal de repos. Les occasions pour fixer son être et sa pensée (principes, dogmes, engagements, religions, etc.) sont innombrables, la révolte systématique pouvant également devenir l'un de ces moyens pour dormir.

« Une telle définition de la révolte est ici exigence d'éveil. " L'acte de renoncement, dit clairement René Daumal, n'est donc pas accompli une fois pour toutes, mais il est un sacrifice perpétuel de la révolte. " Ce sacrifice implique à son tour un pouvoir constant de révolte. L'homme se trouve de la sorte placé dans un état de présence constante au monde et à lui-même. Il assume les contradictions de sa nature et se situe hors d'elles, à la fois incarné et transparent au monde, il atteint ainsi une sorte de sérénité douloureuse dans laquelle le Grand Jeu voit la force essentielle de résistance. Cette dialectique de la révolte permanente peut se résumer par ces mots de Daumal : *cesser de nier, c'est dormir*, dont le corollaire est : la négation est condition de l'éveil [1]. »

Si la drogue apparaît, avec René Daumal puis Leary, comme un instrument possible d'éveil et de connaissance critique, elle réclame, plus que tout autre moyen, patience, persévérance, et technique progressive. Elle exige avant tout la maîtrise de l'outil. Car la drogue n'est qu'un outil, et non un but en soi.

Ce qui différencie finalement un chercheur authentique comme le fut Leary, et comme l'est aujourd'hui Stanislas Grof (recherches sur le L.S.D.), d'un drogué fanatique et débile.

Le premier veut se trouver. Le second va se perdre. Par ignorance.

1. *Le Grand Jeu*, Paris, éd. Denoël.

Essayez de brancher un rasoir électrique 110 volts sur du 220 volts et vous verrez le résultat.

Essayez dans votre voiture de passer de première en quatrième et vous verrez le résultat : inverse de celui que vous désiriez (accélérer), vous calerez.

Autre exemple : vous êtes souffrant et pour combattre cette maladie le médecin vous prescrit deux pilules matin et soir. N'en avalez pas dix d'un seul coup. Et si, conséquemment, vous êtes plus malade encore, n'accusez pas le docteur, ni le laboratoire pharmaceutique qui a fabriqué le produit. Prenez-vous-en à vous-même.

En ce sens, la contre-culture, c'est aussi connaître ses limites et être responsable. Un échec partiel, fragmentaire, ne doit pas conduire à une condamnation en bloc de la démarche ou à un pessimisme contagieux.

Il faut avoir les idées claires et les épaules solides pour supporter sa propre vérité.

Dans un livre remarquable, auquel on s'est bien gardé de faire toute publicité [1], Patrick Allain, qui est, je crois, un jeune étudiant ethnologue, pose d'une façon originale la question fondamentale du rapport existant entre certaines « contre-valeurs » et les hallucinogènes.

« Quels sont, dit-il, les rapports de la " contre-culture " et les valeurs mouvantes des hallucinogènes ? Quel est le système asocial qu'elles déterminent face à une culture dominante donnée ? »

Dans son raisonnement, il y a deux hypothèses.

Soit la société apparemment majoritaire et culturellement dominante « avoue que ses dissidents ne se servent des effets des hallucinogènes que comme moyen d'illusion oni-

---

1. *Hallucinogènes et Société* (Phénomènes culturels et mondes de l'imagi-naire), par Patrick Allain, Paris, éd. Payot, 1973.

rique », les drogues ne portant en elles aucun virus anti-
social — auquel cas ce sont les « marginaux » qui, indépendamment de toute drogue, détiennent des valeurs
« contre-culturelles ».

Soit, les hallucinogènes sont responsables de la dissidence
d'une partie de la société qu'ils acculturent par assimilation
(perte d'une ancienne culture au profit d'une nouvelle,
dominante) ou par adaptation (remodelage des deux cultures,
ancienne et nouvelle).

« *Les hallucinogènes ne sont pas spécialement la base même
de la contestation ou d'un phénomène asocial, mais un moyen
permettant, non pas toujours de résoudre les problèmes, mais
de mieux saisir ce à quoi la société dominatrice interdit l'accès* »,
écrit P. Allain, poursuivant son développement.

Il semble, en effet, que le « voyage » des hallucinogènes,
tout comme le voyage ethnologique ou beatnik, déphase. Il
permet d'intégrer dans un vaste ensemble des mentalités
traditionnellement incompatibles avec la nôtre, ou considérées, arbitrairement, comme illogiques.

Or, nous sommes actuellement à une époque où les communications et les relations humaines ne sont plus comme
par le passé : les adolescents circulent plus que les adultes,
et peut-être mieux.

Il y a une contamination des autres mentalités dans un
voyage en stop, qu'il n'y a pas dans un voyage organisé.
La solitude n'est pas la même; les contacts différents, les
classes sociales rencontrées plus variées, la nécessité de
vivre de peu fait manger comme l'indigène, dormir dehors,
et le poids des bagages nécessite de s'habiller avec ses souvenirs.

Les difficultés rencontrées et les nécessités de passer
partout transforment peu à peu les voyageurs, par mimétisme,
en caméléons saltimbanques pour les vêtements, mais les
aident étrangement à assimiler les autres mentalités.

Les « voyages beatnik » et les « trips » à la drogue ont
quelque chose en commun : ils déstructurent notre esprit,

le décrassent, rendent les éléments libres pour de nouveaux assemblages.

Libéré de ses tabous sociaux et culturels, l'esprit s'ouvre à de nouvelles valeurs; peut-être encore mal adaptées à notre temps; parfois périmées; peut-être d'anticipation?

Il est nécessaire de garder constamment en mémoire que le rationnel d'une société ne l'est qu'en fonction de ses besoins — ou plutôt ne l'est qu'en fonction des besoins de la classe dirigeante maniant les moyens d'information et l'économie — et ceci à un moment donné de son histoire.

Cette rationalité peut être irrationnelle dans une autre société, ou devenir l'irrationnel de demain.

Il est difficile de préjuger d'avance si les valeurs dites « oniriques » ou « psychédéliques » sont uniquement des valeurs mythiques et déraisonnables.

Ces valeurs, même si leurs effets n'ont été que partiels dans la contestation sociale aux États-Unis, par exemple, ont peut-être eu une action — si minime soit-elle — dans la prise de conscience d'une partie de l'opinion publique sur les contradictions internes de leurs valeurs culturelles.

« *Une société se référant sans cesse à sa culture passée pour servir d'alibi à son inertie actuelle, n'est pas une société en évolution.* »

Ici comme en d'autres domaines, la contre-culture, création permanente et actuelle, n'est pas opposée a priori aux enseignements d'une tradition positive.

Si elle se heurte, comme on le verra, aussi souvent avec le passé d'un vieux monde, c'est qu'elle estime, après une analyse critique sérieuse et d'accord avec Berque, que « *...la tradition doit être répudiée, non parce qu'elle conserve l'antique, mais parce qu'elle le pourrit et l'exploite* ».

EN DIRECT AVEC...

Voix de speakerine :

NOUS INTERROMPONS CE PROGRAMME MUSICAL POUR UN FLASH SPÉCIAL D'INFORMATIONS.

Voix d'un rédacteur en chef, dans le studio :

Eh bien oui. Il y a ce soir, vous le savez sans doute déjà, quelques échauffourées entre de jeunes manifestants et les forces de l'ordre au Quartier latin, à Paris. Un de nos reporters, sur place, est en ligne... Allô ?

Voix d'un jeune journaliste *(excité)* :

— Eh bien, il se passe ici des choses extraordinaires et c'est la raison pour laquelle je vous ai appelé. Ce n'est plus une échauffourée, c'est une émeute. Et si cela continue, ce ne sera plus une émeute mais une révolution !

Rédacteur en chef *(décontenancé)* :

— Qu'est-ce que vous dites... Nous ne vous avons pas très bien compris. Nous vous entendons très mal.

Le jeune journaliste *(martelant ses mots)* :

— Je vous disais que la situation au Quartier latin s'est considérablement aggravée. Il semble que toute la jeunesse de Paris et de banlieue soit descendue dans la rue. Ils sont des milliers, des dizaines de milliers... Il y en a partout. Les forces de l'ordre sont débordées en plus d'un endroit...

Le rédacteur en chef *(agacé)* :

— Allô, qu'est-ce que vous racontez ? Restez calme et donnez-nous des informations que vous avez vérifiées... s'il vous plaît.

Le jeune journaliste *(surpris)* :

— Mais ça se passe devant mes yeux! Ils dépavent les rues et sont en train d'édifier d'immenses barricades, plus hautes qu'un homme...

Le rédacteur en chef *(autoritaire)* :

— Attendez, essayez de faire le point, objectivement!

Le journaliste :

— Mais ils scient les arbres, à présent! Un homme d'une cinquantaine d'années m'a dit, il y a quelques instants, que les Parisiens n'avaient pas édifié de barricades aussi hautes dans la capitale au moment de la Libération! Il m'a dit également, puisqu'il y était, qu'il n'y avait pas eu autant de monde dans la rue pour chasser les Allemands en 1944!

Le rédacteur en chef *(muet)* :

...

Le journaliste *(...timidement)* :

— Je vous répète ce qu'il m'a dit. D'ailleurs, il n'est sans doute pas très loin, et je peux, peut-être, retrouver le témoin de ces deux déflagrations...

Le rédacteur en chef :

— Ce que vous nous dites paraît à peine croyable. Encore une fois, je vous demande de bien vérifier vos informations. Restez calme. Nous allons vous rappeler dans un quart d'heure...

La speakerine *(gentiment)* :

EN ATTENDANT CE NOUVEAU FLASH, UN PEU DE MUSIQUE SI VOUS LE VOULEZ BIEN. MAIS AUPARAVANT, UNE PAGE DE PUBLICITÉ...

(Ce sketch radiophonique fut joué pour la première fois, en France, au début de mai 1968. On ignore la date exacte.)

Il n'y eut qu'une seule représentation.

9.

Du lettrisme aux situationnistes (1946-1974)
Le soulèvement de la jeunesse

C'était en 1945.

Après le chaos et l'occupation allemande, une génération d'adolescents nés vers 1930 voyaient dans cette libération, non seulement le départ des troupes nazis, mais plus égoïstement et au niveau du jeu, la découverte de plaisirs jusqu'alors interdits ou inconnus, comme le jazz ou le cinéma américain.

Ce fut la naissance du phénomène Saint-Germain-des-Prés, des caves, qu'une histoire simpliste ou falsifiée a confondu uniquement avec l'existentialisme à la française.

A l'époque déjà, certains réfutaient cette identification de la contre-culture d'après-guerre avec le mouvement de Jean-Paul Sartre.

J'ai retrouvé un document de cette époque. Le voici :

« Si l'existentialisme est une école philosophique, l'existentialisme français n'est que la vulgarisation d'une école et ceux qui connaissent Heidegger, Jaspers, Rudolf Otto, Léo Chestov ou les phénoménologues comme Husserl, Geiger, Rikert savent combien ceux d'ici ne sont que la pâle dégénérescence d'une philosophie qui a ses racines et ses ramifications ailleurs, et combien Sartre n'a pas une plus grande valeur que Raymond Duncan, par exemple, vulgarisateur de Mahatma Gandhi, ou qu'autrefois le commentateur de Nietzsche.

« Leurs romans n'ont pas d'importance car, après Proust et James Joyce, ils n'ont rien apporté d'inédit dans le roman (ils sont très modernes et très contemporains, mais rien de plus).

« Leur mode disparaîtra, ensevelie par les rires et le mépris, alors que la véritable philosophie et le véritable roman apparaîtront.

« Nous nous excusons pour cette exécution sommaire. Nous croyons que dans ce massacre de médiocrités que nous commençons, cela suffit pour l'existentialisme. Sinon nous reviendrons avec plus de faste et plus de détails. »

En réalité s'il y eut bien une attitude existentialiste, on vit également la réédition, ou la redécouverte chez les bouquinistes, d'anciens livres surréalistes et autres trésors dadaïstes.

Resurgit Lautréamont, qui n'avait pas été réédité pendant toutes ces années (et que ces adolescents ignoraient donc), l'organisation pétainiste « Travail, Famille, Patrie » s'y étant opposée. André Gide avait été sur la même liste noire.

Et toute une littérature d'avant-garde, dont Antonin Artaud qui était inconnu, refaisait surface, péniblement.

Ces adolescents de la Libération prirent conscience, peu à peu, de l'escroquerie d'un enseignement officiel qu'on leur prodiguait au lycée.

Ils se rendirent compte aussi des implications terribles d'une culture accordée aux uns et refusée aux autres pour de simples raisons de classe sociale.

Ils virent, enfin, quel vide culturel effrayant avait régné en France de 1936 à 1945.

Et, tout naturellement, comme ceux qui avaient pris le maquis voulaient changer le monde politiquement, ceux-là, les benjamins, voulaient à présent jouer à changer le monde culturellement.

Et voilà qu'ils se heurtaient aux vainqueurs, leurs pères ou leurs grands frères. C'était la dictature du C.N.E., Comité national des Écrivains.

Il était interdit, par exemple, de parler du surréaliste Benjamin Péret, auteur d'un *Déshonneur des poètes*, où il fustigeait ces poètes patriotes qui alors remplissaient les listes au nom d'un Comité d'épuration, quand ils ne commandaient pas au peloton d'exécution.

Un formidable déséquilibre s'installait.

D'une part, la poésie dite de la Résistance, avec Aragon et Paul Éluard. De l'autre, le vide absolu, à part quelques vieux poèmes de Prévert, ressortis des tiroirs de Maître Jacques. Seghers n'avait pas encore publié ses monographies consacrées à Cendrars et Desnos.

Pratiquement, seule la création liée à une option révolutionnaire, et si possible marxiste, avait droit de cité.

« Cette dictature intellectuelle des communistes a duré jusqu'à la guerre froide », raconte Jean-Louis Brau, qui fut un des acteurs de notre histoire.

« Nous étions bien quelques-uns à essayer de faire autre chose, mais hélas handicapés par une connaissance nulle de la pensée moderne et des écoles d'avant-garde de l'entre-deux-guerres. Au lycée, on nous parlait de Rimbaud mais seulement de son poème « Le Dormeur du Val »... Il est mort, le brave petit soldat, bleu blanc rouge, sonnez trompettes et rengagez-vous.

Et puis d'un seul coup un petit groupe inconnu a publié une nouvelle revue : *La Dictature lettriste*. C'était en 1947. Dans ces cahiers on pouvait lire :

« Les surréalistes autrefois avaient adopté de bonnes manières. Ils frappaient les hommes qui ne leur plaisaient pas. Gide est trop ramolli pour être frappé, mais un jeune homme désespéré et prêt au suicide ferait bien d'étouffer cette femelle et de l'entraîner avec lui dans la tombe. Le jeune suicidé aurait ainsi pensé, à l'instant de quitter ce monde, à l'humanité et la contradiction aura été belle.

« Et vous, jeunes hommes, les vrais jeunes hommes qui aimez les femmes et les livres, vous ne pouvez pas aimer Gide et ses semblables qui sont des contradictions laides.

« Giflez ces visages de profiteurs et de maquerelles. Frappez tous ces mufles de truies, contentes dans leur saleté chaude de la littérature quotidienne, parvenues et somnolentes, qui ne veulent plus rien que dormir, se gratter, être tranquilles, et oublier que nous arrivons, haletants, en demandant le droit d'entrer, prêts à purifier l'air puant pour respirer autrement.

« Jeunes gens, cassez les gueules de Gide, même s'ils s'appellent Cocteau, Aragon, Pierre Seghers ou Claudel. »

Le lettrisme disait aussi :

> Partez sur les routes.
> Allez voir ailleurs si vous y êtes.
> Quittez votre école et votre famille.
> Cassez les mots.
> Libérez votre langage [1].

Pour des garçons comme Brau et Wolman (je les prends ici comme exemple) qui écrivaient, dans l'esprit du temps, une poésie engagée et des odes « aux dockers de La Rochelle » [2], il y avait de quoi être secoué par ce langage virulent et subversif.

Il y avait bien la bande à Queneau et à Boris Vian, dont la théorie était : la poésie se fait avec les tripes. Il suffit de vous asseoir à la terrasse d'un café et de noter ce qui passe devant vous : une bonne sœur, un corbillard, une ambulance, trois ratons laveurs.

Mais pour ces jeunes prolos qui réclamaient une conception poétique de la vie et du monde, l'appel de « la dictature

---

1. Ce langage pouvait surprendre à l'époque. Mais, en réalité Isou et Pommerand rajeunissaient l'appel d'André Breton :
Lâchez la proie pour l'ombre
Lâchez au besoin une vie aisée, ce qu'on vous donne pour une situation d'avenir
Partez sur les routes   (Les Pas perdus, 1922).

2. Allusion à la rébellion des dockers de La Rochelle qui avaient refusé de charger de l'armement sur des navires en partance pour l'Indochine.

lettriste » paraissait plus original, plus « marrant à vivre ».

Isou, auteur avec Gabriel Pommerand[1] de cette dictature lettriste, venait de l'Est, de Roumanie plus exactement
où il avait déjà joué un rôle dans les jeunesses marxistes
sionistes roumaines.

Déjà prodigieusement cultivé, un tantinet messianiste,
Isou brossait, à qui voulait l'entendre, un panorama de la
poésie moderne depuis cinquante ans, déconseillant certains poètes mineurs selon lui, comme Max Jacob, et aiguil-
lant plutôt ses jeunes auditeurs vers Mallarmé, les dadaïstes
et le surréalisme.

Sa contre-culture reposait sur un comportement simple :
celui d'une création permanente, sachant qu'il n'était pas
possible d'amener un contenu nouveau si on était piégé par
un contenant qui n'était que redite et plagiat.

Sa libération de la langue, écrite non plus seulement avec
des mots mais avec des sons, était assez proche finalement
du *scat* de Louis Armstrong ou d'Ella Fitzgerald, qui par
moments, chantent par onomatopées, créant ainsi une nouvelle forme de climat poétique.

Si je parle ici du lettrisme aussi complètement — ce que
d'autres auraient dû faire depuis longtemps, bien avant moi
— c'est que l'on méconnaît l'importance de son rôle et de
ses positions.

Son rôle propre d'abord, puisque le groupe lettriste existe
toujours.

Et aussi, pourquoi ne pas l'écrire, parce que ce même
lettrisme a débouché indirectement, par une sorte de dévia-
tion, sur le mouvement situationniste qui a joué un rôle
essentiel, au moins au niveau du langage, dans la révolte
de mai 1968.

Mais, à l'époque, le comportement des lettristes était
plus proche de celui que nous attribuons aux beatniks que
de celui des jeunes bourgeois situationnistes, comme Debord.

1. Gabriel Pommerand, auteur des premiers dessins lettristes, d'un livre
Saint Ghetto des Prêts (1950), s'est suicidé récemment.

Pour les lettristes, parallèlement à leurs activités créatrices permanentes (poésie, peinture, musique, cinéma,) il y avait la vie quotidienne. Avec l'abandon progressif des études et de la famille. Le départ. La recherche du fric quotidien. Pas d'extravagance vestimentaire chère aux hippies. « Nous n'avions pas, disent-ils, envie de nous habiller d'une manière différente des autres. Il y a eu la période des ponchos, c'est vrai; nous avions piqué à l'hôpital Sainte-Anne des rideaux rouges et nous en avions faits des ponchos pour nous couvrir. Le journal féminin *Elle* en avait fait une couverture, parlant d'une nouvelle mode. Ce qui nous avait bien fait marrer. En fait, c'est uniquement parce que nous étions en hiver, et que nous avions froid. »

C'est à Saint-Germain que grouillait cette engeance, dira un écrivain catholique.

Il n'y avait d'ailleurs pas que ces lettristes. D'autres groupes comme celui du poète Camille Bryen (pas encore connu comme peintre tachiste), le peintre allemand Wols et l'écrivain Jacques Audiberti. Tous clochards vivant dans des chambres de bonnes pas chauffées, et avalant quotidiennement les fameux « deux bols de viandox » pour vivre.

Sans oublier certains nouveaux jeunes surréalistes qui, s'inspirant d'un vers de Rimbaud :

La main à plume vaut la main à charrue

c'est-à-dire que le poète vaut le paysan ou l'ouvrier, ces nouveaux surréalistes avaient fondé une revue intitulée *La Main à plume*.

Breton était alors à l'université de Yale. Péret, au Mexique.

Et ce nouveau groupe surréaliste révolutionnaire tentait, une fois de plus, d'allier marxisme et surréalisme. Ses membres s'appelaient Noël Arnaud, le peintre Jacques Doucet, René Passeron, Dautremont, Asger Jorn. Ils furent finalement condamnés par le P.C. et certains s'en allèrent fonder le Groupe Cobra en 1949.

Ce qui fait écrire à certains aujourd'hui : « *Le surréalisme révolutionnaire, certains qui eurent longtemps à s'en targuer dans leurs biographies se mettent à lui rendre justice. C'est le temps qui passe et on se rend mieux compte. De jeunes étudiants issus de mai 1968 veulent en écrire l'histoire. Je suis pour. L'histoire n'est pas la mort, elle casse les reins à la prétention, ridiculise le verbiage présent et futur et rabat le caquet de la nouveauté. Il faudra regarder un peu les calendriers de l'époque* [1]. »

En désaccord sur bien des points, tous reconnaissaient l'escroquerie des revues littéraires d'avant-garde, y compris celles pour lesquelles ils avaient eu le plus grand respect quelques mois plus tôt.

Ils découvraient que la véritable avant-garde avait été éditée courageusement par des hommes inconnus comme José Corti ou par les auteurs de la collection « Sans pareil ».

On assista à une transformation sociologique de la France. La notion de cadres n'existait pas encore. Il y avait des épiciers, des B.O.F., des travailleurs, des ingénieurs, et des paumés. Comme eux. Pas beaucoup de voitures non plus.

Il y avait la France qui travaillait et qui se foutait pas mal de poésie ou de contre-culture. Les classes moyennes s'occupaient à s'enrichir. Petite maison à la campagne. Premiers week-ends.

Mais ces marginaux n'étaient pas perdus pour autant. Ils avaient leur code de reconnaissance. Roger Vaillant, un ancien du Grand Jeu avec Daumal, et Lecomte, a écrit dans *Drôle de drame* qu'il y a dans chaque ville un trou, une pente où il suffit de se laisser glisser pour retrouver des amis, des frères, des gens avec lesquels on est en communion physique et spirituelle.

Saint-Germain était alors un de ces trous-là. Comme San Francisco, Londres, Amsterdam, New York, devinrent

---

1. Texte de R. Passeron pour l'exposition Jacques Doucet en 1973. Signalons que Nadine Lefébure prépare un livre sur ce même surréalisme révolutionnaire.

ensuite. Ce sont des choses qui se déplacent, mystérieuse-
ment. Comme des appels d'air dans quelques maisons
hantées, qui vont et qui viennent.

Fait important et qui explique bien des choses par la
suite, il y avait alors énormément de jeunes Américains qui
s'étaient fait libérer en Europe et qui, profitant du G.I.
Bill, restaient à Paris. Ils emportèrent plus tard, dans leurs
bagages, tout ce qu'ils avaient vu et entendu pendant ces
années-là dans la capitale française. Mais pour l'instant
ils formaient, avec les autres, une société parallèle de cinq à
six mille personnes qui survivaient en dehors des normes
courantes de la société, sans famille, sans travail, sans obligation. Avec toute une mythologie qui allait du jazz à la
poésie sauvage.

On gagnait un dollar par soirée en récitant des poèmes
lettristes au *Tabou*, devant des touristes effarés, venus voir
Juliette Gréco qui n'était déjà plus là, ou apercevoir Sartre
qui n'y était venu qu'une fois.

Mythologie d'une contre-culture sauvage que Jacques
Becker a essayé de restituer dans son film *Le Rendez-vous
de Juillet*.

Avides de jouir du monde, prêts à faire n'importe quoi
pour réaliser le Grand Jeu, ils agissaient comme des fous.

Des fous qui auraient vécu le fameux dialogue d'Unica
Zürn :

« Croyez-vous en votre guérison? » lui a demandé un
psychiatre de Sainte-Anne. Et avec un certain plaisir, elle
a répondu : « Non! »

La dérision renaissait en cette époque invraisemblable
du scandale à Notre-Dame, où Michel Mourre, déguisé en
dominicain et poussé par Serge Berna, était monté en chaire
pendant la messe de Pâques en criant : « En vérité je vous le
dis, Dieu est mort! »

Dans ce quartier de Notre-Dame, de la rue Galande,
s'était installée une colonie algérienne et marocaine. Et il
est vraisemblable de penser que l' « herbe » (marijuana)

a été introduite à Saint-Germain-des-Prés par des Pieds-Noirs qui allaient en chercher dans ces milieux arabes. Tout se passait chez les bougnats, d'une façon très internationale.

On buvait sec. Certains créaient, écrivaient, peignaient. Des lettristes improvisaient du « scat » avec des jazzmen. D'autres fumaient du kif.

Il y avait toujours là les deux Suédois de service, le Danois prêt à partir sur la route avec sa guitare et son blue-jean de rechange, l'Américain démobilisé.

On commençait à savoir qu'à New York, « un tel », parti il y a peu de temps, avait fait ceci; qu'à Amsterdam, un autre avait écrit cela. Que le Groupe Cobra était né à Copenhague.

C'était le premier grand brassage contre-culturel, plus cosmopolite qu'internationaliste (au sens marxiste qui implique une conscience de classe se retrouvant dans plusieurs pays).

Non, là, c'était le grand foutoir, le mixer des nouvelles. Et comme il était malgré tout difficile de vivre à Paris, il y avait la route, le départ en auto-stop. L'hiver leur semblait dur dans la capitale. Pas de touristes pour faire la manche. Plus facile de vivre en décembre à Bruxelles. Et à partir du mois de mai, c'était la grande migration vers la chaleur, le soleil.

A l'intérieur de cette pluralité de groupuscules, de peintres, de poètes, et de militants de tout poil [1], LES LETTRISTES FORMAIENT LE MOUVEMENT LE PLUS AGISSANT PARCE QUE LE MIEUX STRUCTURÉ.

En 1950, avec pour rédacteur en chef Maurice Lemaître, ils avaient sorti une nouvelle revue appelée *Front de la Jeunesse*, parlant d'une « jeunesse trahie par ses chefs » et dénonçant l'école comme un bagne. On y lisait notamment, DIX-HUIT ANS AVANT MAI 1968 ET LES MOUVEMENTS LYCÉENS :

---

1. Il y avait notamment d'anciens socialistes hollandais, anglais, danois qui, engagés dans les brigades internationales lors de la guerre d'Espagne en étaient revenus très anti-staliniens. Ces anciens léninistes ou trotskystes désabusés, un peu paumés il faut bien le dire, formèrent également des groupes de contre-culture avec des adolescents français artistes ou non. Leur influence ne fut pas négligeable.

« Il faut apprendre aux imbéciles qui vous ignorent que vous êtes des hommes, élèves des collèges, des lycées, des écoles de métiers. Vous grincez chaque jour et vous faites " les idiots " parce que vos maîtres, vos propriétaires, sous le prétexte de l'éducation, vous détruisent " les plus belles années de votre vie. "

« La masse de la jeunesse se trouve chez vous.

« On peut apprendre autrement le métier ou la profession désirés que par cette détention longue, bête et inutile dans les prisons pour les péchés jamais commis. Les profs et les pions sont des garde-chiourmes, des geôliers. Ils croient que vous êtes faits pour l'école, alors que l'école est faite pour vous.

« Au début, lorsque Lénine demandait à la classe ouvrière de dénoncer la misère de leurs salaires et la tyrannie de leurs patrons, les ouvriers craignaient de se manifester ouvertement par peur du renvoi.

« Vous aussi vous avez peur de hurler contre vos tyrans pour ne pas être renvoyés de vos " boîtes " et détruire l'avenir de " ratés " qu'ils vous préparent. »

Mais certains lettristes commencèrent à penser qu'il fallait aller plus loin encore.

Selon eux, ce qui motivait le parler ce n'était pas l'œuvre mais l'envie de crier, de devenir lyrique. Écrire pour publier n'avait aucune importance. Et le fait d'utiliser immédiatement l'impact de sa propre voix impliquait qu'on attache beaucoup d'importance au comportement. Ils en déduisirent que le comportement était la seule création possible. En désaccord avec Isou et sa conception formelle de l'œuvre créée, sur laquelle je vais revenir longuement.

Pour ces dissidents, l'œuvre était la vie. On était poète parce qu'on vivait poétiquement. On était peintre parce qu'on vivait comme un peintre. Derrière chaque étiquette sociale de l'artiste il fallait retrouver l'homme qui s'y trouvait.

Ce fut la rupture avec Isou et le groupe lettriste.

Ceux qui venaient de quitter le groupe lettriste s'appelaient : Jean-Louis Brau, Gilles Wolman, Serge Berna [1], Michel Mourre et Guy Debord.

Qui étaient-ils? Berna et Mourre étaient ceux qui, après le scandale de Notre-Dame, avaient été arrêtés et examinés par les psychiatres. Pour Michel Mourre, ancien séminariste et aujourd'hui chez Flammarion, directeur de la collection d'histoire des religions (!!!), le psychiatre avait donné son diagnostic : « dangereux dans les quartiers bourgeois... » Il paraît que c'est un diagnostic psychiatrique.

Gilles Wolman, du fait qu'il était juif, et dont le père avait disparu dans les camps, avait été jeté tout gosse sur les routes, caché à la campagne dans des fermes comme beaucoup d'autres. Il présentait naturellement un comportement anti-nazi très marqué.

Brau lui, fils de prolétaire, avait été élevé dans l'esprit du Parti communiste et restait très marqué par la mythologie marxiste.

Guy Debord, enfin, était un jeune bourgeois qui avait vécu longtemps dans une grande villa au-dessus de Cannes. Il avait découvert le fascisme et le marxisme puis, le lettrisme, à travers les deux autres, à l'occasion de la présentation d'un film lettriste au moment du festival de Cannes 1951 : *Le Traité de bave et d'éternité* [2], alors qu'il n'était qu'un jeune étudiant en philosophie.

1. Serge Berna eut son heure de gloire internationale : *Le Crocodile*, journal satyrique de Moscou, avait sorti un numéro avec en couverture Serge Berna et Fernandel, photos accompagnées de la légende suivante : « Deux exemples de la décadence bourgeoise... »

2. Au cours de cette même manifestation apparaissent de nouveaux noms du lettrisme comme Marc'O (futur créateur des *Idoles*) et le peintre Poucette. Signalons également que Cocteau et Malaparte (dont on connaît mal la curiosité pour tout ce qui était avant-garde) formèrent avec les lettristes un anti-jury en marge du Festival officiel. Et Abel Gance, ce grand créateur, que Nelly Kaplan n'avait pas encore repopularisé, s'intéressa au cinéma lettriste.

Ce même Guy-Ernest Debord, futur fondateur de l'Internationale Situationniste.

« Avec Debord, qui est arrivé à Paris en 1952, nous avons donc formé un groupe en dehors d'Isou. Nos quelques œuvres n'étaient pas exposées mais détruites immédiatement. Nous refusions de fixer toute improvisation et de créer un système de notations comme l'ont fait Pierre Schaeffer, John Cage et tous les compositeurs de la musique " for tape ". »

Les dissidents fondent l'*Internationale Lettriste* en juin 1953.

Dans cette nouvelle revue ils commencent par insulter Isou « coupé de la vie et qui ignore le monde moderne ».

Debord y écrit pour sa part, voulant en finir avec un confort nihiliste : « Nous savons que toutes les réalités nouvelles sont elles-mêmes provisoires, et toujours trop peu pour nous suffire. Nous les défendons parce que nous ne connaissons rien de mieux à faire; et parce que c'est, en somme, notre métier. Mais l'indifférence ne nous est pas permise devant les étouffantes valeurs du présent; quand elles sont garanties par une société de prisons, et quand nous vivons devant les portes des prisons.

« Nous ne voulons à aucun prix participer, accepter de nous taire, accepter.

« Ne serait-ce que par orgueil, il nous déplaît de ressembler à trop de gens.

« Le vin rouge et la négation dans les cafés, les vérités premières du désespoir, ne seront pas l'aboutissement de ces vies si difficiles à défendre contre les pièges du silence, les cent manières de SE RANGER.

« Au-delà de ce manque toujours ressenti, au-delà de l'inévitable et inexcusable déperdition de tout ce que nous avons aimé, le jeu se joue encore, nous sommes. Toute forme de propagande sera donc bonne.

« Nous avons à promouvoir une insurrection qui nous concerne, à la mesure de nos revendications. Nous avons à

témoigner d'une certaine idée du bonheur même si nous
l'avons connue perdante, idée sur laquelle tout programme
révolutionnaire devra d'abord s'aligner. »

Puis, les membres de l'Internationale Lettriste passent à
l'action. Leur première tentative est d'essayer de démolir
la Maison de Correction de Chevilly-Larue. Ils multiplient
les tracts : « Jeunes gens ne travaillez jamais »; « L'éther est
en vente libre! »; ou encore, plus prosaïquement, « Baisez les
mineures ».

Déchaînés, et soutenus par de nombreux adolescents venus
les rejoindre, ils s'attaquent à tout. Désacralisent n'importe
quoi.

Charlie Chaplin venu présenter son film *Limelight,* en
1953, à Paris, va en faire la triste expérience.

Chaplin, disent-ils, fait semblant d'être une victime du
mac carthysme. Ses difficultés en fait, viennent qu'il ne veut
pas payer ses impôts au fisc américain. Tout simplement.

A la conférence de presse au Ritz, Chaplin, entouré de
ses hommes d'affaires, Américains typiques, nuque rasée et
chemise à fleurs, et qui parlent de millions de dollars, voit
brutalement de jeunes clochards distribuer un tract intitulé
« Finis les pieds plats, Charlie Chaplin n'est plus Charlot
ni l'émigrant des Temps modernes. »

Nouveau scandale. Les voilà « insulteurs de Chaplin ».

Mais le deuxième volet de cette aventure va s'achever.

Le début de la guerre d'Algérie signifie la fin de Saint-
Germain-des-Prés. Les rafles se multiplient. Brigade des
mineurs et brigade des stupéfiants font maintenant du zèle.
Ils émigrent un temps vers la Montagne-Sainte-Geneviève,
puis c'est la route. Debord part au cap Nord. Brau et Wolmann, au Sahara. Au retour, Paris a changé. Rien n'est plus
comme avant. Wolmann se marie. Brau part au Vietnam.
Debord essaie de se suicider.

Fini le temps de la dérive, cette pratique qui devait beaucoup aux promenades surréalistes et aux « voyages » dadas.
Cette dérive où l'on partait dans les rues, à l'aventure, tout

droit... promenade assez alcoolisée, les cafés servant de relais.

Finies les attaques contre André Breton au nom de l'âge d'or du surréalisme de 1925-1930 où Debord, Brau et Wolmann cinglaient le vieux pape pour son côté magie ésotérique dans *Arcanes 17*, ignorant alors que cet aspect fournira le prétexte à une autre contre-culture parallèle dont nous parlerons dans le chapitre suivant.

Fini le temps des fugues où les jeunes foutaient le camp de chez eux parce qu'ils ne voulaient plus faire d'études.

Mais l'Internationale Lettriste bientôt défunte sera une leçon qui, naturellement, comme toutes les leçons du passé, ne servira à rien.

« Le journal était imprimé d'un seul côté pour obtenir une revue-affiche, un journal-poster. On la collait partout sur les murs, persuadés qu'ayant lu nos textes, les masses allaient se soulever. Le bide !

« L'étonnant c'est que la même situation s'est reproduite en mai 1968 : nous n'arrivions jamais à avoir une action commune avec les marxistes-léninistes et les pro-chinois, parce que, chaque fois, quand le 22 Mars de Cohn-Bendit voulait agir, les autres disaient : " Envoyons un tract aux masses et nous agirons avec elles. "

« La vérité est que les masses de 1968 n'avaient rien à faire avec les étudiants-fils de bourgeois.

« Pas plus que les masses de 1953 ne se souciaient de l'Internationale Lettriste et de tous ces mouvements romantiques, parfois débiles, de jeunes poètes en rupture de vers. »

Mais cette époque et ses acteurs contiennent pourtant un enseignement nouveau.

Parallèlement au *Soulèvement de la Jeunesse*, d'Isou, et à cette *Internationale Lettriste*, il n'y avait que deux ou trois groupes seulement au monde, à s'intéresser, de moins en moins, à la classe ouvrière dans cette acception commune de prolétariat organisé, pour accorder de plus en plus une importance révolutionnaire aux étudiants et lycéens d'une part, et, de l'autre, aux travailleurs émigrés (à l'époque des Arabes en majorité), comme eux totalement hors des normes, hors du système du travail.

Ils parlaient pour la première fois des nouveaux esclaves.

Ils avançaient aussi un concept nouveau : celui du détournement. Cet acte à prétention révolutionnaire consiste à prendre une œuvre d'art, par exemple, (ou un support) et à la détourner de sa signification pour en faire un objet destructif. Détournement obtenu, dans la majorité des cas, par une dérision subversive.

L'écrivain beatnik américain William Burroughs a repris récemment cette forme de pensée dans *La Révolution électronique* [1]. Il y écrit qu'il ne faut pas nier les médias et les supports existants; qu'il faut, au contraire, entrer dans ces émissions de radio et de télévision pour les vider de leurs contenus actuels et les transformer en boomerang.

Isolé un temps, après la disparition de l'Internationale Lettriste, Guy-Ernest Debord s'est retrouvé avec de nouveaux venus : Patrick Straram, Gilles Ivain, Cheglog, etc. Ils créent ensemble une nouvelle revue ronéotypée, de petite diffusion : *Pot lach*, journal inspiré par l'acte des Indiens de Patagonie, acte d'offrande aux frères de la tribu qui vous remercient en vous offrant un cadeau plus beau encore. Symbolisme de la surenchère du don, où, plus vous donnerez, plus vous recevrez.

Pour Debord et ses acolytes, c'est également la prise de conscience de l'art marchandise. Et Debord publie en 1957 une brochure intitulée *Rapport sur la construction des situations et sur les conditions de l'organisation et de l'action de la tendance situationniste*.

Le mot fera fortune, ou tout au moins carrière.

1. Éd. Champ Libre.

En juin 1958 paraît le numéro 1 de la revue *Internationale Situationniste*. Le nom de Raoul Vaneigem, qui écrira un bouquin sur ce mouvement contre-culturel y apparaît en 1962.

« Là où leur raisonnement est le plus conséquent, ils affirment que la révolution prolétarienne sera une fête ou ne sera rien », écrit le *Daily Telegraph*.

Pour les situationnistes, chaque œuvre d'art est un objet fabriqué qui entre dans un système marchand. Faire, c'est produire.

Être chez Renault et faire des voitures ou s'appeler André Breton et faire des poèmes, cela revient au même. Pour eux, tu crées un objet, dans tous les cas. Cet objet crée à nouveau un besoin et implique une aliénation plus grande.

Les situationnistes sont donc en opposition avec les lettristes, dont ils sont issus, mais qui, eux, croient aux valeurs d'une création permanente.

Les situationnistes n'étaient pas tous d'anciens lettristes contrairement à leur leader Guy Debord. Au congrès d'Aroccio où ils fusionnèrent, certains venaient du Comité psycho-géographique de Londres, les autres du Groupe Cobra, les derniers du « Mouvement pour un Bauhaus Imaginiste ».

Quelles furent exactement les influences de l'Internationale Situationniste? Elles sont d'ordre divers et mal connues encore.

Ce qui est certain c'est que le mouvement Provo fut lancé à Amsterdam en 1958 par certains exclus du situationnisme.

On sait également que la prise de pouvoir par des étudiants qui se revendiquaient du situationnisme à l'université de Strasbourg, en 1966, joua un rôle important au moment de mai 1968, non pas dans l'action, comme certains situationnistes l'ont avancé, ce qui est totalement faux, mais plutôt au niveau du langage.

Un langage révolutionnaire nouveau du type : « Sous les pavés, la plage ».

Seuls, parmi les groupuscules gauchistes et anarchistes de mai 1968, Cohn-Bendit et le Mouvement du 22 mars connaissaient bien la théorie situationniste. Je dis théorie car jamais les situationnistes, théoriciens, ne furent des militants.

L'analyse du rôle de la marchandise et du spectacle dans la société faite par Debord est aujourd'hui reprise souvent... par des journalistes.

Enfin, il est certain que Lefèvre a emprunté aux situationnistes cette conception ludique de la révolte, de la Commune vécue comme une fête.

C'est pour l'instant tout ce que l'on peut dire de précis et d'objectif sur le rôle de l'Internationale Situationniste qui s'est sabordée, je crois, en 1971.

Pour des sociologues américains complètement ignares comme M. Roszak, la contre-culture américaine est née naturellement... aux États-Unis.

J'affirme que ce n'est pas vrai : la contre-culture d'outre-Atlantique a largement puisé d'abord chez les dadaïstes et les surréalistes, puis dans les idées lettristes, pré-situationnistes et situationnistes.

Sans oublier l'influence d'hommes comme Jacques Prévert ou Boris Vian.

Et je vais en apporter la preuve.

De 1959 à 1961 environ, chez Mme Stola, ou plus exactement dans le sous-sol énorme de sa Galerie du Fleuve, avenue de l'Opéra, on pouvait entendre des hommes comme Dufrêne réciter des poèmes lettristes, Rotella l'Italien, et Geesin, crier des poèmes phonétiques. Et qui était présent? Qui écoutait? Yoko Ono, future femme du beatle John Lennon et qui devait faire les premiers happenings modernes. Et qui encore? Tous les peintres américains du Pop Art. Je veux parler de Rauschenberg, Liechenstein, Indiana.

Et aussi Emmet Williams, poète américain et grand ami des écrivains beatniks dont Corso.

Voulez-vous un autre exemple? En voici un : Corso, Ginsberg, Burroughs, c'est-à-dire les écrivains majeurs de la génération Beat et même du mouvement hippie, fréquentaient de 1960 à 1963, le bougnat de Mme Rachou et assistaient *tous* aux réunions lettristes de l'époque.

D'autres rencontres du même type eurent lieu et se répétèrent des centaines de fois « Chez Moineau » et au « Nuages », rue Bernard-Palissy, entre des artistes américains pour la plupart et les membres de l'Internationale Lettriste par exemple.

On comprend mieux, dès lors, les troublantes « analogies » relevées (mais restées inexpliquées) entre la contre-culture européenne de 1945 à 1968 et les mouvements américains du même genre qui ont séduit J.-F. Revel.

Le groupe lettriste qui a survécu à toutes ces dissensions, à tous ces emprunts, existe toujours. Plus actif et plus turbulent que jamais autour d'Isou.

Cordialement détestés, à peu près par tout le monde (j'ai rarement vu une telle unanimité), les lettristes n'en poursuivent pas moins recherches et manifestations contre-culturelles dans tous les domaines.

Ils demeurent une des sources fondamentales de la contre-culturelle actuelle. La voici.

Aujourd'hui-demain, pour un nombre important de personnes, la culture est un terme vague.

Au point que vers 1952, deux auteurs britanniques, Kroeber et Kluckohn[1] en ont pu donner cent soixante définitions!

Pour les lettristes, le terme de culture reste très précis.

1. *Culture : A critical review of concepts and definitions,* (Peabody Museum).

La culture embrasse les domaines de la science, de l'art, de la philosophie et de la technique grâce auxquels l'homme s'est élevé depuis l'âge de pierre à notre époque, et à travers lesquels par des actes créateurs contre-culturels, il peut et doit parvenir à une société idéale ou paradisiaque.

C'est un acte qui nous est aussi nécessaire que de respirer. Connaître la respiration c'est un acte de culture, manger c'est un acte de culture, faire l'amour c'est aussi maintenant un acte de culture, car on ne fait plus seulement l'amour de façon purement instinctive, l'acte se trouvant supporté par la quête lucide d'un être « particulier ».

En réalité, nombre de gens ont assailli la culture sans savoir à quoi ils s'attaquaient, c'est-à-dire à eux-mêmes.

Mais alors, que faut-il entendre par contre-culture? « Contre-culture pour nous est d'abord un acte de révolte créateur contre une culture sclérosée », explique Isou.

Le processus n'est pas neuf.

A un certain moment, il y a un acquis culturel.

Cet acquis culturel, qui devrait être sans cesse approfondi, dépassé, recréé justement pour tendre vers la société paradisiaque, ne l'est pas. Les êtres continuent à être malades, à mourir et pourtant la recherche médicale doit mendier ses budgets, ceci pour premier exemple. D'autres continuent à survivre dans une société d'exploitation et de misères.

La culture existante, qui avait été utile jusqu'à ce jour, se révèle insuffisante, tombée comme elle l'est entre les mains des technocrates, des fonctionnaires, des bureaucrates, des politicards au jour le jour.

C'est à cet instant que les actes de contre-culture se révèlent nécessaires, voire impératifs.

Mais attention, il existe (au moins) deux sortes de contre-cultures.

L'acte de contre-culture purement réactionnaire, de type fasciste, avec sa cohorte d'autodafés, de meurtres, de tortures et d'exils au niveau des créateurs; de répression, d'intoxication, de propagande, de « normalisation » au niveau du public (et ce, dès l'enfance).

L'acte de contre-culture progressiste, novateur, inventif et créateur, dû parfois à un groupe d'hommes (la révolution surréaliste) ou à un seul individu, comme Pasteur, attaquant la médecine de son temps qui refusait de connaître et d'admettre la microbiologie.

Donc, deux contenus possibles contre-culturels : réactionnaire et destructeur ou progressiste et créateur.

Or, nous assistons sans cesse, et sur un rythme de plus en plus accéléré depuis 1920, à une multitude d'actes contre-culturels de ces deux genres. En outre, la tendance néo-fasciste consciente ou inconsciente de certains d'entre eux, n'est pas toujours immédiatement décelable, compte tenu des falsifications possibles du langage.

S'engager dans une vraie contre-culture exige donc : une vigilance extrême; une connaissance aussi approfondie que possible des structures existantes (fussent-elles réactionnaires et dépassées); enfin, une mobilisation de l'esprit, canalisée vers des actes de contre-culture, progressistes et créateurs.

Il y a quatre colonnes culturelles importantes qu'il faudrait redéfinir brièvement afin de mieux comprendre comment peut s'exercer la contre-culture progressiste et créatrice :

La science,
L'art,
La philosophie,
La technique,

Commençons par la science — colonne très importante — préoccupée de découvrir les lois du monde, du milieu et de l'homme. Connaître ces lois d'une matière objective, et les transformer ensuite afin d'améliorer la vie de l'être humain (santé, joie, moins de travail, moins de peine, plus de richesses et de bonheur).

La science, bien comprise, est une colonne nécessaire à l'édification du temple paradisiaque. Nous ne parlons pas de la science sclérosée, partielle, ou destructrice. C'est ici de la science bénéfique d'Euclide, de Pasteur ou de Flemming dont il est question. Et si cette science actuelle venait à nous manquer, nous retomberions dans les pièges de « sciences » plus anciennes, basées sur l'ignorance et la superstition.

Deuxième colonne : l'art ou les arts.

On a voulu attaquer l'art. On a parlé même de la mort des arts, etc. Rien n'est plus faux. L'art garde tout son sens. C'est l'organisation, au niveau émotionnel, du monde sonore et du monde visuel.

Dire que l'art est mort ou doit être détruit, c'est dire qu'on va s'arracher les oreilles pour ne plus entendre de sons, ou s'arracher les yeux pour ne plus voir ni formes ni couleurs.

En réalité, l'art comme la science sont des structures organiques. L'être humain en a besoin. Besoin de connaître mieux son anatomie sur le plan scientifique. Besoin « d'organiser » artistiquement les mondes visuels et sonores qui l'environnent.

Or, s'il advient dans ce domaine, pour des raisons idéologiques, politiques ou religieuses, que les véritables créateurs soient empêchés d'agir contre-culturellement, le vide laissé par eux sera rempli et organisé par *autre chose*. L'art n'allant plus de l'avant, ce sera la régression immanquable vers un art réactionnaire ou vers des succédanés parfois déguisés sous le masque de l'« avant-garde ».

Quiconque refuse l'acte créateur contre-culturel, pour des raisons morales, éthiques, religieuses ou esthétiques, verra s'imposer à lui très vite et immanquablement, falsificateurs, plagiaires ou nostalgiques. Quand ce ne sera pas le programme culturel fasciste.

Et comme chacun d'entre nous doit respirer, chacun d'entre nous, je l'ai dit, a besoin d'art pour vivre. Il nous appartient donc de respirer un air pur ou pollué, un art créateur ou sclérosé. C'est un choix.

La philosophie, elle, représente une réflexion générale sur le monde, dépouillée de toute précision scientifique. Elle embrassait à l'origine une multitude de spécialités qui semblent lui avoir échappé comme : la physique, la religion, l'éthique, l'esthétique, la chimie. Autant de domaines qui se sont depuis constitués à juste titre comme sciences, et ont voulu se donner des lois objectives et des éléments objectifs, analysés, précisés, définis.

Mais reste la philosophie et sa réflexion générale sur le monde, sorte de mise en doute permanente, d'addition de tous les éléments pour une réflexion qui les dépasse.

Une définition générale et globale du monde au-delà de la science, au-delà de l'art, *qui exige de pouvoir réfléchir encore sur les valeurs*. Voilà ce que doit être la philosophie moderne Une poésie aussi, nous en manquons tellement.

On a parlé, là aussi, de la mort de la philosophie après Nietzsche. Puis après Hegel. Depuis, il y a eu Martin Heidegger. Et d'autres créateurs se présentent déjà...

L'esprit philosophique, que certains technocrates parvenus voudraient bien voir crever, n'est pas seulement une des beautés culturelles nécessaires à l'homme, qu'il faut améliorer.

Il est vital dans chaque élan contre-culturel et novateur.

Enfin, ultime application des trois autres (science, art, philosophie), la technique.

Si la physique cherche les lois du monde, l'inertie, le magnétisme, l'électricité, le temps, l'espace...

Si la psychologie cherche de quoi est formée la pensée, comment les idées s'associent...

Toutes ces choses-là doivent pouvoir être appliquées à l'être humain dans un certain nombre de branches utilitaires (nourriture, vêtements, logement et confort, santé, moyens de communication, etc.).

La technique n'est pas obligatoirement destructrice, génératrice de robots ou d'abrutis, comme il est courant de l'affirmer aujourd'hui.

Pour les lettristes, c'est un faux problème.

Tout domaine inventé, découvert ou imaginé par l'homme peut détraquer et mutiler ce même homme. Prenez la musique : à écouter des journées entières, casque sur les oreilles, la musique la plus extraordinaire, l'auditeur n'est plus bientôt qu'un simple élément fragmentaire qui détruit la quasi-totalité des dimensions possibles qui sont en lui (perception + plaisir).

Donc, la technique bien comprise, comme domaine d'adaptation de la science, de l'art (et même de la philosophie) aux besoins de l'être humain, est aussi une dimension culturelle absolument nécessaire, et où l'acte contre-culturel progressiste pourra s'exercer (la lutte anti-pollution déclenchée par la jeunesse et le combat de Ralph Nader dans l'automobile, me paraissent deux bons exemples de ce qu'il est possible de faire en la matière).

En fait,

La contre-culture progressiste est nécessaire dans ces quatre domaines culturels où des formes statiques et dépassées ont pris le pouvoir, malgré les travaux de quelques grands créateurs.

Il faut éliminer les parasites, impitoyablement.

« Ne coupez pas les mauvaises herbes, arrachez-les! Sinon, elles repousseront », dit le sage thibétain.

Mais aussi savoir ce qui existait afin de pouvoir aller plus loin, et ne pas refaire ce qui a été fait.

Chercher à voir dans chaque chose ce que personne n'y a encore vu, ce à quoi personne n'a jamais pensé.

Et ainsi porter sa voix et son visage dans le siècle à venir.

Tels sont les conceptions et les objectifs du lettrisme contre-culturel.

10.

Briser le pacte, se faire barbare...
(L'irrationnel de 1942 à aujourd'hui)

Récemment, en ouvrant le supplément littéraire du *Figaro*,
j'y trouvai un article d'André Brincourt, écrivain et journaliste, que j'avais bien connu du temps où je sévissais dans la
critique de télévision à *Combat*. Son article était intitulé
« Cette nouvelle soif d'irrationnel ». En voici quelques
extraits :

« Le plus singulier, en tout cas, est que loin de s'éteindre ou
de se dévaloriser avec la domination technologique, ces
forces mystérieuses connaissent aujourd'hui un regain de
vitalité et de prestige.

« Ce n'est pas la première fois que nous constatons — sur
des plans assez divers mais toujours en fonction même du
développement de la science et des promesses tenues de la
raison — cette étonnante soif d'irrationnel.

« A cette quête nouvelle, à cette recherche de ce qui " en
l'homme, passe infiniment l'homme ", de ce paradis perdu
de l'esprit, il fallait bien que, en dehors de toutes les solli-
citations de l'Orient et de la fumée des herbes, correspondit
une vague d'ouvrages spécialisés.

« C'est l'avalanche, en effet.

« Il convient tout d'abord de reconnaître que, contrairement
à ce que l'on pouvait en dire il y a quelques décennies, ce
genre d'études, d'essais, d'introductions, fait aujourd'hui

preuve d'exigence et de sérieux. Les mages sont devenus modestes et inquiets. C'est une preuve de santé pour l'esprit. C'est aussi qu'ils ne se sentent plus systématiquement " rejetés " hors du monde raisonnable et que la science elle-même commence à annexer quelques royaumes mystérieux. Il y a les recherches historiques et les racines mythiques qui plongent au plus loin de nos civilisations, faisant la part du jeu, des pouvoirs et de l'imposture; il y a aussi les fiançailles secrètes et toutes récentes de l'imaginaire et de la raison. »

On pourrait discuter certains termes, visiblement sarcastiques, comme « la fumée des herbes ».

J'estime, en outre, que l'engouement pour l'ésotérisme se multipliant pour des raisons commerciales, la recherche authentique a été victime de la loi des grands nombres [1].

Mais, au fond, le constat fait par André Brincourt demeure irrécusable : nous vivons déjà ce qui, hier encore, marquait un des aspects de la contre-culture, une certaine soif d'irrationnel.

L'irrationnel : besoin vital ou réflexe de défense?

Car, il y a eu, c'est un fait, une pression culturelle extrêmement grande de la société rationnelle et positive. Et ce, jusque dans les années soixante.

La contre-culture, parfois simplement guidée par son instinct de révolte, a réagi un peu partout dans le monde. Ce fut un long travail de sape, souterrain par définition, invisible par conséquent.

Et, lorsque des hommes, qui se mettaient à chercher des liens possibles entre la pensée spirituelle, voire certaines formes de la pensée traditionnelle et magique, avec le monde moderne (sources irrationnelles de l'hitlérisme, aspects fantastiques de l'histoire contemporaine), lorsque ces hommes-

---

1. Avilie par les marchands, la recherche en matière de pensée ésotérique n'en a pas moins progressé avec des hommes comme Abellio, Alleau, Corbin, Amadou, etc.

là trouvèrent, un jour, une large audience, personne n'y comprit plus rien. Eux inclus.

Le secret avait été bien gardé. Rarement, complot contre la raison fut mieux ourdi.

J'ai raconté tout à l'heure une des filiations de la contre-culture moderne : celle du surréalisme révolutionnaire, du lettrisme, des situationnistes, du groupe Cobra et des provos qui devaient aboutir, par ricochet à la Beat Generation aux États-Unis.

Il en est une autre, sensiblement différente, née à peu près à la même époque, et dans un univers parallèle à la précédente.

Celle, précisément, de l'irruption des forces irrationnelles dans les bastions les plus avancés de la culture, qui débouchera dans sa forme la plus célèbre sur le mouvement hippie, les phénomènes de communauté, de recherches ésotériques, d'expériences mystiques, etc.

C'est d'abord, pendant la guerre et sous l'occupation allemande en France, une redécouverte de la pensée orientale.

On édite à Paris les ouvrages de Romain Rolland sur Ramakrishna et Vivekananda. Simultanément, les livres majeurs de la pensée orientale sont publiés. On lit *La Vie divine* et les commentaires d'Aurobindo sur la Baghavad Gita.

Tant et si bien qu'après la guerre, certains jeunes n'ont qu'un rêve : partir pour l'Ashram d'Aurobindo, aux Indes. Nous sommes en 1946, ne l'oublions pas.

En même temps, de 1946 à 1950, d'autres vivent l'expérience des groupes Gurdjieff : le musicien Pierre Schaeffer, Paul Senand, Philippe Lavastine, Louis Pauwels.

Il y a aussi les expériences de communautés musulmanes lancées en France et en Europe par le philosophe René Guénon, communautés à prétentions soufi dont certaines existent encore aujourd'hui, malgré la disparition de Guénon en 1951.

Sans oublier Lanza del Vasto dont les premières expériences communautaires datent, je crois, de 1936. Mais, de 1941 à 1944, il existait déjà, rue de la Huchette à Paris, une petite communauté Lanza, avec un magasin d'artisans où les membres battaient le fer, fabriquaient des émaux, et faisaient du pain de façon traditionnelle !

Il faut également citer dans ce bouillonnement sauvage de la pensée, dans cette remise en cause de la culture officielle, et dans cette modification profonde de certains comportements, les communautés de recherches groupées autour du psychologue Carl Gustav Jung, comme celle d'« Eranos » à Ascona.

Mais, schématiquement, les trois influences majeures de cette contre-culture-là restent à l'origine : René Guénon, Gurdjieff, et Lanza del Vasto.

Faut-il ajouter que dans les milieux de la culture et de l'Université, ce triple enseignement inspiré par l'Orient était soit inconnu, soit barré, répudié, méprisé complètement.

Faisons une pause. Car il est un sentiment de cette génération que je voudrais affirmer ici : celui d'une sortie possible du temps.

On voit en effet apparaître pour ceux qui ont vingt ans en 1945, et pour les générations suivantes jusqu'à celles d'aujourd'hui, une modification radicale du comportement et de la quête.

Nous sommes, les uns après les autres, les adolescents de la Bombe... Sinistre paternité.

Dans un livre récent, consacré en principe à la science-fiction d'aujourd'hui, Donald Wollheim, qui n'est plus un gamin l'admet en ces termes : « Quand je vois, dit-il, la jeunesse moderne, quand je lis ce que l'on dit d'elle, sur sa rébellion contre les principes admis, sa liaison avec des mécanismes d'évasion comme l'herbe, les drogues et les philosophies farfelues, ses efforts pour établir des colonies utopiques et son refus des idées de la génération qui l'a précédée, je ne suis pas surpris.

« Que peut-on attendre de la génération qui a grandi en sachant que la Bombe attend dans les coulisses? [1] »

Je crois que l'on peut attendre beaucoup de ces générations et, notamment, la conception d'une humanité devenue sensée à temps.

Que disent les gens de la contre-culture? Sinon que l'énergie atomique devait fournir l'utopie heureuse. Qu'elle devait éclairer les villes, alimenter les usines gratuitement, propulser les machines, soulager l'homme.

Or, comme l'admet encore Wollheim, nous savons que « les usines atomiques sont conçues d'abord pour propulser des sous-marins géants chargés de fusées atomiques capables de détruire le globe. Des usines atomiques pour des usages pacifiques... ce sont des dépenses superflues, un luxe ».

Il aura fallu, en France, le blocus arabe du pétrole pour que l'on songe à utiliser cette énergie-là pour l'homme et non contre lui.

Comment s'étonner dès lors dans les générations d'après 1945, d'une *modification profonde de la pensée,* et partant, de la culture.

Savoir que tout peut être détruit; que non seulement la civilisation est mortelle, mais que la disparition totale du monde est envisageable, toutes ces hypothèses reposent immanquablement, pour un certain nombre d'hommes, des problèmes d'ordre métaphysique.

On assiste donc, dès 1946, à un réveil du sentiment apocalyptique. Celui de la Fin des Temps ou, plutôt, de la Sortie du Temps...

Ce sentiment ira s'amplifiant, au sein d'une certaine contre-

1. *Les Faiseurs d'univers* par Donald Wollheim, Paris, éd. Robert Laffont, collection « Ailleurs et demain », 1973.

culture, au moment de la guerre froide. La possibilité d'une guerre définitive entre les deux blocs incitant un certain nombre d'hommes et de femmes à tenter une réflexion qui les sorte de l'histoire.

Enfin, et ce n'est pas le moins important, cette angoisse parfois novatrice sera liée intimement avec la catastrophe de l'Église qui s'effondre depuis une quarantaine d'années.

Personne, on l'a vu, n'envisage plus de « société religieuse » au sens strict du terme.

Mais nous assisterons à une formidable résurgence spirituelle, d'abord underground, puis à visage ouvert contre ces Églises constituées qui s'émiettent et s'auto-détruisent.

Il y a probablement, dans ces deux aspects fondamentaux et liés de la contre-culture moderne, l'explication majeure du fameux « retour aux sources ».

A partir de 1950, cette contre-culture irrationnelle évolue sensiblement.

Elle sort peu à peu de l'anonymat grâce à différentes publications dont celle, en août de la même année, d'un numéro spécial des *Cahiers de la Table Ronde*, sous la direction de Robert Kanters. Le même Kanters qui, en 1954, réalisera une anthologie de l'occultisme avec Robert Amadou.

Certes, le succès paraît encore mince. Et ces cahiers spéciaux, consacrés à une nouvelle forme de pensée, passeront inaperçus de la majorité. Mais il y a là incontestablement une date : celle qui marque le début d'une aventure dont Brincourt se faisait l'écho au début de ce chapitre, soit vingt-quatre ans plus tard.

Outre ce numéro spécial des *Cahiers de la Table Ronde*, une revue appelée *Hermès*, créée avant la guerre mais qui, reprise en mains après le conflit par Jacques Masui, se réclame toujours d'un courant traditionnel, et refuse tout lien avec le monde matérialiste présent.

Avec *Hermès*, qui consacrera un numéro remarquable à
« La voie de René Daumal, du *Grand Jeu* des années 25/30
au *Mont Analogue*[1] », il faut citer également *Atlantis*[2].

Puis, le processus s'accélère.

On commence à parler de l'œuvre poétique et des
recherches intérieures (parfois à l'aide de la drogue) d'Henri
Michaux.

L'influence d'Aldous Huxley, réfugié en Californie, se
fait sentir.

André Breton, qui entre dans la dernière phase ésotérique
du surréalisme, et réclame un nouveau dialogue avec la
pensée magique, voit ses adeptes augmenter.

Certains affichent désormais ouvertement leur goût et
leurs affinités avec toute une poésie mystique, de Yeats à
William Blake.

En 1954, avec la revue de *La Tour Saint-Jacques*, Robert
Amadou entre dans la bataille.

Pour sa part, Raymond Abellio envisage dans ses œuvres,
le plus sérieusement du monde, sinon les noces, du moins
les fiançailles entre le passé et le futur, entre la tradition et
le monde moderne.

A cet instant précis, Aldous Huxley inaugure aux États-
Unis, avec Leary, la démarche qui aboutira au phénomène
hippie et que j'ai déjà racontée dans *Je veux regarder Dieu
en Face*.

En France, il fait encore nuit. Mais ce sera bientôt *Le
Matin des Magiciens* et l'aventure *Planète* qui reste, aujour-
d'hui encore, incompréhensible à bien des égards.

Aujourd'hui encore, on ne peut parler du livre *Le Matin
des Magiciens* et de ses auteurs, Louis Pauwels et Jacques

1. C'est en s'inspirant du *Mont Analogue* de René Daumal que le cinéaste
Jodorowski a tourné récemment *La Montagne sacrée*.
2. Voir annexe en fin de livre sur toute la presse parallèle.

Bergier, sans qu'aussitôt un climat passionnel envahisse la conversation.

Bergier est le président de notre jury pour le « Prix Apollo de science-fiction » que nous décernons chaque année. Encyclopédie scientifique vivante doublée d'une folle imagination, Bergier possède au plus haut niveau une qualité exceptionnelle à mes yeux : un humour délirant.

Pauwels est plus froid, plus intériorisé. Un timide peut-être. Un solitaire, assurément. Écorché vif, il souffre malgré une sérénité apparente, des attaques violentes et parfois haineuses dont il est l'objet depuis 1960. « Il a du talent mais... », disent les uns. « Un truqueur de génie », affirment les autres. Passionné du docteur Faust, et se réclamant d'une volonté nietzschéenne, le voilà classé comme fasciste.

Ce n'est pas mon problème.

Mais cette quasi-unanimité a quelque chose de suspect. Et je me demande si le plus grand crime commis par Pauwels contre l'intelligentsia n'est pas celui d'être un auteur à succès. Vendez une fois beaucoup d'exemplaires d'un de vos livres et vous serez suspect. Rééditez cette performance et vous serez condamné.

C'est la même chose en radio et en télévision : le succès est coupable. L'échec, seul, prouvera votre sincérité. Les plus intelligents se laissent prendre à ce piège moderne.

Quand je vois André Breton exclure le peintre Max Ernst du groupe surréaliste parce que celui-ci, après quarante années d'anonymat et de vache enragée, reçoit le grand prix de la Biennale de Venise, je ne plains pas Max Ernst. Je plains Breton pour cette erreur de jugement qu'il regrettera d'ailleurs.

Faire, avec des copains, un journal underground qui tire à 5 000 exemplaires, c'est formidable. Mais saborder ce même journal lorsqu'il atteint 10 000 exemplaires, sous prétexte que ce petit succès sous-entend implicitement une forme de compromission et de malentendu, ce n'est pas un acte d'honnêteté ou de courage. C'est une connerie.

Ce goût pour l'échec, pour la représentation du martyr en croix, pour l'artiste incompris et maudit a été longtemps le plaisir masochiste majeur des hommes de droite.

Il semblerait depuis l'échec, très relatif, de mai 1968, qu'il se soit généralisé.

Il faut y mettre le holà. Ce fameux combat qui continue n'est qu'un moyen. Le but qui s'impose : la victoire.

Si je ne croyais pas, dans un domaine très précis, au succès de la contre-culture je n'aurais pas écrit ce livre. Chez Albin Michel ou ailleurs.

Être lu seulement par cinq ou six mille pairs me laisse indifférent : ils en savent autant que moi sur ce sujet. Il m'importe d'être lu par les autres, ceux qui ne savent pas, ou qui refusent de croire à l'escroquerie culturelle de notre temps. Je ne cherche pas de miroirs. Je veux trouver des hommes et de nouveaux alliés. Si je gagne un peu d'argent avec ce livre, tant mieux. Je pourrai en écrire d'autres, plus incisifs encore.

N'écoutez plus les défaitistes névropathes.

Si vous prenez un pinceau, ne vous préoccupez pas du marchand de couleurs.

Si vous prenez une caméra super huit pour dire ce que vous avez envie de dire, ne vous souciez pas de la maison Kodak.

Quand j'écris, avec un stylo-bille ou avec une plume, je me fous de la fortune du baron Bic ou du trust Waterman.

Quand « je causais dans le poste », j'oubliais la publicité considérable inscrite sur mon seul nom, estimant qu'il valait mieux faire « Campus » avec de la « pub » que pas de « Campus » du tout. C'est ma philosophie.

Je ne nie pas l'échec. Je le hais.

Mais, je me suis laissé emporter. Revenons à cette vague d'irrationnel surgie dans le domaine de la culture vers les années 50.

Tandis qu'Aldous Huxley écrivait les premières pages d'un nouveau bréviaire de l'intelligence que sont *Les Portes de la perception* (1954) et *Le Ciel et l'Enfer* (1956), Pauwels, qui achevait son livre sur Gurdjieff, venait de rencontrer Jacques Bergier.

« Cela s'est passé par l'entremise de René Alleau et dans les milieux surréalistes, explique Pauwels. Je voyais souvent André Breton à cette époque. Et, comme je cherchais un collaborateur scientifique pour écrire un livre de prospective que m'avait commandé Pierre Lazareff et que nous aurions intitulé *Visa pour le futur*, René Alleau, ami et collaborateur de Breton, m'a présenté Jacques Bergier.

« Nous n'avons jamais écrit *Visa pour le futur* [1], mais, parlant des heures d'un mariage possible entre la civilisation contemporaine et la pensée ésotérique, nous avons entrepris *Le Matin des Magiciens*.

Cinq ans de travail, des milliers de pages et de notes dans tous les sens, avec le sentiment que ce livre passerait pour l'œuvre de deux fous, et n'aurait aucun succès dans ce climat culturel de philosophie matérialiste. »

Ce fut exactement le contraire qui se produisit.

Que s'était-il passé? On ne le saura probablement jamais exactement.

Le succès phénoménal du *Matin des Magiciens* (plus d'un million d'exemplaires vendus depuis 1960, date de sa sortie) répondait-il simplement à un appétit de merveilleux? A l'assouvissement de milliers de rêves frustrés par la réalité quotidienne?

Je crois que oui, en partie [2].

Mais n'était-ce pas, également, un désir de comprendre dans des dimensions un peu plus larges cette même réalité qui nous entoure?

---

1. Jacques Bergier écrivit finalement *Visa pour le futur* avec Pierre de Latil.
2. Deux ans plus tôt, en 1957 donc, un autre livre, *Le Troisième Œil* de T. Lobsang Rampa, axé sur les secrets initiatiques des lamaseries thibétaines, avait obtenu un certain succès.

Manquant de connaissances scientifiques, je n'affirmerai pas que les hypothèses avancées par Pauwels et Bergier soient les meilleures ou, en tout cas, les seules possibles.

Mais, le fait est là : deux ou trois millions de personnes venaient d'entrer, volontairement et de plain-pied dans l'irrationnel et le fantastique quotidien.

La colère des professeurs universitaires, issus pour la plupart de l'ancien rationalisme militant du XIXe siècle, et celle des positivistes du Grand Orient n'a rien de surprenant.

Un texte vengeur, « Le Crépuscule de Magiciens », fut la première réplique de cette Union rationaliste. Elle y attaquait violemment cette tentative d'une ouverture quasi « religieuse » dans l'examen des phénomènes du monde actuel.

Au texte vengeur du « Crépuscule des Magiciens » Pauwels répondit à son tour par un article intitulé « Le matin des Anes ».

Plus de soixante conférences contre Pauwels et Bergier furent organisées dans les villes universitaires françaises sous l'égide de cette même Union rationaliste, « panier extravagant de la défense des systèmes clos » selon Pauwels.

Le phénomène *Planète* qui s'ensuivit me paraît également significatif : soixante-quatre mille exemplaires vendus dès le premier numéro, alors qu'un tirage initial de huit mille avait été prévu.

Pourquoi ce nouveau succès brutal autant qu'inespéré?

Je crois connaître la réponse.

Planète qui, au-delà d'une simple revue, devint très vite un véritable « courant de pensée », offrait une particularité : celle, assez originale dans le domaine de la pensée ésotérique, de ne plus se couper du monde actuel.

D'essayer de retrouver une réalité spirituelle par-delà le monde matériel mais en incluant ce monde matériel.

Celle aussi de ne plus se tourner obstinément vers l'Orient mais de rechercher une contre-culture, une sur-culture spécifiquement occidentale.

Ce qui apparaît en contradiction avec Guénon et Lanza del Vasto par exemple, pour lesquels il n'y a de vérité que dans le monde ancien.

Dès le premier numéro de *Planète*, les acteurs disaient sans équivoque ce qu'ils comptaient faire.

De cette déclaration de guerre ouverte à la culture, j'ai retenu ceci : « *Lorsque la terrible et fatale turbulence dans laquelle nous sommes plongés aura cessé; lorsque après ces orages montera de la terre l'odeur franche et fraîche d'une société nouvelle et d'une culture nouvelle... Notre civilisation, comme toute civilisation, est une conjuration. Quantité de minuscules divinités dont le pouvoir ne vient que de notre consentement tacite à ne pas les discuter, détournent sans cesse nos regards... Il faudrait en quelque sorte briser le pacte, se faire barbare...* » (octobre 1961).

Il y a là, mot pour mot, les éléments d'une contre-culture : critique systématique des idéologies et des systèmes établis, et esprit de novation « barbare » permanent.

Quels étaient les grands thèmes de *Planète?*

En consultant un résumé de leurs activités, j'ai relu quelques articles significatifs de leur forme de pensée dans l'art, l'ésotérisme, l'histoire, l'occultisme, la littérature, la médecine, la philosophie, la religion, la prospective ou futorologie, la psychologie et la parapsychologie, les sciences et la magie. Il y a du bon et du moins bon.

Je vous livre quelques sujets en vrac. Ils donnent une idée assez précise de ce que furent les préoccupations de *Planète* :

Avant-garde en peinture : les nouveaux réalistes (Article de Pierre Restany). L'invention d'une nouvelle musique : les structures sonores de Lasry et Baschet. Vers quelle cité fantastique allons-nous et l'urbanisme souterrain (Études de Michel Ragon). Le secret des francs-maçons. Un compagnon de Lucifer : Aleister Crowley (Jacques Mousseau). L'importance des manuscrits de la mer Morte. Le secret de Stonehenge. Le Ku-Klux-Klan : un fascisme en chemise de nuit. Les calculateurs électroniques partis à la recherche des Mayas. Une rencontre avec Teilhard de Chardin. Pour une ère nouvelle, une religion nouvelle. Qu'est-ce que le soufisme? La mystique est-elle une science? Une vague de fond : le Zen. La révolution américaine et les hippies. Entretiens avec Krischna Murti. Les phénomènes du yoga. La cybernétique est-elle de la sorcellerie? Soucoupes volantes et extra-terrestres : nous cherche-t-on dans le cosmos? Hypnotisme, voyance, drogues et religions. Les recherches soviétiques dans le domaine de la télépathie, etc.

Ces thèmes, je l'ai dit, trouvèrent immédiatement un large écho et notamment chez les jeunes.

Je crois, enfin, que l'appui apporté au mouvement *Planète* par des hommes tels que Aldous et Julian Huxley, Henry Miller, Alan Watts, Conrad Lorenz (Prix Nobel depuis), Federico Fellini, Haldane, Aimé Michel, Arthur C. Clark *(2001 Odyssée de l'espace)*, et même Sakharov (père de la bombe H soviétique qui commençait à ruer dans les brancards idéologiques), la caution de ces hommes donc, contribua sans doute largement à la diffusion d'idées apparemment farfelues et à la crédibilité de ce nouveau mouvement plein d'imagination.

Pourtant, là encore, ce fut un tollé général.

Assez paradoxalement, certains surréalistes s'unirent avec les rationalistes.

Dans une de leurs publications, *La Brèche*, André Breton et ses amis dénoncèrent *Planète* comme « l'expression des formes les plus modernes de la pensée réactionnaire[1] ».

De leur côté, les situationnistes affirmaient : « Si vous lisez *Planète* à haute voix, vous sentirez mauvais de la bouche! »

Les organisations politiques, de gauche à droite, participèrent à ce tir de barrage.

Les catholiques vinrent également à la rescousse : *Études*,

---

1. Breton s'était fâché peu de temps avant avec Pauwels à propos de la guerre d'Algérie. C'est peut-être l'explication.

la revue des jésuites, publia sous la plume du R. P. Morel, une sévère critique de la nouvelle revue, tandis que *La France catholique* mettait en garde ses lecteurs.

Aujourd'hui cette bagarre culturelle paraît anecdotique et prête à sourire.

Mais il n'en reste pas moins que — malgré les critiques méritées, la confusion des genres, des erreurs de détail et quelques extrapolations romantiques commises par Pauwels, Bergier et leurs collaborateurs — cette remise en question de la culture officiellement admise fut très sèchement combattue. Réflexe de défense très significatif.

Seul, à ma connaissance, le sociologue Edgar Morin affirmait dans *Le Monde* : « La tendance fondamentale du mouvement intellectuel de *Planète* s'installe au cœur même des besoins totaux des hommes de notre époque. D'une certaine façon, *Planète* a révélé une ébauche de conscience anthropologique. »

Je n'ai, personnellement, jamais eu de très bons contacts avec les collaborateurs de *Planète* à cette époque. Je crois bien me souvenir qu'ils refusèrent même de consacrer un article à mon livre parlant du phénomène hippie, ces jeunes cons (car il y en avait) estimant sans doute que je marchais sur leurs plates-bandes.

Mais, nonobstant ma rancune d'alors que je ne suis pas là pour exhaler, je dois admettre qu'une partie des courants souterrains qui firent irruption dans les années suivantes furent ceux-là même que *Planète* avait sondés.

Un ou deux mois, par exemple, avant mai 1968, un numéro entier fut consacré à ceux qui disent « non ». Ceci est indéniable.

En 1966 ou 1967, ils tentèrent même d'établir un contact avec les situationnistes de Strasbourg, tant les positions de ceux-ci leur paraissaient proches des leurs. Les « Situs » les jetèrent dehors, refusant toute identification de positions.

Des affinités, il y en avait pourtant quelques-unes, ne serait-ce que cette conception poétique et littéraire du monde. Mais, nés d'un ventre différent comme on l'a vu, ils avaient confondu jumeaux et sosies.

« *Si le mot n'avait été chargé depuis de trop d'ambiguïtés, nous pourrions dire sans tripatouiller les marrons dans la cendre et sans nulle vanité, que nous avons jeté quelques-uns des premiers ferments d'une révolution culturelle moderne poussant l'homme, comme l'a écrit chez nous le biologiste Julian Huxley, " à remplir pleinement son rôle évolutif "*, affirmait Pauwels en septembre 1968.

Nous devons reconnaître aujourd'hui, qu'il y a du vrai dans cette affirmation : la jeune contre-culture américaine, par exemple, peut s'identifier à 80 % à celle du mouvement *Planète*.

A la question de savoir si la poursuite de cette contre-culture-là était souhaitable et possible, il est difficile de répondre aujourd'hui, le mouvement *Planète* ayant été défiguré par la déflagration de mai 1968.

Dans *Planète*, comme ailleurs, souffla un vent de folie. La confusion s'installa dans ses colonnes. Des dissensions se manifestèrent.

Certains journalistes, saoulés par l'émeute ludique, se mirent à écrire n'importe quoi.

Mais de cette confusion, qui préludait la mort de *Planète*, jaillit une dernière idée : celle des ateliers Planète, tentative de communautés spirituelles en France.

Emportés par le grand mouvement de dialogue propre à 1968, *Planète* ouvre les vannes, et propose à ses lecteurs de créer des groupes non formels, de contact, de discussion et de recherches.

Là encore, immédiatement un besoin s'exprime. C'est un déluge d'adhésions. Des milliers et des milliers de postulants à cette nouvelle aventure des communautés.

Finalement ce fut un échec.

Déboussolé par mai 1968, le mouvement *Planète* croyait *tout possible.*

Il fallut à peine un an pour se rendre compte que les hommes étaient revenus dans l'ordre. Qu'après ce coup de semonce, cette fête révolutionnaire, chacun était rentré dans son automobile, comme dirait Nougaro. Les lampions éteints, l'amour avait fichu le camp. Et après l'amour, refrain connu, l'animal est triste, méfiant, fermé, plus dur encore.

Refusant de devenir des clubs politiques inféodés aux partis existants, les ateliers Planète échouent ou plutôt se dissolvent en moins d'un an. Sans bruit ni plaintes.

On peut d'ailleurs se demander aujourd'hui si cette tentative de communautés très particulières a été pleinement entendue du public?

Les gens intéressés de la première heure ont-ils compris qu'il s'agissait, ni plus ni moins, de créer une sorte de chevalerie spirituelle occidentale?

Et qu'il y avait là, sans aucun doute, la volonté de constituer, en France, une extrême droite ésotérique [1].

Il s'agit ici d'une analyse personnelle Mais je ne dois pas être loin de la vérité. N'avait-on pas parlé de créer un uniforme pour ces nouveaux combattants?...

Au départ, ces communautés contre-culturelles peu ordinaires avaient fasciné des inquiets de toutes sortes, jeunes cadres ou professions libérales, enfants de la bourgeoisie pour la plupart. Elles provoquèrent, dit-on, quelques suicides, des divorces et des abandons d'études. Elles ne réussirent jamais à se structurer. Parallèlement, ce fut la chute verticale du journal *Planète.*

Ceux qui survécurent intellectuellement à cette aventure communautaire passèrent, pour la plupart, dans les rangs d'ordres établis comme la franc-maçonnerie.

---

1. Une extrême droite ésotérique en opposition aux mouvements d'extrême droite populistes qui, eux, se réclament, au même titre que les marxistes, d'une révolution populaire (comme les fascistes et les nazis l'avaient faite avant eux).

Vous sursautez?

Ce n'est pas plus étonnant que d'anciens gauchistes partis fonder des communautés en Occitanie, bataillant désormais pour la culture locale, après avoir souffert pour la cause du peuple.

Les enfants de *Planète* disent aujourd'hui : « La contre-culture que nous avons imaginée, créée, définie, propulsée, était une contre-culture plus élevée que la culture. C'était, et c'est encore, une sur-culture. Tandis que ce qu'on appelle souvent aujourd'hui la contre-culture n'est, pour nous, qu'une sous-culture. Une culture de balbutiement, de chansons et de bandes dessinées. Nous ne pouvions pas nous engager dans ce sens. »

Pour un historien, le mouvement *Planète* représente le cas typique et accompli d'une contre-culture mystique, litté-raire, fragmentaire et parfaitement élitique.

Le créateur qui s'y engage ne réclame pas l'art pour tous.

Il se résout dans sa propre création, et à la limite, ne peut donner aux autres que quelque chose jugé essentiel pour lui-même.

Il n'a pas le problème de changer les hommes et la société. Il n'y a pas de politique et de social en lui.

Il demande simplement une plus grande conscience de la recherche et de la découverte.

Que voyons-nous aujourd'hui?

Les thèmes de *Planète* se sont très largement diffusés dans la sensibilité générale. Mieux : nous voyons couram-ment de jeunes physiciens étudier l'alchimie sans complexes et, le plus sérieusement du monde, des scientifiques s'inté-resser, parallèlement, aux recherches dites occultes.

Partant, la presse, l'édition, l'audio-visuel utilisent au maximum ces thèmes « irrationnels », pour des raisons strictement commerciales dans la majorité des cas.

Nous vivons quotidiennement dans un *univers Planète*, pris dans le sens le plus péjoratif du terme.

Mieux, dans l'Université, bastion du rationalisme et du scientisme, différentes chaires d'ésotérisme ont été créées, malgré les insultes et les persiflages incessants [1].

Alors, le mouvement *Planète* a-t-il échoué?

Ceux d'entre eux qui poursuivent, à nouveau dans l'ombre, ce combat contre le rationalisme étroit répondent : « Non, ce n'est pas un échec. Mais il y a une politisation grandissante et un grand progrès de la sottise. Les deux sont liés. Et, à cause de cela, si nous avons fait de très nombreux petits enfants, beaucoup sont devenus des petits cochons. »

Cette réflexion désabusée pourrait être également, aujourd'hui, celle de novateurs disparus comme Aldous Huxley ou Alan Watts [2], en constatant le gâchis de ce qu'ils avaient semé il y a une dizaine d'années.

1. A l'École pratique des Hautes Études par exemple, il y a dans le 5e section : une chaire d'ésotérisme chrétien tenue par François Secret; des conférences sur R. Guénon faites par J.-P. Laurent; le Pr Corbin traite lui d'ésotérisme musulman; J.-C. Frère aborde les rapports entre l'ésotérisme et la pensée scientifique; bouddhisme, hindouisme, religions de l'ancienne Égypte font également l'objet d'études particulières.

2. Alan Watts est mort en 1973. Un de ses derniers ouvrages *Psychothérapie orientale et occidentale* vient de paraître chez Fayard (Coll. L'expérience psychique).

CONTRE-CULTURE NOIRE OU BLANCHE
SELON L'EXEMPLE DE RENÉ DAUMAL

En 1941, René Daumal a publié un texte intitulé *Poésie noire, poésie blanche*[1] qui apparaît aujourd'hui à certains comme prémonitoire des contre-cultures actuelles.

L'ancien adolescent terrible du Grand Jeu y écrit notamment que « *comme la magie, la poésie est noire ou blanche, selon quelle sert le sous-humain ou le surhumain.* »

Partant de là, peut-on affirmer qu'il existe des contre-cultures noires ou blanches, selon ceux qui les font et compte tenu des buts qu'elles visent?

Si l'on en croit Daumal, une contre-culture « noire » tendrait vers le sous-humain, c'est-à-dire que fuyant ou reniant les structures culturelles en place, elle asservirait l'individu à de nouvelles structures.

Elle aurait pour objectif immédiat les satisfactions personnelles, diviniserait le mensonge des drogues, l'opium

1. *Les Pouvoirs de la parole*, Paris, éd. Gallimard.

par exemple, et ne créerait finalement que d'illusoires puissances, des pouvoirs en imagination.

Détachée du milieu naturel ou social, cette contre-culture « noire » ne serait qu'inertie. Le phénomène hippie, au moins dans ce qu'il est devenu depuis 1970, serait un exemple frappant de contre-culture « noire ».

A l'opposé, une contre-culture « blanche » tendrait vers le surhumain, libérant l'homme des structures aliénantes sans lui en substituer de nouvelles. Sa finalité, dépassant les désirs égoïstes, ne serait que *réalité dynamique.*

Et Daumal d'ajouter : « *Nous ne sommes pas encore devenus aptes à comprendre l'origine de nos structures essentielles. Qui les comprendrait s'en délivrerait.* »

Ce texte, très beau, à lire absolument si ce n'est déjà fait, reflète parfaitement le désarroi de Daumal. Là est son intérêt premier sans oublier sa valeur artistique qui est indiscutable.

Mais sa nécessité me paraît plus douteuse.

Il s'agit en fait d'une vision très artistique des choses. Daumal, animé par un manichéisme qu'il croit très personnel, emploie des mots dangereux et des notions confuses comme : sous-humain et surhumain. Au moment même, en 1941 donc, où des millions d'hommes sont torturés, gazés, émasculés au nom de ces mêmes notions.

Non que Daumal ait été nazi.

Mais, comme tant d'autres auteurs, obsédés par les projections nietzschéennes, il tombe dans un piège désormais classique : employer et aligner des mots, non pour faire jaillir du texte de nouvelles idées, mais pour obtenir une création purement et simplement au niveau du langage.

Dans le meilleur des cas, celui de Daumal par exemple, la création est belle, mais inefficace.

La création ne se fait qu'au niveau du moyen et non du but. L'idée prime ici la réalité. Daumal n'invente plus au niveau de l'utilitaire mais au niveau de l'utile.

Et, deuxième remarque, dans le meilleur des mondes, celui d'une contre-culture blanche, il espère en une *société d'esclaves sans maîtres.*

Alors que le but même d'une véritable contre-culture est de viser à obtenir *une communauté de maîtres sans esclaves.*

Daumal a raison lorsqu'il écrit que nous devons apprendre à rayer, à corriger notre comportement comme nous le ferions d'un texte « *avec la joie que l'on peut avoir à se couper du corps un morceau gangrené* ».

Mais il se trompe lorsqu'il sous-entend, ailleurs, que la poésie (ou la contre-culture) est noire *ou* blanche, que ce qu'il faut couper, corriger en nous, c'est la partie noire.

La contre-culture, comme la poésie, comme la magie, n'est pas noire *ou* blanche, mais noire *et* blanche.

Daumal l'admet un instant mais parle alors, compte tenu de l'addition, d'une *poésie grise.* Pour lui, ajouter c'est mêler. Son esprit se refuse à admettre le noir *plus* le blanc, chacune de ces couleurs symboliques conservant ses forces intactes.

L'un des buts de la contre-culture doit être de dire « non » à cette forme de pensée manichéenne et, dans certains domaines, d'envisager le dépassement du système binaire.

« *Ce livre ne ressemble à rien qu'à son propre désordre. Il
n'arrive pas à prendre sens. Forme moins encore.*

« *Il égare ses pas, revient sur ses propres traces...*

« *Par moments on croirait le suivre, et voilà qu'on se retrouve
ailleurs, d'où l'on s'imaginait il y a bien longtemps parti...* »

LOUIS ARAGON.

TROISIÈME BATAILLE

De l'anti-art au messianisme électronique

II.

Le vrai cinéma underground
ou la révolution du « super huit »

A G. Lenne, qui disait que le cinéma était
mort [1]...
Mais qui ajoutait aussi : « *La science progresse
inexorablement et avec elle, la révolution.*
« *De nouvelles techniques apparaissent, qui seront
de moins en moins coûteuses et qui constitueront
le plus grand pas de l'humanité depuis l'invention
de l'imprimerie.* »

Amicalement M. L.

Quelques anciens combattants de mai 1968 ont coutume
d'affirmer, moue dédaigneuse à l'appui, qu'il ne s'est rien
passé d'important depuis cette époque bénie. Et ce, dans
tous les domaines. Si cela doit les sécuriser, moi, je veux
bien. Mais rien n'est plus faux.

Un peu partout dans le monde, et notamment en France,
surviennent des faits très significatifs.

A mon sens, l'affaire Lip et ses aspects néo-fouriéristes en
est un.

Le Festival 73 de cinéma super 8 du Ranelagh en est un
autre. Et cette aventure vaut la peine d'être contée ici, vu
ses répercussions possibles.

Il était une fois le Ranelagh, petite salle de cinéma au
bord de la faillite, égarée près de la maison de l'O.R.T.F., rue

1. *La Mort du cinéma-Film/Révolution,* éd. du Cerf.

des Vignes, à Paris. Des artistes et des chanteurs, très underground comme Rufus, Brigitte Fontaine, Areski, Jacques
Higelin, s'y étaient déjà produits. Avec succès.

Là, du 6 au 24 décembre 1973, Jérôme Diamant-Berger et
J. F. Davidenko, deux de mes copains du groupe contre-
culture, ont organisé un festival de cinéma comme on n'en
avait jamais vu à Paris : ils y présentèrent 250 films tournés
avec des petites caméras super 8, tant par des amateurs
venus des quatre coins de la France que par des professionnels comme Chris Marker, William Klein et Michel Polac.

Les films furent recrutés par annonce de presse, en passant
des communiqués dans les pages spectacles des journaux.

Dans le jeune quotidien *Libération*, Jacques Grant écrit,
parlant de ces cinéastes inconnus et brusquement révélés :
« Ce qu'ils aiment ou ressentent, c'est n'importe quoi. Le
super 8, très maniable permet de tout faire, de tout filmer :
ses obsessions, ses phantasmes, la ville, la campagne, les
grèves, la mer, les clodos, des histoires de vampires ou des
recherches purement formelles.

« Le super 8 est au cinéma officiel ce que le camping est
au Négresco. On s'y vautre dans la tenue qu'on veut. Pas
d'impératifs, pas de garde-fous : c'est plus que l'imagination,
c'est l'être tout entier qui est au pouvoir... Au Ranelagh,
on a créé l'événement... La prise de la caméra est déjà une
prise de pouvoir. »

A noter qu'en France un million et demi de personnes
tournent en super 8, mais 1 % seulement d'entre eux monte
leurs films et, 0,5 % les sonorise. Ce furent ces derniers
qui vinrent au Ranelagh présenter leurs créations, hier encore
anonymes.

Voyons un peu dans le détail ce que fut ce festival parfaitement original.

La longueur des 250 films projetés variait entre deux
minutes et demie et quatre-vingt-dix minutes.

Ce fut d'abord un film très court sur *La Leucémie bretonne*,
inspiré par la chanson de Gilles Servat et réalisé par un

autonomiste breton. Son sujet : le pourrissement de la Bretagne par le capitalisme européen et surtout français. Un film serré, puissant, qui vous fichait des frissons dans le dos.

Les organisateurs avaient fait appel aux autonomistes bretons, occitans, basques, car leur cinéma est inconnu. Et pourtant il existe. Ces militants ethniques et culturels manifestent un besoin vital de s'exprimer.

Mais au lieu de faire des tracts, comme il y a quelques années, aujourd'hui on réalise un film en super 8 que l'on projette au cours des fêtes locales.

Au Festival du Ranelagh, la découverte de ce cinéma autonomiste fut une des surprises majeures. (Signalons que les films purement politiques se chiffrèrent dans un pourcentage variant entre 5 et 10 %.)

L'humour, lui, fut omniprésent.

Comme dans ce thème du film de William Klein, *L'anniversaire de Charlotte*, où une jeune gauchiste, fille de famille, très jolie, vole à la tire dans les magasins, brûle la Tour Montparnasse, subtilise le portefeuille du camarade Séguy au cours d'un défilé de la C.G.T. et finalement, distribue son butin à ses amies putains, qui sont en fait des travestis.

Là encore, l'esprit dada n'est pas loin.

Plus grave, le remarquable film de Chris Marker était supposé se passer au Chili. L'action se déroule dans l'appartement d'une ambassade où se sont réfugiés des militants. Dehors il se passe des choses horribles. On fusille des gens dans le Stade. Ambiance tendue, très proche de Buñuel dans *L'Ange exterminateur*... Au dernier plan, la caméra se déplace vers une fenêtre de l'appartement et on voit... la Tour Eiffel! Comprenne qui voudra.

Dans *L'Expulsé*, Polac filmait les objets quotidiens et répressifs. Un simple verrou devenant la projection individuelle de toute la répression sociale que peut exercer un pouvoir basé sur le sens de la propriété et de la plus-value.

Un autre grand succès de ce Festival du Ranelagh, fut *La Petite Nourriture*, film réalisé par un postier de Bordeaux sur la société de l'image : monté à la cadence d'une image par seconde ou presque, cette œuvre retrace et utilise tous les lieux communs de la publicité à travers les médias. Le résultat dérisoire de cette imagerie populaire en devenait, par sa cadence, presque hallucinatoire. On dit que ce jeune postier a mis plus d'un an pour terminer ce film de vingt minutes.

L'accueil réservé à ce Festival du Ranelagh me paraît extrêmement réconfortant et plein de promesses à venir : 300 personnes se déplacèrent chaque soir, payant une entrée de 6 frs, pour voir des films d'illustres inconnus, *des films qu'ils auraient pu faire eux-mêmes.*

Michel Polac a tiré de cette manifestation un article remarquable que je vous propose ici, avec son accord.

« J'ai même rencontré un réalisateur honteux : surpris en flagrant délit de tournage " super 8 ". C'était, il est vrai, pour le Festival du Ranelagh.

« Je connais bien cette honte des professionnels : par peur de " déchoir ", ils sont nombreux à refuser de tourner en 16 mm. Et pour pouvoir mettre en orbite *La chute d'un corps* dans le circuit des Charlots et autres joyeusetés, on a soigneusement caché que c'était du super 16 (je ne devrais pas encore le dire, ça passe en province).

« Vous voyez Gabin accepter de tourner en 16? Alors en super 8, on n'aura plus besoin de Gabin. Enfin si, mais celui des débuts, un mec de la rue : le cinéma va retourner à ses origines, un art de saltimbanques, un spectacle de foire, fait par des fauchés pour des fauchés : ravalés au rang de chanteurs des rues les cinéastes et les vedettes! Adieu le prestige et le fric!

« Et tant mieux, les rats quitteront le navire, les margoulins du métier, exploitants, distributeurs, les maquereaux de la pellicule iront se recycler dans l'épicerie et la pub, et il ne restera que les poètes qui vivent d'amour et d'eau fraîche, ou qui en crèvent mais qui s'en foutent.

« J'ai cru au 16 mm mais le 16 est récupéré, déjà trop cher :

je suis rentré dans le système avec cette arme à la main, mais j'ai été vite désarmé.

« Alors croyons au super 8. Et prenons date. Car dès 1974 des matériels révolutionnaires seront mis sur le marché... en Amérique. La caméra des familles et des plages va devenir un outil de travail. La technique à la portée de tous. Alors des millions de caméras donc des milliers de cinéastes?

« Hum, on vend des millions de stylos et ça ne fait pas un Rimbaud de plus, mais, par contre, combien de lettres d'amour...

« Eh bien demain, on fera des lettres d'amour en super 8... et des dénonciations. Il y aura des corbeaux mais aussi des témoins, des rêveurs; mais aussi des révolutionnaires.

« La prolifération galopante fera sauter le système et ses académies. Fruste et brutal ou raffiné et ésotérique ce sera un art de catacombes : des témoignages sanglants, œuvres collectives des rêves élaborés, poèmes solitaires.

« Et le rythme lent de l'inspiration : on aura le temps, loin des cadences infernales des tournages des professionnels, de filmer un arbre qui pousse ou un enfant qui grandit.

« On oubliera la gloire des 100 000 spectateurs (gloire et seuil de rentabilité) pour se contenter de l'estime des 1 000 qui font le public d'un poète. (Au bout d'un siècle, *Pierre ou les Ambiguïtés*, de Melville, n'en a guère plus.)

« Allez, enfants du super 8, aux armes, c'est la révolution technologique. (Avec l'aide de la vidéo.) Vous verrez d'ici à 1976...

« Vous verrez... avec un peu de chance, si tout l'édifice des gadgets de l'Occident ne s'écroule pas d'ici là. Alors il restera à cultiver son jardin et à tailler des plumes d'oie. »

L'aspect technique et financier de cette caméra-stylo ne me paraissant nullement négligeable, je voudrais en dire quelques mots ici.

Songez qu'une caméra super 8 (image muette) coûte de 300 à 1 500 francs. (Un système XL permet même de tourner sans lumière d'appoint, presque dans l'obscurité avec une simple bougie).

Quant à acquérir une caméra super 8 en son synchrone, il faut compter de 1 500 à 4 500 francs pour la caméra. (Plus un magnétophone et une mini-cassette.)

On en arrive à des chiffres d'une modestie effarante : pour un grand film de 90 minutes sonores, par exemple, cela coûtera 10 francs de la minute (pellicule + développement) soit 900 francs. Multipliez tout de même par trois en tenant compte des chutes et vous arrivez à 2 700 francs. Ajoutez mille francs pour le son. Soit au total a peine 4 000 francs pour réaliser un film long métrage d'une heure et demie. (Un film de cette longueur projeté au Ranelagh et intitulé *L'Assassinat de Mohamed Diab* était revenu à ses auteurs à 3 000 francs!)

Ces chiffres parlent d'eux-mêmes, me semble-t-il. Il s'agit bien de la possibilité réelle d'un cinéma créateur et original à la portée de tous.

Polac a raison : le cinéma retourne à ses origines, un art de saltimbanques fait par des fauchés pour des fauchés.

Dans cet esprit, le cinéma super 8 peut être une arme redoutable au service de la contre-culture novatrice, car son action vise évidemment le monopole cinéma du C.N.C. et celui de l'O.R.T.F. sur l'Image.

Mais nous dira-t-on, où et comment diffuser ces films à l'avenir? Le Festival du Ranelagh est terminé. Y a-t-il d'autres possibilités?

En fait, elles sont multiples : il y a en France 800 cafés-théâtres où peuvent être projetés ces films d'aujourd'hui et de demain; il y a les M.J.C., au nombre de 1 500, autonomes dans leur choix malgré leur dépendance au système; il y a des centaines de salles de noces et banquets en province, aujourd'hui peu utilisées, voire désaffectées; il y a les clubs de cinéphiles, les universités, les entreprises. Soit, au total, près de quatre ou cinq mille lieux possibles. Est-ce que cela ne suffit pas? Et je suis convaincu qu'avec un peu d'imagination on peut en trouver d'autres.

Actuellement les films tournés en super 8 sont projetés sur un écran de deux mètres de base, ce qui limite évidemment, pour l'instant, le nombre de spectateurs. Mais on parle déjà d'un écran de cinq et de sept mètres de base, qui pourrait être vu par deux mille personnes.

Vous rendez-vous compte de la puissance explosive de telles possibilités!

Évidemment là encore la machine et sa servante, la culture officielle, ont déjà réagi. Elles avaient d'ailleurs, semble-t-il, prévu cette menace, puisque une loi préventive, existant depuis 1952, exige un visa de contrôle pour toute projection faite à un public supérieur à six personnes, dans un lieu privé ou public. C'est dire par exemple, qu'une famille nombreuse ne peut pas légalement avoir un petit cinéma chez soi!

Nous en finirons un jour avec toutes ces imbécillités. Mais pour l'heure, quiconque enfreint cette loi se voit en principe infliger une amende de mille à quinze mille francs par film projeté.

Certes, nul n'est censé ignorer la loi. Mais comme l'a fort justement remarqué un journaliste d'*Actuel*, comment surveiller et contrôler des milliers et des milliers de créateurs : « Le C.N.C. rappelle avec angoisse l'obligation d'un visa de censure pour toute projection publique. Son angoisse semble légitime : comment visionner chaque bout de pellicule quand ces légions de cameramen sortiront leur arsenal. Impossible à endiguer. Hé! Hé! »

Dans ce domaine comme dans beaucoup d'autres, la véritable censure est la censure économique.

Saviez-vous que pour obtenir ce visa de contrôle il fallait qu'une maison de production, seule apte à le déposer, dispose d'un capital de cinquante mille francs?

Mieux : pour distribuer un film dans une salle de cinéma,

fût-il en super 8, l'État exige la formation d'une société de distribution au capital de trois cent mille francs!

Là est le piège.

Combien, parmi ces cinéastes, fussent-ils groupés en communauté, peuvent réunir ces sommes?

Mais il est possible, dans un même temps, que l'avidité économique propre à cette société résolve le problème, quitte à le récupérer.

« Cela vous intéresse le super 8? lit-on dans *Charlie Hebdo*. Ça intéresse les fabricants que cela vous intéresse. Ils étaient tapis dans l'ombre derrière le Festival du Ranelagh. Le super 8, c'est pas douteux, peut crever la censure économique au cinéma, la censure tout court. C'est-à-dire, la censure idéologique. C'est une contradiction du capitalisme. Le voir récupérer le truc, ça va être un des spectacles intéressants des prochaines années. »

Récupéré ou pas récupéré, ce qui compte, c'est ce qui se crée. Ce qui se voit. Ce qui s'entend. Ce qui transmet.

L'aventure du super 8 commence à peine.

Chacun d'entre nous peut y participer, y jouer un rôle que d'aucuns ne soupçonnent même pas.

Il faut balayer cette hantise de la récupération, cette psychose petite-bourgeoise qui bloque un nombre incalculable de créateurs depuis des années.

Dites-vous que, le temps qu'une idée soit récupérée, d'autres sont déjà nées.

Il ne s'agit pas de rester assis, en méditant sur les dangers de la récupération. Il s'agit d'essayer de la prendre de vitesse.

Jérôme Diamant-Berger et J. F. Davidenko préparent déjà, sur un espace plus vaste, un festival mondial du super 8. Ils y ont été encouragés dit-on, par Jean-Louis Barrault que cette idée de la caméra-stylo a fortement séduit.

Dans cet anti-festival de Cannes nous verrons des productions californiennes, new-yorkaises, allemandes, italiennes, québecoises et bien sûr, françaises, une vingtaine de films par pays.

Festival qui se baladera ensuite dans le monde : à Cologne (novembre 1974), à New York (début 1975), à Tokyo (fin 1975), à Londres (début 1976).

Ici comme ailleurs, aujourd'hui comme demain, face au super 8, tout le monde se retrouve logé à la même enseigne.

Impossible de recopier le cinéma 16 mm. Il faut inventer constamment, rien n'est figé, rien n'existe mais tout est possible.

N'est-ce pas une merveilleuse occasion créatrice pour la contre-culture telle que nous l'avons proposée dans ce livre?

Un journaliste, François-René Christiani, a écrit quelque part : « C'est le début d'une action historique. »

Je le crois aussi.

IDÉE D'UN SCÉNARIO ORIGINAL
POUR FILM UNDERGROUND ET SUBVERSIF
A TOURNER EN SUPER 8
PRODUCTEURS :
TOUS LES PÈRES ET TOUTES LES MÈRES
ÉQUIPE DE TOURNAGE : LEURS ENFANTS
TITRE : LA MALÉDICTION

Un homme parle :
« Puisse sa mort retomber sur le dos du Président!
« Sans doute, ma fille n'était pas d'accord avec tout le monde.
« Elle avait sa culture à elle.
« Mais était-ce une raison pour la tuer?
« Sommes-nous arrivés à un état où quiconque en désaccord avec les actions officielles devra être tué? »
(Déclarations devant les caméras NBC du père de Allison Krause, 19 ans, tuée par la garde nationale à Pitsburgh U.S.A.)

12.

Pop music et résonances...

Le jeune lion dort avec ses dents... est, je l'ai dit, le troisième et dernier volet d'une trilogie.

Dans *Je veux regarder Dieu en face,* puis dans *Campus,* nous avions assisté à la naissance du mouvement Pop, vécu l'époque des géants, et dénoncé les premières compromissions.

Qu'en est-il aujourd'hui ?

Dans le dictionnaire de *La Pop Music de A à Z* en deux volumes, j'ai trouvé à la lettre C. « *Campus : fameuse émission quotidienne sur Europe N° 1 créée en 1967 et animée jusqu'en septembre 1972 par le journaliste et écrivain Michel Lancelot. Campus, par une programmation audacieuse et une grande liberté de ton a beaucoup fait en France pour la musique Pop et la vulgarisation de la musique et de la civilisation anglo-saxonne.* »

Merci pour ce coup de chapeau.

Mais, au risque de décevoir les deux auteurs de ce dictionnaire, Jean-Marie Leduc et Jean-Noël Ogouz, je dois avouer que la pop music ne m'est jamais apparue comme une création musicale originale en soi, exceptions faites, peut-être, pour certains disques de Bob Dylan, des Beatles et, à un niveau moindre, du Pink Floyd.

Si nous avons soutenu ouvertement la pop music pendant cinq années c'est, qu'en revanche, elle représente un cas unique de phénomène culturel dont je vais reparler.

La pop music était également, pour moi le support, l'habillage musical idéal pour accompagner *la grande liberté de ton* que Leduc et Ogouz m'accordent et dont je revendique, cette fois, l'importance et la paternité.

En effet, bien qu'ayant écouté quelques milliers de disques du genre, bien qu'ayant assisté à une dizaine de « Love in », « Free Concert », et autres festivals de rock music en Californie, à Wight, à Rotterdam ou en France, bien qu'ayant rencontré la plupart des Pop Stars, bu et bavardé avec elles, je n'ai jamais été un spécialiste comme certains petits monstres de mes copains, capables de vous donner immédiatement la date de sortie de tel album des Stones ou encore de vous citer, de mémoire, le nom du troisième guitariste d'appoint qui avait participé en 1964 à une séance des Cream !

De cela et de bien d'autres performances similaires, je demeure incapable.

Parce que cela ne m'intéresse pas.

Parce que les gens qui mettent du sérieux dans « la fête » me tapent sur le système. Et à la limite, parce que l'intérêt majeur du phénomène pop ne me semble pas résider dans ces détails.

Car nous connaissons aujourd'hui les réalités indiscutables que le langage de la pop music a successivement représentées.

A quoi correspondirent le rock and roll et, plus tard, la musique dite psychédélique ?

A des révoltes fondamentales. A quelques-unes de ces révoltes dont nous avons parlé précisément dans ce livre.

Que dit Alain Dister à propos du rock and roll : « Impliqué dans la vie sociale, le rock agit en profondeur. On juge, de loin, ses aspects les plus superficiels : vêtements différents, cheveux longs, danses rapides. Et l'on oublie volontiers ce qui est caché derrière cette façade colorée : une sexualité différente, plus libérée; la remise en question des valeurs traditionnelles, comme le travail, l'armée, les dogmes politiques ou religieux; une manière nouvelle d'envisager les rapports entre personnes.

« Il est une coulée de sève qui régénère les âmes juvé-
niles, les aide à se défendre, à prouver leur existence dans
un monde de plus en plus dominé par la sénilité.

« Le rock, enfin, est communication.

« Parce qu'il permet de mieux comprendre les nouveaux
médias qui prétendent nous contrôler, et aussi parce qu'il
sert de fond sonore à toute une génération qui se reconnaît
en lui.

« Parce qu'il est vivant, parce qu'il a de l'humour, parce
qu'il marque le rythme de nos jours et qu'il remet en question
le vieux monde, le rock and roll ne disparaîtra pas. »

Dister voit juste. Le rock fut bien, (surtout en Angleterre) la musique sauvage et originale d'une jeunesse à majorité prolétarienne, exaspérée par son contenant social, et
en mal de violence.

La seconde révolte fondamentale, celle du psychédélisme,
fut plutôt celle d'étudiants et de lycéens turlupinés par leur
devenir métaphysique dans une société matérialiste progres-
sant à pas de géant.

Or, j'ai le sentiment qu'aujourd'hui la pop music, comme
nous l'appelons en France, *ne correspond plus à rien de fondamental.* Et ce depuis deux ou trois ans au moins.

Ce n'est plus qu'une musique comme les autres, pour
danser ou se divertir, de mieux en mieux enregistrée, la
technique évoluant; de mieux en mieux présentée aussi,
pochettes surréalisantes, posters réclames et gadgets pour
teen-agers, remplissant ainsi parfaitement son rôle de marchandise, comme diraient les situationnistes.

Mais, la pop music bouffe son héritage.

Elle survit grâce à ses vieilles gloires d'hier : un quart de
Beatles en rupture de groupe ici, un nouveau 33 de Dylan,
un Stones extra, un document T. V. sur Presley, ou un festival de films pop qui pue la nostalgie à plein nez.

Quelques nouveaux groupes sont apparus cependant, dont
Roxy Music, le meilleur me semble-t-il.

Chez les autres, tous techniciens parfaits, on retrouve les

ancêtres. Les réminiscences affluent quand il ne s'agit pas de pur et simple plagiat : ici, une pointe de Bee Gees, un soupçon de Vanilla Fudge, un cuivre de Chicago, etc.

Sur le plan de l'exécution musicale et parfois même celui de l'improvisation, ces nouveaux groupes apparaissent souvent comme supérieurs aux musiciens de l'âge d'or (1963-1968). Mais il leur manque quelque chose. Un je ne sais quoi. Une flamme. Un état d'esprit. Une motivation peut-être. Un comportement nouveau, le leur n'ayant pas su vieillir.

Ceci est immédiatement perceptible pour qui a vécu toute l'aventure pop. Il en ressort un malaise. Comme devant ces films qu'on a tant aimés et qui jaunissent trop vite à votre goût.

La génération qui a découvert Elvis Presley en 1954 avec *Mystery Train* et avec son premier tube *Heart Break Hotel* en 1956, cette génération qui avait disons quinze ans à l'époque en a aujourd'hui 35. Ce qui veut dire, le temps passe vite, que les premiers fans de Presley ont aujourd'hui des enfants fans de Roxy Music !

Cette situation qui aurait pu être drôle, et en tous cas enrichissante pour les uns et les autres, le langage pop servant de pont pour la première fois à ce fameux fossé des générations, cette situation-là n'existe pas.

Pourquoi ?

Parce que, me semble-t-il, de phénomène vécu, la pop music est devenue de plus en plus une marchandise exotique à grand spectacle. Et que cette décadence puisse fasciner ne change rien, en fait, au constat de décadence.

Prenons par exemple le Pink Floyd qui me paraît se situer, précisément, à la cassure.

En 1967, parlant de ce groupe, inconnu en Europe, mais que j'avais découvert au Filmore de San Francisco, j'écrivais : « Autre point d'importance : dans un spectacle de musique psychédélique, il n'existe pas à proprement parler d'artistes et de spectateurs (et sous-entendu de spécialistes et de profanes) et encore moins d'idoles et de fans.

Point de hiérarchie ni d'admiration hébétée. Auditeurs et interprètes essaient plutôt de communier pendant quelques heures dans le même univers sonore, rythmique, cinétique et lumineux. »

Cette création collective qui m'avait bouleversé, je l'avoue — il est vrai que « nous planions » tous comme des chiens — n'existe plus.

Par le système de la marchandise, parfaitement inséré dans un circuit économique, tous les vieux fantasmes du métier sont revenus : l'artiste est un être à part, incomparable, inégalable. Il faut donc le payer très cher et l'admirer beaucoup. Le fait qu'il soit parfois une grande putain n'y change rien. Nous devons lui pardonner car la société est impitoyable et elle nous entraîne souvent, par simple nécessité dans ce que nous ne voulons pas être, dans ce que nous ne voulons pas faire.

Ce n'est pas moi qui dirais le contraire.

Je ne reproche pas à la pop music d'avoir été récupérée. C'était prévisible. Je lui reproche de ne pas avoir été, ensuite, assez créatrice pour prendre constamment cette récupération de vitesse.

Je crois qu'il y a eu d'ailleurs des événements significatifs, annonciateurs de cette crise.

En mai 1971, par exemple, Bill Graham décida de fermer les deux salles américaines Filmore où tant d'événements pop s'étaient déroulés. Motif : la trop grande commercialisation des groupes et même la mauvaise foi socio-politique de certains artistes, *nés et fabriqués par une révolte*, et qui pourtant refusaient désormais de chanter gratuitement de temps à autre à l'occasion de quelques moratoires ou pour la paix au Vietnam.

A peu près à la même époque, ce fut l'échec consternant du deuxième festival de l'île de Wight.

Je peux me tromper dans cette analyse. Et, ayant travaillé pendant un an et demi sur deux livres différents, ne plus être suffisamment branché. J'y ai pensé. Je me suis méfié de moi-même. Et j'ai demandé un soir, il y a de cela quelques mois, à Jean-Marie Leduc et à Alain Dister de me fournir une liste exhaustive de la pop music depuis dix-huit mois. J'ai écouté tous ces disques, attentivement. Et cela n'a rien changé à ma position.

Cela dit, que la pop music soit morte pour l'instant en tant que représentante d'une ou de plusieurs révoltes fondamentales ne lui enlève rien en tant que musique et pulsion instinctuelle.

Je me suis même laissé dire que le commerce en marche de mieux en mieux, et que les journaux qui en parlent sont en très bonne santé. Tant mieux, je m'en réjouis.

Disons qu'ils récoltent ce qu'ils ont semé, non sans difficulté, il y a cinq ou six ans.

Ce n'est un secret pour personne : j'ai toujours beaucoup aimé Graeme Allwight. Il se passait rarement de « Campus » sans que nous l'entendions dans une adaptation de Dylan ou de Cohen, ou mieux encore dans une de ses chansons personnelles.

Il m'a écrit un jour. Et je voudrais vous lire ici la lettre de Graeme, artiste foncièrement honnête et qui se pose, lui aussi, chaque jour, le problème et l'authenticité et de l'imposture. Écoutez :

« *Cher Michel Lancelot,*

« *Une lettre de remerciements que j'espère désintéressée.*

« *C'est dur de suivre la voie que j'ai choisie gardant toujours un pied dans le " métier " tout en suivant mon éducation dans d'autres pays. Je crois qu'on doit donner une valeur absolue à tout ce qu'on fait. Alors, tu comprendras le dilemme — que je dois un jour résoudre. Je crains quelquefois d'être un imposteur. Être une " anti " vedette peut cacher un orgueil plus grand. Enfin bref.*

Merci. Je crois ton amitié sincère. Très amicalement.
                                        « Graeme Allwight. »

Cette petite lettre a plus d'un mérite : elle prouve notamment que tous les artistes ne sont pas des pourris.

J'estime en outre que des gens comme lui, proches du folklore, des contre-cultures locales, (bretonnes, occitanes, basques en France, indiennes ou autres aux États-Unis) j'estime que ces gens-là peuvent apporter réellement un sang neuf à l'univers pop. Un semblant de résonance vraiment populaire.

Il y a des richesses incalculables et ignorées dans ces musiques traditionnelles. Et l'homme y est inscrit. Or, que cherchons-nous, sinon l'homme ?

J'ai souri l'autre jour en lisant dans le très sérieux *Figaro* un article du compositeur Pierre Petit intitulé : « Les décibels de qualité existent ? »

Petit dit tout d'abord, en guise de définition : «Phénomène marginal réservé hier à quelques initiés et trop souvent confondu avec ce qu'il pouvait comporter de pire — le sexe, la violence et la drogue... » Ce type même de phrase rassurante pour faire avaler la pop à tout le monde, c'est-à-dire au maximum d'acheteurs, me fait toujours sourire.

Allons, soyons sérieux!

Qu'est-ce-que le rock? Sinon, on l'a vu, la musique de la violence!

Qu'est-ce-que le psychédélisme? Sinon, comme je l'ai écrit quelque part « des sons tour à tour paisibles et déchirants qui flattent l'ouïe, fouettent le visage avant de mieux râper les nerfs. Des light-shows qui captent le regard pour mieux le décanter et en augmenter la perception. Et enfin, et surtout, le but visé sera de recréer dans la plus large mesure possible l'atmosphère d'un voyage au L.S.D. ou à la mescaline ».

La musique psychédélique, c'était l'écho sonore d'une génération qui se « défonçait » avec Timothy Leary, M. Petit, et qui se « défonçait » en écoutant son propre écho.

Enfin, bon, on ne peut pas tout savoir ou tout admettre.

Et Pierre Petit sait certainement mille autres choses que j'ignore. A chacun son bag.

Il dit aussi dans son article, partant du succès commercial de la pop qui visiblement l'a impressionné : « autant de signes qui nous amènent à nous interroger sur la signification d'une aventure musicale qui est à coup sûr l'une des plus importantes de notre époque ». Le reste de l'article est excellent. Il y a bien encore, çà et là, mais cela fait partie du jeu, des phrases du genre : « mais chaque médaille a son revers : en sortant d'un bain de sons aussi terribles, comment le jeune fan peut-il se ressaisir et retrouver des idées claires pour songer à son travail? Et ce qui ne doit constituer qu'un divertissement ne risque-t-il point de déborder dangereusement sur la vie de tous les jours? »

Mais Pierre Petit parle aussi, « de vrais, d'authentiques musiciens, certains même follement doués ». Parole d'expert.

On regrettera simplement que Pierre Petit n'ait pas écrit cet article entre 1963 et 1965, quand la presse française traitait de *voyous* les acteurs, musiciens et spectateurs, de cette petite contre-culture musicale. Avec l'autorité accolée à son nom, Petit aurait pu dissiper quelques doutes...

Si, aujourd'hui, au siècle d'un messianisme électronique particulièrement développé et complexe, vous parlez musique avec un tiers, abordant tour à tour les genres baroque, classique, romantique, le profane et le sacré, l'atonal et le sériel, le jazz, le free, le blues, le rock, les recherches aléatoires et la musique électronique, c'est bien le diable si, en fin de course votre interlocuteur ne vous affirme pas, péremptoire : « Je pense qu'il y a la bonne et la mauvaise musique. » Sous-entendu : celle que j'aime ou que je n'aime pas ; celle qui me rassure ou celle qui m'inquiète ou me dérange.

Manichéisme sublime du crétin à prétention sensuelle, race qui fleurit un peu partout aujourd'hui. La bêtise s'est regroupée, marche au pas cadencé, au son des fifres, des tambours, et des lieux communs les plus éculés.

Il n'y a pas de bonne et de mauvaise musique. Une musique est originale ou elle est un plagiat, une redite, un remake ou une imitation.

En outre la musique, qui est un langage et qui par conséquent n'est que la représentation d'une réalité, peut : soit représenter effectivement une réalité, individuelle, sociale, collective, politique; soit ne rien représenter.

Un point c'est tout.

A l'origine l'acte créateur n'était pas une pratique de spécialiste. De même que chaque individu cherchait sa nourriture, chaque individu cherchait son expression artistique. C'est plus tard qu'on vit apparaître des artistes spécialisés au même titre que des guerriers spécialisés.

Aujourd'hui, la Machine tolère les artistes à condition qu'ils exercent leurs activités dans un domaine séparé de celui de la réalité.

Or, l'art séparé de la réalité, qu'il soit musique ou poésie, devient inoffensif et cesse d'être un moyen d'action.

« Dans cette seconde moitié du xxe siècle, période particulièrement instable de l'histoire musicale, un certain nombre de lignes de forces semblent se dessiner. Un puissant mouvement d'émancipation de l'imagination créatrice se traduit par une remise en cause du principe séculaire de l'écriture polyphonique, par une défiance des choix exclusifs... La contestation des systèmes fermés implique naturellement la recherche continuelle de nouveaux moyens d'expression et l'adoption sans exclusive de toute acquisition technique ou stylistique fertile. Il est possible qu'on se soit engagé dans un grand processus de synthèses, où convergeraient avec une même avidité de lyrisme et de sensibilité sonores les familles musicales les plus diverses... »

Voilà ce qu'écrit Roland de Candé dans son gros ouvrage : *La Musique.*

Je le crois aussi.

Nous sommes habitués à des univers sonores comme à notre langue maternelle. Pour certains, il est parfois difficile d'en apprendre une ou plusieurs autres. Ce serait pourtant élargir la communication.

Il en va tout autrement, semble-t-il, avec les générations nouvelles qui ont des oreilles fraîches. Fait reconnu : une partie de la jeunesse actuelle s'intéresse simultanément à Xenakis et à Roxy Music.

Au sein même des musiciens, jusqu'à aujourd'hui séparés, plus par des étiquettes que par des barrières réelles, ces gens-là s'ignoraient. Mais peu à peu ils se sont écoutés les uns les autres.

A travers le disque surtout, ils ont appris à se connaître et à s'apercevoir qu'ils n'étaient pas si différents.

Si les Pink Floyd avaient été des débiles mentaux, la tête gonflée par leurs premiers petits succès de Tottenham en 1966, s'ils n'avaient jamais écouté *Ionisation* de Varese (qui a également introduit la musique sur bande magnétique en alternance avec l'orchestre « Live ») ou quelques compositions de Xenakis et ses fameux rotations sonores, le Pink Floyd n'aurait jamais donné cette musique prodigieuse qui est aujourd'hui la sienne.

C'est également vrai au niveau des thèmes.

Dans la musique dite contemporaine, dès 1965, le groupe « Nuova consonanza » de Rome, allie le jazz, la musique indienne et la musique électronique. A peu près à la même époque que les Beatles.

Ils réagissent ensemble, désormais, devant l'événement.

Qu'un enfant noir soit assassiné le 21 juillet 1966 dans les rues de Brooklyn, prélude au fameux été chaud américain, voilà que Dylan et quelques autres folk singers répliquent par des chansons dénonçant rudement la ségrégation. A la même heure et pour la même raison Gunther Schuller transpose le *Procès* de Kafka dans le cadre du problème noir aux États-Unis (*The Visitation*).

A l'anarchisme et aux velléités libertaires chantés par un rock dur, John Cage répond par son *Atlas Eclipticalis*, avec l'idée du cosmos en tant que modèle d'anarchie.

On pourrait reproduire ces exemples et ces similitudes à l'infini.

Il y a mieux : l'enrichissement que peuvent apporter aujourd'hui les sciences physiques, les mathématiques et leurs applications techniques à toute la musique, cet enrichissement-là est potentiellement considérable.

Puisque nous sommes poussés aux fesses par la technologie, pourquoi ne pas en profiter.

Et de partielles et fragmentaires qu'elles furent, toutes ces musiques-là pourraient alors devenir globales.

De nouvelles dimensions sont aujourd'hui imaginables si on les insère dans l'audio-visuel, qui sera la révolution de demain. A travers le système vidéo-image ou vidéo-stéréo-cassette par exemple, la musique pourrait devenir une création plus complète encore à travers ce rapport inédit d'une conception son-image-mouvement.

Allons, enfants de la Patrie, rassurons-nous. La pop music et la musique en général ne sont pas mortes. Ce chapitre n'est pas un faire-part.

Mais il y a des moments où l'on aimerait, compte tenu des moyens nouveaux et des sujets à venir, que tout cela bouge un peu plus. Voir naître de nouveaux créateurs.

Une musique branchée directement sur le cerveau est, paraît-il, en train de naître.

Pierre Henry, le chef de file de la musique concrète (musique élaborée à partir des bruits de la vie quotidienne), a inventé le « corticolart » instrument basé sur le principe de l'électro-encéphalogramme, et qui retransmet au moyen d'électrodes fixées sur le cuir chevelu, les ondes émises par le cerveau, ces signaux électriques ainsi produits, guidant le choix de Pierre Henry dans son improvisation.

Je n'ai pas entendu les résultats, mais je trouve l'idée planante.

Dans *Le Cauchemar climatisé*, Henry Miller a écrit : « Le destin de la musique est de conquérir la liberté. » Et non d'abrutir et d'asservir l'homme.

Alors, devant cette avalanche grandissante de décibels et de sons étranges, d'aucuns s'inquiètent pour notre santé psychique.

Qu'ils se rassurent.

Chacun sait que, chez le malade mental, le premier sens à disparaître est celui du langage, le dernier celui de la musique.

13.

Pollution, communautés et autres folies en vrac...

De même que les révolutions précédentes ont été des révolutions partielles, tendant à faire aboutir un projet partiel, par exemple la prise du pouvoir par la bourgeoisie (Cromwell en Angleterre, 1789 en France), de même les contre-cultures passées, ou révolutions culturelles, n'ont été que l'expression partielle d'une classe sociale qui voulait faire admettre sa propre échelle des valeurs.

Ces contre-cultures partielles n'ont jamais eu pour but réel d'abolir l'ordre social basé sur l'antagonisme des individus et la séparation des classes, mais plus exactement de *substituer* une nouvelle hiérarchie à l'ancienne.

Dogme nouveau justifiant la classe nouvelle.

A la base d'une contre-culture authentique et globale, il y a la *critique*.

Chaque individu doit être capable d'inventer son propre instrument critique, instrument suffisamment efficace pour analyser et synthétiser toute information nouvelle qui lui parvient.

A cette condition seulement, il peut être un individu autonome, maître de sa destinée, et créateur.

A sa naissance, le petit homme est un animal nu.

Tout ce qui va faire de lui, *non pas un animal livré à ses instincts naturels*, mais *un homme tributaire de ses réflexes sociaux*, constitue le dressage social, qui va modifier profondément l'équilibre psychique de l'individu.

L'homme primitif, (au sens économique du terme), est un extraverti qui vit en osmose et en harmonie avec son milieu naturel. Parfaitement intégré à ce milieu, il traverse la vie sans conflit majeur.

L'homme de la société industrielle est, au contraire, un introverti.

Il vit en conflit avec ce milieu social qui l'agresse constamment, notamment par l'entremise des médias qui transforment, chez lui, *la réflexion libératrice en réflexe conditionné*. Voyez plus loin les projets fous des savants soviétiques ou américains comme Skinner.

Contre cette agression permanente, l'homme de la société industrielle réagit ordinairement en s'isolant davantage encore.

Tant et si bien que se réalise cet effrayant prodige : la séparation et la non-communication complètes de millions d'individus pourtant entassés les uns sur les autres.

Ce qui n'est pas intégré à un lieu est désintégré par ce même milieu. Ce n'est pas seulement un jeu de mot. Et nous savons, en outre, depuis Freud, ce que cachent les jeux de mot : une réalité profonde, bien que parfois inconsciente.

Pire qu'introverti, l'homme urbain devient paranoïaque et schizophrène, à des niveaux divers. Considéré comme dangereux, il est enfermé, isolé plus encore, puni. Ce, pour ne pas donner d'exemple malsain.

Souvent, l'« homme industriel » ne sait pas qu'il est malheureux, faute de point de comparaison. En effet, quoi qu'on fasse, réflexion, analyse et critique ne peuvent s'exercer actuellement que dans un seul cadre : celui du langage.

Et, seule parfois, une échappée en milieu naturel (campagne, forêt, mer, etc.) lui fait prendre un instant conscience de son malheur.

Son langage ne lui appartient pas. Il est celui que ses maîtres ont jugé bon lui donner.

D'après Jean Giono, Gaston Dominici, « le patriarche de la Grand' Terre » accusé d'un triple meurtre en 1954, ne connaissait que 40 à 50 mots. N'importe quel individu possédant un vocabulaire restreint de 2 000 mots aurait sans doute été acquitté.

★

Voilà ce qu'est devenue la culture dans notre société d'économie politique : un moyen de pression, de mainmise, de contrôle et d'exploitation.

En raison des barrages économiques, l'ensemble des individus ne peut accéder à la connaissance, elle-même falsifiée d'ailleurs ou, dans le meilleur des cas, complètement sclérosée.

On pourrait croire les fils de riches mieux nantis dans les grandes écoles qu'ils fréquentent. Il n'en est rien. Ces grandes écoles, bastions d'une société particulièrement centralisée et bureaucratisée, ne sont destinées qu'à former de futurs « grands commis », exécutants d'une volonté politique, elle-même tributaire d'une économie.

Eux aussi sont dressés et réagissent par réflexes. Ils ressortent de ces collèges tout aussi totalement dépourvus d'instrument critique et d'esprit créateur.

La preuve? Aucun « grand savant », comme l'on dit, n'est jamais sorti d'une de ces grandes écoles qui ne s'avèrent être, finalement, qu'un moyen de sélection, un barrage économique, un écrémage culturel.

C'est ici que l'on forme ces petits chefs sans imagination qui, le cœur à gauche, puisque c'est la mode, mais la raison à droite puisque c'est leur destinée, s'écrieront plus tard, rêvant d'un ordre nouveau :

« Nous sommes, pourquoi ne pas le dire, nous sommes remplis de haine : notre volonté de changer le système devient inexorable. Mais une action politique ne peut s'appuyer sur un sentiment. Notre action naît d'une constatation : le système est profondément vicié. »

D'accord, mes seigneurs. C'est vrai. Nous sommes logés à la même enseigne. Mais à qui la faute ?

★

Nous voulons changer la culture. Mieux, en créer une nouvelle. Et non, comme certains le laissent entendre, la détruire. Je me répète mais c'est nécessaire.

Nous savons que l'analphabétisme, c'est la solitude, la misère et l'impuissance.

Donc, la contre-culture sera une sur-culture ou ne sera pas.

★

Quand des amis raisonnables me disent que nous sommes fous, je les écoute. Attentivement. Puis je leur raconte cette histoire :

« Dans la cour d'un asile d'aliénés, un malade se promène paisiblement et tire, derrière lui, au bout d'une méchante ficelle, une petite brosse à dents.

« Il vient à croiser le psychiatre en chef de l'établissement qui lui dit, avec une bonhommie empreinte de compassion :

« — Ah, c'est bien, X... Je vois que vous promenez votre chien...

« — Ce n'est pas un chien, répond le fou ahuri, c'est une brosse à dents ! »

Nous ressemblons à ce fou-là : fou peut-être mais lucide.

Et s'il nous plaît de tenir en laisse des brosses à dents, quel mal faisons-nous ? Depuis quand les brosses à dents n'ont-elles plus le droit de prendre l'air ? Et, si vous confondez les chiens et les brosses à dents, est-ce notre faute ?

Qui est dans la confusion ? Vous ou nous ?

★

Les marxistes disent ceci : le prolétaire, tel qu'il existe, n'est que le résultat d'une division de classes.

D'accord.

Dans une société socialiste parfaitement accomplie, et donc sans classes, poursuivent-ils, le prolétaire acquiert le confort, le bien-être, bref le niveau de vie que lui et les siens méritaient.

D'accord.

« Il disparaît pour faire place à un travailleur libre », concluent-ils.

Pas d'accord.

Depuis quand un travailleur est-il libre?

Pourquoi ne pas admettre, l'énergie et l'automatisme aidant, que le travail peut être aboli, sans que la quantité de biens diminue pour autant. Au contraire.

L'homme travailleur, dans un régime comme dans un autre, reste un robot pensant. Plus ou moins. Il pense ce que ses maîtres d'hier ou de demain lui diront de penser. Car il ne possède, pour s'exprimer, que les pauvres moyens que ses maîtres ont jugé bon lui donner.

L'animal est naturel et l'homme culturel, dit-on.

Puisque la culture, telle qu'elle a évolué (toutes les cultures), fournit cet homme social fait pour trimer, incapable de se faire à l'idée qu'il pourrait être un créateur, lui aussi, la contre-culture doit faire jaillir l'homme social libre, autonome, c'est-à-dire critique et novateur.

Vous souriez? Vous seriez surpris des possibilités créatrices que recèlent des milliers d'individus modestes et aujourd'hui anonymes.

Il suffit de peu de choses, une crise comme l'affaire Lip par exemple, pour libérer ces énergies insoupçonnées.

Oh, mais ce n'est pas pour demain!, dites-vous. Erreur : multipliez les crises de ce genre, et vous verrez apparaître, sous la gangue des crétinisés, des milliers de créateurs.

★

« Notre critique gauchiste contre la société de consommation fait beaucoup de bruit mais elle est, conceptuellement,
plus faible que la sape de la société telle qu'elle a commencé
aux U.S.A. dans les années 50 et s'est poursuivie pendant
les années 60 avec tous les mouvements de la contre-culture. »
(Jean-François Revel, dans *Psychologie*.)

Vrai et faux. Vrai parce que la contre-culture, non idéologique, est forcément plus ouverte, donc plus globale. Faux
parce que, répétons-le, cette même contre-culture américaine
reprend, presque mot pour mot, la sape de la société innovée
par les dadaïstes européens.

★

Nous allons parler des communautés. Mais, auparavant,
je voudrais vous dire une belle histoire d'amour. Pas ordi-
naire, j'en conviens, mais superbe. Elle est d'Unica Zürn,
la femme du peintre surréaliste Hans Bellmer. Écoutez-la :

« *Le premier homme qu'elle observe s'appelle Jésus.*

« *Deux fois par jour il vient à la grille pour embrasser une
jeune fille. Il est muet. Mais, au moins, est-il capable d'entendre
ce que la jeune fille veut lui dire en quelques minutes.*

« *Jésus presse contre la grille une joue qu'un barreau coupe
en deux et reçoit d'innombrables baisers furtifs et enfantins.*

« *" Ah! c'est pénible, pénible! " dit un homme témoin de la
scène. Il se tient sous les arbres. Oui, c'est pénible et doulou-
reux à voir. Cette amie de Jésus lui confie qu'elle voudrait
épouser son adoré, qu'ils se sont rencontrés ici pour la première
fois il y a cinq ans, à l'occasion du bal que l'on donne quelquefois, l'été, pour les malades.*

« *Mais, ajoute-t-elle avec tristesse, les médecins n'autorisent
pas ce mariage.*

« *Elle est épileptique et Jésus est un alcoolique qui fait ici
une cure de désintoxication.* »

Ainsi s'achève l'histoire d'Unica Zürn, un peu tristement.

Mais à votre Christ bavard, sans taches ni reproches, qui n'est plus aujourd'hui qu'une marchandise abstraite que certains négocient chaque jour, quitte à changer l'emballage, je préfère le Jésus alcoolique et muet d'Unica Zürn.

★

Comme le mot contre-offensive, celui de contre-culture implique que nous n'avons pas pris l'initiative de ce conflit. Longtemps, nous n'avons fait que repousser une agression : celle de la sottise, du mensonge et de la crétinisation.

Aujourd'hui, capables d'inventer, nous passons à notre tour à l'attaque...

Thèse, antithèse, synthèse... Soyons dialecticiens, que diable, puisque c'est la mode.

Nous en sommes à l'antithèse. Elle doit nous permettre de déboucher sur une synthèse ou nous refusons la simple inversion droite-gauche de la culture officielle.

Il faut aller à la racine des choses. Il faut être radical, dit Marx. Et la racine de l'homme, c'est l'homme, ajoute-t-il. Papa Karl veut dire, par là, que la racine de l'histoire (des hommes) se trouve en chaque individu (un homme).

Mais alors, comment peut-on libérer les autres si l'on n'est pas libéré soi-même?

Et comment se libérer soi-même si on ne libère pas les autres?

Voilà de bonnes questions à poser à nos apprentis politicards.

Tant qu'il restera un homme contingent. Tant qu'il restera un opprimé économiquement, mentalement, il y aura un flic pour le garder...

Tant qu'il y aura un flic, je ne serai pas un homme libre ou je risquerai de perdre ma liberté, car ce flic, un jour ou l'autre, étendra son pouvoir...

Dans un système où apparaît le flic, le flic est nécessaire au système...

N'oublions pas que se prépare actuellement un des plus grands progrès scientifiques de tous les temps, qui peut provoquer une véritable mutation : je veux parler de l'énergie de fusion thermo-nucléaire. Grâce à elle, nous allons disposer d'une quantité d'énergie illimitée (à notre échelle, bien sûr), c'est-à-dire d'autant d'esclaves mécaniques que le dictera notre fantaisie. Le tout obtenu gratuitement, je veux dire sans efforts.

Pour la première fois, l'homme de toute condition pourrait agir, non plus sous l'empire de la nécessité, mais suivant son libre arbitre?...

Évidemment, aucune société structurée ne peut tolérer ce genre de vie. Pourquoi? Parce que ce serait la fin de toutes contraintes, donc la fin de toute hiérarchie. Donc, encore, l'ère de la création et de la jouissance subjectives.

Il en faudrait des flics pour contrôler une pareille fête!

Voilà pour la synthèse approximative et future.

Ce n'est qu'une hypothèse. Nous savons bien que la libération ne viendra pas uniquement de l'invention scientifique. L'électricité, à elle seule, aurait pu abolir tant de travail humain.

Face à cette volonté culturelle d'asservissement, il faut également *une volonté d'être libre*. C'est cela, aussi, la contre-culture.

★

Si aujourd'hui Jésus marchait sur les eaux, il aurait les pieds sales!

Sacrilège? Non, pollution.

A ma connaissance, on a commencé à parler sérieusement de pollution aux États-Unis en 1966, quand New York fut paralysé pendant quatre jours par une sorte de fog, épais brouillard dû à une dangereuse pollution de l'air.

La même année, en France, M. Jeanneney guerroie contre le bruit (moteurs abusifs, sirènes, transistors dans la rue), autre forme de pollution.

Cinq ans après le Free Speech Movement de Berkeley qui a lancé la protestation estudiantine, la pollution entre dans la revendication des jeunes américains : « Pollution is our concern. » Ils manifesteront dorénavant au nom de l'écologie. A San Francisco contre la General Electric. En Atlanta contre Commonwealth Edison. A Chicago contre l'Union Carbide; tous grands pollueurs devant l'Éternel.

Chez nous, des bateaux brisés par la tempête souillèrent les belles plages de sable fin. Sous la plage, les pavés. Et pour cimenter le tout, cette saloperie de marée noire.

Vous souvenez-vous des eaux du Rhin polluées par un insecticide qui provoqua la mort de 40 millions de poissons? Ce jour-là — je suis un pêcheur invétéré, passionnel — mon moulinet ne fit qu'un tour et j'entrais dans la lutte.

On me tendait un micro : je le pris. Et je parlais de rivières qui changeaient de couleurs tous les jours. Des nuages invisibles qui recouvraient la ville. Des ordures, des immondices, des bouteilles vides, des boîtes pleines.

Sans oublier naturellement la situation déjà désespérée sous le tunnel de Saint-Cloud et qui s'aggravait d'heure en heure.

La pollution existe. Nous l'avons tous rencontrée. C'est un problème, un mal inévitable dit-on, engendré par la civilisation industrielle et la société de gaspillage actuelle.

Donc, luttons contre la pollution.

Mais pas sans nous être, auparavant, posé quelques questions?

Pourquoi parle-t-on de pollution depuis trois ou quatre ans alors qu'elle s'étalait parfaitement visible bien avant cette date?

Pourquoi ce silence, cette indifférence?

Pourtant, depuis 1947, les cheminées d'usine fumaient, les tanneries et papeteries déversaient leurs déchets dans les rivières, les boîtes de conserves traînaient sur les campings, et les gros pétroliers faisaient déjà leurs petits besoins au large de nos côtes. Alors, pourquoi ce réveil brutal ?

Moi, je dis, comme tout le monde, prise de conscience. Et puis, le retour à la nature je suis pour. Vraiment pour.

Mon copain Dimitri, qui se fout de la nature comme de sa première et unique chemise, affirme que c'est une histoire de curés. Des bondieuseries déguisées. Voilà son raisonnement :

« Pourquoi, dit-il, nos bons maîtres à penser écologiques, altruistes et sensibles, reprochent-ils autant cette détérioration de la nature, alors qu'ils se préoccupent si peu de l'esclavage des hommes, de la vie imbécile et meurtrière de ceux qui triment en ville ?

« L'Homme, disent-ils en substance, n'a pas le droit de salir la nature avec ses déchets. Pourquoi ? Parce que nous ne sommes que locataires sur cette terre. Nous devons donc respecter l'hospitalité du propriétaire et rendre les lieux dans l'état où nous les avons trouvés.

« Mais qui est le propriétaire du monde ? demande Dimitri. Dieu bien sûr ! Ah, la vieille charogne a la peau dure ! » conclut-il avec cette douceur de langage qui caractérise les Ukrainiens, ses frères.

Croyez-vous qu'il y ait du vrai dans ce que raconte mon copain le cosaque ?

★

Il y a déjà une mythologie de la contre-culture. Avec ses pièges et ses manipulateurs. Nous connaissons aujourd'hui les uns et les autres.

Paul Goodman, pilier sexagénaire de la nouvelle gauche américaine, affirme la nécessité d'instaurer un esprit communautaire authentique, selon une tradition anarcho-utopiste qui remonte à Robert Owen et à Kropotkine.

« On mesure aujourd'hui l'influence exercée par cette

sociologie visionnaire de Paul Goodman en constatant le retranchement de la jeunesse dans de nombreuses communautés, expérimentant de nouvelles relations sociales. »

Même langage chez Roszak :

« Il faudra tenter des expériences dans l'éducation, dans la vie communautaire, pour chercher non par la coexistence avec la technocratie... mais pour chercher à subvertir et à séduire par la force de la pureté, de la générosité, et d'un bonheur visible...

« L'objectif est d'obtenir qu'un nombre croissant de nos compatriotes cessent de se conformer aux exigences déclarées de la technocratie; qu'ils refusent de se contenter de quelques heures après le travail pour épanouir les possibilités de leur personnalité; qu'ils deviennent comme sourds et aveugles aux séductions d'une carrière, de la prospérité, de la manie de la consommation, du pouvoir politique, du progrès technologique; qu'ils puissent, enfin, ne trouver qu'un triste sourire pour la basse comédie de ces prétendues valeurs et passer leur chemin. »

Pour tous ces sociologues américains, aucun doute : fonder une communauté représente la solution à tous les maux de la jeunesse américaine.

Et en France?

A la radio, j'ai rencontré souvent des filles et des garçons qui avaient tenté une expérience communautaire à la campagne. Ils en étaient généralement à demi satisfaits. Certes, ils gardaient un souvenir puissant de cette aventure. Mais de nombreuses difficultés imprévues — et non pas imprévisibles — avaient surgi très rapidement.

Celui-là, marié, avait dû partager sa femme avec ses copains : elle s'en accommodait très bien mais, lui, en était devenu à moitié fou de jalousie.

Les autres parlaient surtout des difficultés quasi insurmontables qu'ils avaient rencontrées pour survivre.

Les derniers — la tranche la moins importante — évoquaient une lassitude à vivre ensemble, les uns sur les autres,

avec les copains d'hier. L'ennui aussi, dû peut-être à un
déracinement trop brutal. La plupart, jeunes citadins, n'ayant
jamais vécu à la campagne que quinze jours par ici ou par
là, pour des vacances chèrement acquises.

Je crois qu'il y a du vrai dans tout cela.

Dans un article d'*Actuel*, Bizot disait à peu près la même
chose : « En général, écrivait-il, les communes se séparent
après six mois ou un an de vie quotidienne. On supporte
mal l'absence d'équilibre sentimental, on redevient possessif,
on n'accepte plus de partager chaque soir l'homme ou la
femme que l'on aime momentanément. Alors, sans secousse,
on quitte un foyer malhabile.

« Souvent encore, certains estiment travailler plus que
d'autres ou apporter plus d'argent au groupe, et sont las
de le faire. Là aussi, pas de vague, on se sépare nostalgique.

« Deux mille ans de civilisation, une surveillance de chaque
minute sont durs à combattre. Question de guerre prolongée. »

Il est un fait certain : ce sont les enfants qui s'acclimatent
le mieux, sur le plan existentiel, avec cette vie communautaire. N'ayant rien connu d'autre, dans la plupart des cas
— certains sont nés dans la communauté — nullement
embarrassés par une culture qu'ils n'ont jamais reçue, et
pour cause, les mômes passent leur journée dehors, fesses
à l'air, heureux.

Mais pour les autres, c'est une autre histoire.

J'ai une certaine expérience des communautés. J'ai vécu,
il y a sept ans, dans l'une d'elles en Californie. Revenu en
France, la maison que je louai à Crespières, près de chez
Brassens, est devenue très vite une communauté. Nous
n'avons jamais dépassé cinq ou six.

Mais, de là à dire aujourd'hui à des jeunes (ou à des vieux
pourquoi pas) : « Allez fonder une communauté rurale et
vivez de vos travaux champêtres », quand les paysans les
plus têtus, et les plus courageux, renoncent parfois à travailler cette terre ingrate, je trouve cela discutable.

Fonder une communauté rurale, d'accord. Mais pour

refaire, guidés par Rabelais, une nouvelle abbaye de Thélème où la règle sera « Fais ce qui te plaît ou fais ce que tu voudras. » Une communauté ou rien ne sera enfermé, réglé, limité. Où tout sera plaisir, jouissance personnelle, création permanente.

Vivre en marge d'une société, dont les valeurs ne sont plus acceptées ou partagées, pourquoi pas? Mais ce doit être pour rire, faire l'amour et aller à la pêche. Et non trimer, du matin au soir, pour récolter quelques légumes chétifs qui auraient coûté moins cher à l'épicerie du village.

La tâche jardinière étant rendue souvent plus rude encore par le lieu même où ces nouveaux communards se sont retirés. Là où il y a peu de monde. Là où le terrain coûte peu. Là où les villages ont été abandonnés. Et dans les Cévennes, l'Ariège, la Provence ou l'Ardèche, ces terres laissées pour compte par les paysans sont rarement fertiles. Pas si cons les péquenots.

R. G. Pol Droit et Antoine Gallien ont visité un grand nombre de communautés françaises pour écrire leur livre *La Chasse au bonheur* [1].

Je leur fais donc confiance lorsqu'ils écrivent que : « si le besoin de changer la vie, chez les communards, est sincère et profond, il ne se réalise pas sans difficultés, sans crises et sans échecs ».

Dans *Nous voulons vivre en communauté* [2], Henri Gougaud a montré, lui, la permanence du phénomène communautaire à travers l'histoire et la géographie.

Aujourd'hui, me dit-on, le mouvement ne cesse de se développer. C'est possible.

Personnellement, je tiens pour essentiel les quelques points suivants :

Une communauté non créative et fermée au monde est vouée à l'échec. Ou à l'ennui, ce qui revient au même.

1. Callman-Lévy, 1972.
2. Éd. Balibaste, 1971.

258   Le jeune lion dort avec ses dents...

Pour survivre, au bout d'un certain temps, les dernières économies disparues, et la clientèle pour faire la manche se faisant rare dans ces régions souvent désertiques, il reste deux solutions :

Apprendre à devenir un cultivateur, ce qui exige, je me suis renseigné, quatre ou cinq bonnes années.

Ou créer. C'est-à-dire entrer dans une création artistique, artisanale, ou para-artistique : écrire des bouquins ou des articles pour un petit journal, peindre, composer des chansons, fabriquer des bijoux, faire de la vannerie, de la céramique, faire un journal underground à la ronéo et le vendre, bref vivre de ses créations. Ou du moins essayer.

Il faut apprendre, en premier lieu, à pêcher et à chasser. Il faut se faire braconnier, tendre des lacets. Tout cela ne s'apprend pas en un jour.

« *Moi seul*, s'écriait Fourier, *j'aurais confondu vingt siècles d'imbécillité politique. C'est à moi seul que les générations futures devront l'initiative du bonheur!* »

Nous savons d'expérience que ce n'est pas aussi simple. Certes le néo-fouriérisme a des aspects sympathiques dans l'affaire Lip avec sa communauté, son trésor de guerre, sa découverte d'une « autre vie » pour les rebelles. Les voilà qui achètent des tubes et des pinceaux et qui se mettent à peindre, à écrire des livres et des poèmes; ils ne font plus l'amour comme avant : « J'étais grosse, j'avais des complexes, mais à travers toute cette chaleur humaine, j'ai appris que je pouvais être désirable», dit cette autre. Ils travaillaient ensemble sans se voir. Ils se découvrent, brusquement, et toute cette formidable libération d'énergies inconnues, à travers une crise sociale localisée, est incontestablement un hommage à Fourier... enfant de Besançon. Il y a des coïncidences...

Mais, à huit ou dix, sans trésor de guerre, sans lien avec l'action quotidienne, paumé dans les Causses, et avec pour seules voisines les chèvres, souvent la communication tourne court et certaines exigences vitales se font sentir.

Il reste, bien sûr, une solution : celle de voler sa nourriture chez les autres, ces paysans obtus, perdus dans une galère où eux seuls rament encore.

Je le déconseille. Ces gens-là, bien qu'ayant un sens très aigu de la propriété n'appellent pas les pandores. Ils ont la fourche vive et le coup de fusil facile...

La vérité est que toute cette histoire de communautés relève *trop souvent* d'un « idéal des bergeries », cher à la veuve de Louis XVI. Et que pas mal de ces nouveaux communards sont aussi cons que Marie-Antoinette.

Avoir plus de confiance dans une chèvre que dans un jeune mathématicien (Évariste), je dis que cela peut se discuter.

En outre, lire Fourier, *La Cité du soleil* de Campanella, les *Utopies* de Thomas More, l'*Icarie* d'Étienne Cabet et rêver... est une chose.

Le reste en est une autre.

Pour se battre contre tout, y compris contre soi-même, il faut, comme dirait un être cher, « des couilles comme des melons ou des ovaires comme des pastèques ».

A ceux qui réussissent, chapeau.

★

La contre-culture américaine, ou plutôt celle, présumée telle, qui se fait entendre en France, est faite par des sociologues. A entendre ces messieurs, ils ont tout inventé, tout prévu, ils étaient déjà là quand...

Or, qu'est-ce qu'un sociologue américain ou français? Sinon un rentier du système. Un simple bénéficiaire de la plus-value du travail collectif.

Lorsque la production des biens utilitaires est parvenue à saturation et que, le profit réclamant d'autres profits, la solution a consisté à fabriquer des objets nouveaux, non utilitaires, mais qu'il « était de bon ton d'avoir », et que, enfin, pour les vendre, on a multiplié la publicité, sur quelles études théoriques a-t-on recherché l'efficacité?

Mais, sur celles de nos chers camarades sociologues universitaires, ceux-là même qui faisaient hier fonctionner la société sur ses bases « culturelles » et qui, aujourd'hui, s'attellent à la contre-culture qu'ils essaient de récupérer.

Et ces bourriques, je l'ai dit, évitent soigneusement de citer leurs sources connues ou anonymes. C'est-à-dire les milliers et les milliers de garçons et de filles, artistes, chercheurs ou simples quidams, qui, depuis 1920, mettent des bâtons dans les roues du système et se battent contre la culture-marchandise.

Les sociologues, disent certains, ont une pensée contre-culturelle. Il n'y a pas de pensée contre-culturelle. Il n'y a que des actions, des créations et des critiques, et des critiques permanentes de la création et de la critique.

Mais, les sociologues veulent réformer, eux aussi.

Réforme, mon cul! répond Queneau.

Et, comme le demanda, un jour, un célèbre anonyme de mai 1968 :

« Quand le dernier des sociologues aura été étranglé avec les tripes du dernier bureaucrate, aurons-nous encore des problèmes? »

Je crois sincèrement, pour ma part, que nous en aurons moins.

Mais, trêve de pessimisme généralisé.

Quand je lis dans *Le Monde,* sous la plume d'un certain Schwartzenberg, ce qui suit :

« La contre-culture n'est pas un discours. L'important n'est plus ce qui se dit, mais ce qui se vit. De doctrinale, la contestation devient existentielle. Elle quitte le royaume des idées pour expérimenter très concrètement de nouveaux modes de travail, d'éducation, et de récréation pour découvrir empiriquement de nouvelles manières d'être. »

Quand je lis ces lignes, j'ai envie de connaître ce Schwartzenberg-là, et de lui serrer la main.

14.

Les suicidés de la société

(Contre-culture, peintures et signes)

> « Peut-être étais-tu déjà folle étant enfant?
> dit la rousse. Pourquoi, au fond, es-tu ici?
> « — Oh, dit-elle sur un ton mystérieux, j'ai
> entendu un grand poète réciter un poème dans
> mon ventre. »
>
> UNICA ZÜRN (*L'Homme Jasmin.*)

Dans un siècle qui — par le biais du cinéma et de la télévision — allait imposer le pouvoir de l'image, le rôle joué par les peintres dans le conflit culture — contre-culture a été cent fois plus important qu'il n'apparaît au grand public.

Plus qu'un simple renouvellement d'expression picturale, leur comportement fut, on l'a vu déterminant. Après le cri de Van Gogh, « suicidé de la société »[1] et l'attitude de Courbet, premier peintre révolté social, illustré par Zola dans *L'Œuvre* sous les traits de Bongrand, qui participe à la Commune et refuse la Légion d'honneur au gouvernement impérial, une nouvelle génération d'artistes va « opposer » à tout l'antécédent la barrière d'un non absolu...

---

1. L'expression est d'Antonin Artaud.

« Aucun principe esthétique n'animait ces peintres au début de leur carrière, sinon la volonté de détruire le capital artistique de l'Occident. N'y a-t-il pas là un geste analogue : celui des premiers pionniers marxistes, révoltés contre le rôle du capital dans l'économie humaine, et tendant à instaurer une société nouvelle sans accumulation de richesses, idéal que la société industrielle, fondée sur la production, a fait transgresser dans les faits par ces révolutionnaires mêmes? La position anarchiste des peintres au début du siècle se traduit par ce cri de ralliement : " Brûlons les musées!... " Cet instinct de révolte peu à peu s'organisera en révolution consciente, aux fins de constituer un ordre nouveau », écrit Germain Bazin — dans son *Histoire de l'avant-garde de la peinture* [1].

Apollinaire a vu dans Courbet « le père de ces nouveaux peintres ». Marcel Duchamp décelait dans ce même artiste la première intervention en peinture de « la main subconsciente », cette main qui n'obéit à aucune loi extérieure [2].

Les fils de Courbet ont été beaucoup plus loin.

Doués d'un formidable humour, ces jeunes peintres finirent par ridiculiser, en moins de vingt ans, la peinture officielle. Par leur « anti-art » personnel, mais aussi, et peut-être plus encore, par leur attitude face aux tenants de la culture admise, moraliste, nationaliste, religieuse, respectueuse et bien élevée.

Leur arme, celle des adolescents : la dérision.

Témoin cette anecdote où en 1919, Desvallières, peintre de sujets religieux et membre éminent du jury du Salon,

1. Hachette, 1969.
2. Là, je ne suis pas d'accord avec Duchamp. Et Uccello? Et Monsu Desiderio? Et l'anti-monde de Grünenwald dont le prince des ténèbres est le souverain? Et les portraits d'aliénés de Géricault peints à la Salpétrière pour le Dr Georget? Et Turner qui s'abandonne aux songes dans la solitude de son atelier? Et le génie inventif d'Arcimboldo, précédant de plusieurs siècles le surréalisme? Et surtout Jérôme Bosch dont le monde « imaginaire » traduit avec férocité cette libération des forces subconscientes? Et tous ces autres peintres moins célèbres du XVIe et du XVIIe qui prétendaient s'informer directement d'une vérité cosmique par la double voie des apparitions et des rêves?

apostrophe Francis Picabia, un cocorico dans la gorge :
« Et d'abord, qu'avez-vous fait pendant la guerre?

— Je me suis profondément emmerdé », répond Picabia, imperturbable.

Duchamp, lui, après avoir baptisé *Fontaine* une vulgaire pissotière et orné *La Joconde* d'une paire de moustaches, abandonne la peinture en plein succès, refuse de jouer le jeu des marchands, et passe son temps à d'interminables parties d'échecs, jusqu'à sa mort en 1968.

Jean Arp, auquel les psychiatres militaires demandent son âge, ne répond pas, inscrit sa date de naissance à plusieurs reprises sur un papier, tire un trait et fait l'addition!

C'est à qui fournira, parmi eux, tant dans l'œuvre que dans la vie quotidienne, les plus extraordinaires propositions paradoxales et destructrices.

Tout ceci peut paraître fou et peu artistique. Et pourtant sans l'aventure Dada, l'art moderne ne serait pas ce qu'il est aujourd'hui : frondeur, sarcastique, virulent.

Le mouvement Dada ne fut pas seul à secouer le cocotier où perchent, éternellement grimaçants et criards, les singes-théoriciens d'un art passéiste.

A des niveaux moindres, le cubisme (1908, Picasso, Braque, Juan Gris); le futurisme (1909, Boccioni Severini), le suprématisme de Mahlevitch en 1913, l'abstraction, en 1910, de Kandinsky, le rayonisme en 1913 de Larionov, le néo-plasticisme de Mondrian en 1917, le symbolisme graphique de Paul Klee la même année, et enfin la peinture métaphysique de Chirico (1910-1918), jouèrent également le rôle de détonateurs et rencontrèrent *tous* le même mépris des gens « cultivés » et détenteurs d'un pouvoir. Quand ce ne fut pas les persécutions.

Dans cette longue épreuve, certains ont retourné leurs vestes devenus vieux, comme Picasso. D'autres ont disparu, ne laissant que leurs traces (Giorgio de Chirico). Les derniers, pire encore, n'ont pas supporté le choc qu'ils s'étaient courageusement imposé. Il faut avoir les nerfs solides pour suppor-

ter, parfois plusieurs dizaines d'années durant, l'incompréhension des « amateurs éclairés » et les lazzi d'un public aux
yeux chassieux.

Ajoutons à cela que si l'indifférence et les sarcasmes se
traduisent souvent par des difficultés financières, voire la
misère pour l'artiste, ils peuvent également déclencher chez
le créateur un dégoût de lui-même, une sorte de constat
d'impuissance à communiquer avec les autres. Le peintre
créateur, devenu une sorte de Christ rédempteur, finit par
endosser la bêtise humaine. Et certains ont craqué.

Les cas de suicides, rares chez les compositeurs, ont été
nombreux chez les peintres depuis la fin du XIXe siècle.

« Au premier coup d'œil, elle ne vit rien, l'atelier lui parut désert,
sous le petit jour boueux et froid. Mais comme elle se rassurait en
n'apercevant personne, elle leva les yeux vers la toile, et un cri
terrible jaillit de la gorge béante. " Claude, oh! Claude... "

« Claude s'était pendu à la grande échelle, en face de son œuvre
manqué. Il avait simplement pris une des cordes qui tenaient le
châssis au mur. Puis de là-haut, il avait sauté dans le vide. En
chemise, les pieds nus, atroce avec sa langue noire et ses yeux
sanglants sortis des orbites, il pendait là, grandi affreusement dans
sa raideur immobile, la face tournée vers le tableau... comme s'il
lui eût soufflé son âme à son dernier râle, et qu'il l'eût regardé encore,
de ses prunelles fixes. » (L'Œuvre, Émile Zola.)

Van Gogh, Modigliani, Arshile Gorky, Kurt Selingman,
Wolfgang Paalen, Oscar Dominguez, Yves Tanguy, Styrsky,
Unica Zürn, tous auto-détruits par l'alcool et les drogues
ou suicidés, les sept derniers faisant du groupe surréaliste
le mouvement ayant payé le plus lourd tribut à l'anti-art.
LA FOLIE LES FIT CULBUTER DANS LE NOIR ET ILS PARTIRENT
ÉTRANGLÉS PAR L'IDÉAL...

S'il devait y avoir un monument aux morts près de ma
maison, c'est celui-là que je bâtirais.

Aujourd'hui, certains de mes amis, entichés qu'ils sont
d'art conceptuel et autre body-art (ce n'est pas un reproche,
on le verra), ces amis-là, donc, avancent que le surréalisme

fut plus un sauvetage de la peinture figurative en détresse, qu'une véritable révolution artistique et culturelle.

Je ne suis pas d'accord et j'essaierai de dire pourquoi, avec cette attitude d'un nihilisme petit bourgeois, qui, en réaction avec l'ignorance et l'incompréhension passées de ses parents et grands-parents, veut à tout prix, pour « être dans le coup » cette fois, glorifier le dernier peintre exposé par la mode présente et renier simultanément les maillons créateurs d'une chaîne dont cette « mode » n'est, dans le meilleur des cas, que le plus récent aboutissement.

Il est aujourd'hui communément admis que le phénomène de création artistique implique, neuf fois sur dix, l'existence d'une névrose positive dans l'inconscient du créateur.

Guidés par cette force mystérieuse, les artistes surréalistes et ceux qui les précédèrent sur cette voie (Bosch, Grünenwald) s'opposèrent parfois « sans le savoir » aux institutions culturelles les plus solidement établies.

Mais, le plus souvent, leur combat fut le nôtre : lucide, efficace.

« Gustave Moreau virtuose de l'ambiguïté sexuelle, les symbolistes qui déguisent leurs formidables bombes à retardement, autant d'anarchistes de la déraison contre la Raison, autant de subtils corrupteurs qui, avec une évidente assurance, sont les artisans premiers de la destruction d'un vieux monde qui se regarde encore vivre, pourri d'auto-satisfaction.

« Adieu les fêtes galantes! La porte s'est rouverte sur des enfers trop vite oubliés.

« L'homme occidental n'est plus qu'un zombi au sexe hypertrophié qui rôde dans les ruines de sa culture », écrit mon ami Pierre Espagne, en remontant aux sources du fantastique contemporain.

Une approche psychologique de la peinture surréaliste montre aisément que la majorité des artistes de ce mouvement

a fait appel et mis surtout en évidence l'inconscient individuel; tableaux paranoïaques de Salvador Dali, rêves fémi-
nistes de Paul Delvaux, transparences oniriques de Picabia,
symboles animalistes de Toyen, obsessions anti-sacrées de
Clovis Trouille, hallucinations cruelles de Victor Brauner,
délires formels de Man Ray, perversions pubères de Dorothea
Tanning, magies d'une métaphysique personnelle chez Chirico, utopies phalliques de Bellmer, alchimie de Styrsky,
phantasmes d'une enfance chez Miro, automatismes utopiques de Masson.

Toutes ces œuvres ont donc exploré ou, pour le moins,
voulu refléter les fantômes de l'inconscient individuel chez
chaque artiste.

Plus rares sont les peintres surréalistes ayant, semble-
t-il, essayé de pénétrer l'inconscient collectif de l'homme
dans certaines de leurs toiles ou dans leur œuvre tout entière :
forêts inquiétantes de Max Ernst, océans et espaces sans
horizons de Tanguy, cosmos tournoyant de Matta, cristal-
lisations fossiles d'Herold, jungles primitives de Wilfred
Lam, visiteurs et princes saturniens de Wolfgang Paalen,
décalcomanies tremblées de Dominguez, peintures luci-
fériennes de Kurt Selingmann et compositions archaïques
d'Arshile Gorky.

Et il est peut-être utile de signaler que sur ces neuf peintres
surréalistes ayant arraché quelques images à l'inconscient
collectif; six se sont suicidés ou auto-détruits : Paalen,
Gorky, Selingmann, Dominguez, Tanguy et Stirsky.

Coïncidence? Peut-être. Mais personnellement, nous ne
le croyons pas.

Il semblerait que des quatre voies de l'inconnu psychologique dont nous avons déjà parlé, l'inconscient collectif
(ou archaïque ou fossile) avec ses instincts et archétypes,
avec ses souvenirs et ses désordres refoulés de toute la lignée
humaine, soit celui qui offre le plus de résistances et de
risques à l'exploration.

Et pourtant, cet inconscient collectif, dont nous avons

tous hérité par définition, et qui est l'un des plus redoutables freins à l'évolution humaine devrait être, dans les années à venir, l'un des objectifs en tête de liste pour la biochimie, et la recherche psychologique de pointe.

Dans ce domaine, l'esprit contre-culturel doit, par une campagne d'informations subversives anti-gouvernementale, anti-morale et anti-religieuse, permettre aux chercheurs d'obtenir les autorisations et moyens nécessaires, qui leur sont actuellement refusés dans de nombreux pays, pour aller de l'avant.

Guidé par l'esprit surréaliste, l'homme doit répondre avant vingt ans aux questions suivantes :

1) L'esprit est-il une sécrétion du corps et du cerveau ou, au contraire, corps et cerveau sont-ils des organes créés par l'esprit?

2) Pourquoi l'homme est-il de tous les mammifères connus, le plus en retard biologiquement et surtout sexuellement?

3) Exploration de l'inconscient collectif et de l'inconscient acausal (contenus psychiques extra-individuels, extra-sensoriels, inexplicables par la double causalité habituelle du temps et de l'espace : phénomènes de télépathie, de clairvoyance, regroupés généralement sous le nom de « synchrones » par Jung).

4) Un supra-conscient, distinct de l'inconscient, existe-t-il? Dans certains états obtenus par le yoga, par exemple, un degré de vigilance et de perception reste inexpliqué? On peut donc poser la question ainsi : la conscience peut-elle récupérer et disposer d'une partie de sa réalité inconsciente[1]?

5) On guérit le présent par le passé dans la démarche psychologique moderne. Le passé pourrait-il être « guéri » par la transformation du présent?

6) D'où vient le je et que signifie dans l'évolution humaine l'apparition du conscient par rapport à l'inconscient?

1. Des travaux d'observation sont en cours chez les Américains. Aimé Michel les cite longuement dans *Physiologie du mysticisme — L'Homme et l'ineffable*, éd. CAL.

7) Le refoulement de l'instinct sexuel est aujourd'hui parfaitement curable. Comment guérir l'autre pulsion refoulée : celle de Thanatos, l'agressivité. Pour l'instànt refuser de tuer implique de se tuer?

8) Qu'est-ce que la mort?

9) La drogue : rôle des drogues dans le déclin des civilisations et possibilités offertes par les drogues dans la recherche d'une solution à certaines questions précédentes?

10) Enfin, expliquer la coïncidence mystérieuse existante et constatée entre les structures inconscientes et les structures psychico-chimiques.

Je voudrais citer ici le Pr Monod, prix Nobel, qui, sorti de ses compétences directes, ne rate jamais l'occasion de dire une ânerie.

C'était aux entretiens de Rueil traitant des rapports entre la drogue et la crise de civilisation. Voici ce qu'il répliqua à un interlocuteur qui soulignait l'importance du surréalisme dans l'évolution culturelle :

« Je ne peux pas cacher, en tant qu'homme de science, que rien ne peut m'être plus étranger que de telles attitudes : je suis obligé de le reconnaître et je ne vois pas d'ailleurs ce que les mouvements de ce genre peuvent apporter à une civilisation. C'est une critique d'attitude, rien d'autre, mais pour faire de l'art les surréalistes ont dû cesser de faire du surréalisme. »

Comment un homme aussi compétent dans sa spécialité peut-il parler aussi sottement? Ce genre de chose restera pour moi un mystère éternel.

Pour des gens comme Monod, José Pierre écrit : « Le surréalisme ayant été défini et vécu un demi-siècle durant par quelques centaines d'hommes et de femmes qui s'exprimaient (ou non) par l'écriture, la peinture, la sculpture, l'action politique et la vie quotidienne, seuls les hypocrites et les trafiquants en tout genre peuvent faire semblant d'ignorer de quoi il s'agit et, lorsqu'on leur écrase durement les orteils pour les ramener à la bienséance, s'écrier d'une voix flûtée : " Oh! mais je ne savais pas, voyez-vous "... »

Qui, à l'exemple de José Pierre, écrasera les orteils de Monsieur Monod pour le ramener à la bienséance?

Le peintre surréaliste roumain Jacques Herold vogua un temps infini sur le Danube avant d'arriver à Paris, où Yves Tanguy le présenta à André Breton.

A cette époque, il m'a parlé de l'action underground du surréalisme. Selon lui « les surréalistes avaient une activité très étouffée, et envisageaient de créer une sorte de société secrète, en association avec Georges Bataille. La peinture surréaliste était totalement ignorée, mise au banc. Personne ne s'y intéressait. Personne n'avait le goût de ces choses aussi inattendues, incroyables et invraisemblables dans l'esprit et dans la peinture. »

Et Jacques Herold, pour vivre, se transformait en chasseur turc avec fez et costume vert et donnait de l'eau parfumée aux dames pour se rincer le bout des doigts à l'heure du thé.

Tanguy, pur génie, restait plus d'une semaine, chez lui, assis, rasé, habillé proprement sans rien à se mettre sous la dent.

Max Ernst dînait à la soupe populaire.

D'autres fabriquaient des petits meubles pour quelques billets.

Aucun d'eux ne vendait de tableau; ou lorsque l'occasion trop rare se présentait, c'était pour une somme dérisoire.

La première exposition, du 17 janvier 1938, fut une sorte de revanche sur cette bourgeoisie ignorante.

Le public fut restreint mais ceux qui vinrent par curiosité ou snobisme en eurent pour leur argent. Une exposition complètement folle. Un brasero rougeoyant au milieu de la salle. De l'herbe bien verte, des mannequins, des objets insolites. De l'humour à gogo. « Les dames, raconte Herold, qui arrivaient en toilette de soirée étaient tout d'un coup pleines de poussière de charbon, des escargots leur montaient aux cuisses... »

A l'exposition de 1947, il y eut « une salle de pluie ». Il fallait passer entre les gouttes... pour visiter l'exposition. L'escalier était constitué par les livres essentiels de l'ésotérisme et de la poésie.

« Les travaux de Freud sur l'inconscient nous paraissaient essentiels. Ce qu'il y a de plus caché en nous pouvait enfin commencer à apparaître. Et cela seul nous semblait important. Ce qui nous paraissait moins important, c'était l'aspect formel, ces choses sèches, carrées ou rondes peintes sur un tableau et qui ne contiennent pas ce que l'homme contient, même s'il n'est pas peintre, même s'il n'est pas poète... Ce qui nous préoccupait donc avant tout, c'était d'essayer de remettre le monde dans sa vie la plus intérieure possible. »

Dadaïsme et surréalisme furent-ils une contre-culture subversive envers la raison admise?

« La culture, dit Herold, est double. Il y a la culture bureaucratique et il y a celle que l'on peut inventer. C'est-à-dire donner des formes nouvelles de pensée et de comportement. Et c'est ce que le surréalisme a essayé de faire, et plus encore que le surréalisme peut-être, le dadaïsme avant lui. »

Jusqu'au dadaïsme, la pensée culturelle était telle qu'on l'avait conçue, et telle qu'elle se promenait tranquillement à travers les guerres, les massacres, les infamies, etc.

Le dadaïsme attaqua par la dérision. Le surréalisme lui emboîta le pas et trouva les données nouvelles de la pensée et du comportement. « C'est-à-dire que pour nous, dit toujours Herold, un être qui a un comportement poétique est poète, même s'il n'a jamais écrit un seul vers! »

Cette attitude devait séduire. Les jeunes peintres à tendance surréaliste se multiplient aujourd'hui. Mais, appartiennent-ils encore à cette contre-culture onirique?

Pour Herold, « Le surréalisme ayant existé avant lui-même, l'homme ayant toujours rêvé, d'autres peintres avaient abordé ces domaines bien avant 1919. L'homme continue à vivre et à vivre son rêve. Le surréalisme ne peut donc pas mourir. C'est un acte individuel qui a été éclairé par Breton et les peintres surréalistes " historiques " à un moment donné. Mais individuellement, dans les actes de chacun, il peut continuer. »

Un garçon a fait beaucoup pour l'art moderne : il s'appelle François Pluchart. Et il pose remarquablement le problème de l'art dans la contre-culture d'aujourd'hui. Il écrit, dans son journal *Artitudes* : « Le plus étonnant est que cet art passéiste et réactionnaire trouve des théoriciens besogneux pour le défendre et l'opposer à la véritable création qui, dans leur langage, devient une pratique du " n'importe quoi ".

« Il y a plus que de la malhonnêteté dans cette attitude : une imposture à l'égard des courants novateurs de la pensée et une lâcheté devant la nécessité qui est faite à chacun d'assumer son époque. »

Puis il ajoute, un peu plus loin, notifiant ce que l'art actuel peut avoir de particulier : « Si dans la conception traditionnelle de la peinture et notamment celle qui s'est imposée à la suite de l'académisme cézannien, l'art était de créer de beaux produits, les créateurs depuis les années 10 ont, même inconsciemment, placé très en retrait de toutes les autres leurs préoccupations esthétiques.

« Ce qui réunissait Mahlevitch et Duchamp, Dada et les constructivistes, était une tension progressiste commune.

« Il va de soi que les différences de tempéraments et de culture, en particulier, devaient conduire à des attitudes créatrices différentes, mais que tous procédaient d'une même volonté de participer à la transformation de la société. »

Et il conclut enfin : « Par ses scandales, ses provocations, ses révoltes, mais aussi par ses affirmations novatrices, Dada a montré que le seul champ spécifique de la peinture est la liberté sans limites du créateur.

« Mais alors à quoi servirait la liberté de pouvoir tout remettre en cause et tenter sans relâche de rendre possible l'impensable si ce n'était pour combattre et l'art et les formes de pensées et les structures sociales démonétisés?

« Cette nécessité critique de l'œuvre d'art a été volontairement masquée jusqu'à une époque récente par ceux qui avaient intérêt à maintenir l'unité réactionnaire d'un système social et culturel périmé. »

Un des artistes les plus insolites de cette tendance me paraît être Michel Journiac.

Piège pour une exécution capitale, une de ses œuvres, est composée d'une guillotine telle qu'elle existe réellement, telle qu'elle fonctionne, mais aseptisée par une couche de vinyl blanc.

La guillotine de Journiac devient alors une interrogation sur la guillotine, sur le problème de la peine de mort.

Plutôt que d'avoir des images peintes sur ce sujet de façon plus ou moins mélodramatique, apparaît alors l'objet qui est sans doute une des révolutions les plus importantes de l'histoire de l'art, celle-là fomentée par le dadaïste Duchamp.

Le moment où l'image ne suffit pas pour dresser le constat d'une réalité, ou d'un imaginaire, et ou l'homme — artiste-chercheur — fait appel à l'objet lui-même, en le perturbant, en le piégeant, de façon qu'il rende compte de cette réalité.

Dans *Piège pour une exécution capitale* qui fut plus une manifestation qu'une exposition au sens habituel du terme, on avait disposé près de cette guillotine blanche, un tas de chair sanglante, de viande rouge, pour rappeler ce que devient un homme avec cet instrument barbare.

Avec Journiac, l'objet agresse le public et devient force de contestation.

Longtemps, l'artiste, être inquiet par excellence dans sa

mythologie, s'apaisait, et se libérait de ses angoisses, de ses remords ou de ses fantasmes dans la création.

Aujourd'hui, la démarche inverse apparaît comme possible. Un être calme, lucide, et pas forcément un artiste spécialiste, peut créer des objets angoissants pour lui et pour les autres.

La « Peinture » n'est plus alors du Valium, ni du Librium, ni aucune autre panacée pour calmer l'angoisse d'un être privilégié. L'angoisse devient la raison d'être permanente et fondamentale de tous.

Un créateur, c'est désormais quelqu'un qui dit d'abord : non.

Créer, c'est refuser, nier.

Le dérisoire est le contraire du sacré.

« Buvez ce vin car il est mon sang », avait dit Jésus. Journiac, lui, se fait une prise de sang, fabrique du boudin avec, et l'offre aux visiteurs. Dans ce geste, où flotte un relent d'anthropophagie, la dérision s'impose également avec plus de force encore.

Lorsque Journiac fait un référendum sur son propre nom, parodiant celui du général de Gaulle, c'est également par la dérision qu'il approche un fait sociologique moderne : *celui d'un homme mis en vente par les élections.*

On me dira qu'il y a de l'horrible et du désespéré dans tout cela. Sartre l'a dit à propos de Jean Genet : « *Le génie c'est l'issue qu'on invente dans les cas désespérés.* » Laissons le mot génie à quelques-uns. Mais on peut lui substituer celui de création.

La création n'est-ce pas, alors, l'issue qu'on invente dans les cas désespérés ?

Ce qui expliquerait, peut-être aussi, la vague de suicides qui sévit chez les créateurs, connus ou anonymes. Souvenez-vous de ce terrible dialogue de *L'Œuvre* :

« Au moins, en voilà un qui a été logique et brave, continua Sandoz. Il a avoué son impuissance et il s'est tué.

— C'est vrai, dit Bongrand. Si nous ne pensions pas si fort à nos peaux, nous ferions tous comme lui... »

« Vous verrez, Vollard [1], qu'on arrivera à faire sortir les Raphaël et les Rembrandt des musées pour les promener dans les casernes, dans les foires, dans les prisons sous prétexte que tout le monde a droit à la beauté! » s'écriait le peintre Degas.

Que veut dire cette réflexion méprisante? Elle signifie que Degas, au contraire de Van Gogh, était parfaitement inséré dans la culture de son temps.

Que la pensée de Degas n'a jamais été à la hauteur de ses pastels.

Et que pour être artiste, parfois, on n'en est pas moins con.

On voit aujourd'hui une formidable pluralité de mouvements plastiques : pop art, body art, minimal art, *nouveau réalisme, hyperréalisme, art pauvre, groupe Panique, art optique, art cinétique, etc...*

Ce qui ne rend pas facile la tâche des collectionneurs et des spéculateurs.

Car, c'est là le plus drôle de l'histoire : la peinture est devenue une telle spéculation financière que, tout naturellement le marché s'est considérablement élargi et, partant, aujourd'hui, c'est la bouteille à encre pour savoir ce qui vaudra beaucoup de fric demain...

Dame, des tableaux qui arrivent à se vendre près de trois milliards anciens, soit, l'équivalent du travail, souvent pauvrement rémunéré, de douze hommes vivant 70 ans, cela fait réfléchir!

Mais ce n'est pas mon propos, ici.

J'ai dit que, depuis toujours, j'avais vécu avec des peintres. C'est toujours vrai, et même plus que jamais. Il y a chez eux,

---

1. Célèbre marchand de tableaux.

dans ce conflit entre l'esprit et la matière, quelque chose de désespéré qui me fascine et qui m'émeut.

Depuis mon départ de la radio et, parallèlement à ce livre plus général sur la contre-culture, j'ai d'ailleurs écrit deux autres ouvrages sur la peinture latino-américaine.

Mais, dans le cadre précis de ce livre, où l'on a parlé sans cesse d'analyse critique et de création permanente, j'affirme — et ceci n'engage que moi — que les seuls créateurs authentiques, apparus dans le domaine plastique depuis le surréalisme, sont les lettristes.

Je ne sais pas pourquoi ce nom de lettrisme a toujours été accolé à l'idée de canular. On a vu, en tant que pré-situationnisme, l'importance du mouvement lettriste après la Libération dans le domaine de la philosophie, du comportement, de la poésie et des idées (soulèvement de la jeunesse prophétique, l'école est un bagne, l'Université et son enseignement caduc, etc.).

Il aura fallu les mouvements contre-culturels de 1960 à 1968, pour que certains daignent rendre justice aux travaux et aux recherches d'Isou et de ses amis.

Il en va de même pour l'art. Parlez de lettrisme et le système des marchands de tableaux se ferme comme une huître [1].

Je crois profondément que l'histoire leur rendra justice dans ce domaine-là comme dans l'autre [2].

Car leur démarche est inattaquable.

Quand ils disent qu'à l'origine, par exemple dans les hiéroglyphes, la peinture et l'écriture constituaient un seul

---

1. Dès 1946, dans *Le Figaro*, Paul Guth parle de cet art atomistique de notre temps et, en 1964, un critique remarque « maintenant on peint des lettres comme on peignait autrefois des pommes ».

2. Les principaux peintres du groupe lettriste sont : Isou, Lemaître, Sabatier, Satié, Hachette, Curtay, Gilard, Poyet, Tarkieltaub et Canal.

D'autres peintres, ayant appartenu au groupe, mais exclus ou parallèles : Pommerand, Altmann, Spacagna, Brau, Wolman, Dufrêne, Jessemin, Alain de la Tour, Berreur, Roberdhay et Darrel.

Nous n'entrerons pas ici dans les querelles du groupe, au moins aussi compliquées que les bagarres au sein du mouvement surréaliste.

univers qui ne s'est brisé qu'après la découverte de l'alphabet phonétique, dont le développement fragmentaire sous forme de littérature a laissé la partie visuelle se développer distinctement comme art plastique, à l'aide de la ressemblance, de la perspective, de la géométrie, etc., ils sont entièrement dans le vrai.

Les systèmes figuratifs et abstraits étant épuisés aujourd'hui, ils proposent de retrouver le *signe*, tous les signes, et les prodigieuses possibilités créatrices qu'ils renferment.

Il y a eu, certes, quelques précédents.

On peut voir une influence directe de la calligraphie orientale dans l'œuvre d'Henri Michaux qui a parcouru l'Extrême-Orient en 1933 et qui est, depuis, devenu un maître quelque peu ésotérique de la peinture calligraphique européenne; l'Américain Mark Tobey étudia la même calligraphie orientale en 1934.

Avant eux, Kandinsky avait dessiné et peint de 1912 à 1932 des « rangées de signes ». Il est non moins vrai que Picabia, « l'anti-peintre » a signé vers 1921 un tableau intitulé *L'Œil cacodylate* où il introduit l'écriture; enfin, il n'est pas contestable que l'œuvre de Paul Klee renferme également, après son voyage en Égypte, quelques exemples d'idéogrammes... Sans oublier Miro, Masson, les « collages » de Kurt Schwitters, et les « mots en liberté » futuristes.

Mais ce ne furent là que démarches fragmentaires, marginales et abandonnées très vite la plupart du temps[1].

Or, pour le lettrisme, la création doit être critique, permanente et systématique : « Le véritable créateur, avancent-ils, est l'homme qui définit explicitement une structure esthétique au détriment de toutes les autres considérées comme épuisées, qui explore cette nouvelle structure et qui combat toute sa vie pour elle. »

Alors, pourquoi aujourd'hui les écarte-t-on systématiquement des commentaires officiels?

1. Dans le même esprit, Théodore Rousseau et Vermeer avaient, avant Seurat, employé le pointillisme pour faire vibrer la matière.

Il y a sans doute à cela plusieurs raisons.

Les lettristes ont la dent dure et, dans leurs journaux underground ne ménagent pas les gens de ce même système (marchands, critiques d'art, etc.). Ni ceux qui les plagient [1].

Ensuite, tout l'art moderne vit pratiquement sur les restes de Dada, du surréalisme, et de l'abstrait. Reconnaître le lettrisme novateur, ce serait admettre toute la supercherie.

Enfin, par leurs définitions et leurs positions, les lettristes, qui forment un groupe très homogène, offrent finalement une image de l'artiste et de l'œuvre dont chacun de nous pourrait se réclamer.

Multiplier les créateurs est un de leurs buts.

Et c'est là, je crois, le plus grand danger qu'ils présentent pour ce système.

Car remettre en cause, par son comportement et ses œuvres, le rôle de l'artiste dans la société, s'apparente au crime de lèse-majesté.

Dans la culture, l'artiste est un individu institué comme créateur officiel. Il détient les secrets d'un langage. Nul ne peut l'égaler, se comparer à lui. On le contrôle [2].

Il constitue, bien involontairement parfois, le piège majeur de cette culture pourrie : par cette image d'« intouchable », la Machine entend bien éviter et empêcher toute création chez les autres individus, ses frères...

Pour les lettristes, comme pour tous les autres dont j'ai parlé, le combat continue...

1. Des artistes comme Mathieu (qui suivait dès 1947 les manifestations du groupe lettriste à la Porte Latine, avec Michel Tapié), Ben, l'Américain Kline, Soulages, Tapié, Dine, Arman (dans ses tampons), Alechinsky, et même Max Ernst (dans ses Maximilliana) peuvent être considérés, sinon comme des plagiaires — pour certains le mot serait excessif — mais au moins comme des suiveurs du lettrisme.

2. L'Inquisition obligeait Véronèse à retoucher ses tableaux. Il existe aujourd'hui, au niveau des supports, d'autres moyens pour contrôler sinon la création artistique, du moins le créateur.

15.

Ni robot, ni esclave...

(Ils veulent bouffer Freud)

Ce qui frappe, dans l'histoire des contre-cultures américaines ou européennes, c'est le rôle considérable qui ont
joué la psychologie des profondeurs en général, et le freudisme en particulier.

Parfois, bien involontairement d'ailleurs.

Mais il n'empêche qu'outre le freudisme orthodoxe lui-
même, qui fut, on l'a dit, une révolution en soi au début du
siècle en s'insurgeant contre la morale judéo-chrétienne et
la notion de respectabilité bourgeoise, une multitude d'acteurs de la contre-culture se réclamèrent ensuite de ce
message, le transformèrent souvent, le complétèrent parfois,
allant dans certain cas jusqu'à une sorte de fanatisme quasi
religieux et détestable.

Plusieurs néo-freudismes naquirent en Europe et fleu-
rirent aux États-Unis. Ainsi, toute la contestation radicale
américaine de Marcuse, W. Reich, Chomsky, Lewis Mum-
ford, William Braden repose, incontestablement sur des
bases freudiennes plus ou moins discutables.

Dans toutes les revues underground de la contre-culture,
le nom de Freud apparaît depuis 1962, aussi souvent que
ceux de Krishna, de Marx, de Dylan ou des Beatles. Personnellement, ce foutoir ne m'a jamais déplu.

On a vu, par ailleurs, la gravité et les conséquences d'une

démarche comme celle de Leary, psychologue et chercheur d'Harvard dans l'évolution du mouvement, au moins américain. Et quand Huxley lançait ses bombes contre la raison, il avait à ses côtés un psychiatre dynamiteur appelé Humphrey Osmond.

Dans le domaine de la représentation artistique de la réalité, la présence du freudisme s'impose, de façon plus flagrante encore. Et ce, par l'entremise du surréalisme dont l'influence a largement dépassé les frontières d'Europe où il est né.

Une bonne partie de la pop music offre des aspects surréalisants, hier comme aujourd'hui, chez Dylan, les Beatles, Pink Floyd et maintenant Roxy Music.

Toute une tranche du pop art en garde également l'empreinte, de Rauschenberg à Wharol. Sans oublier théâtre, cinéma et littérature qui forent, eux aussi, les gisements psychanalytiques, aux minerais freudien ou jungien.

C'est pourquoi, lorsque je lis chez Jerry Rubin, leader des yippies : « Les jeunes vivent dans un univers de super-marchés, de télé-couleurs, de guerre, de guérilla, de communication de masse, de psychédélisme, de rock et d'hommes marchant sur la lune. Pour nous, rien n'est impossible. Nous pouvons tout faire. Ce fossé entre les générations est le plus large de toute l'histoire humaine. La génération d'avant 1950 n'a rien à enseigner à celle d'après 1950. » Quand je lis cela donc, je dis que ce Rubin-là jette un peu loin le bouchon et que son petit bouquin, *Do It*, n'est qu'une pâle copie, très dérisoire, de tout manuel dadaïste qui se respecte.

C'est du sous-Tzara, de l'under-Breton, du Marx tendance Groucho et du freudisme mal digéré.

L'ennui avec le freudisme, c'est qu'il apparaît aujourd'hui à certains comme une nouvelle Église. Un dogme, aussi intellichiant que les précédents. Pire, une mode.

On assiste partout à une irruption sauvage de l'irrationnel, des forces inconnues, des libidos libérées et de la contestation du père. Je rêve donc je suis.

L'art fantastique connaît un regain d'intérêt. Le langage symboliste aussi. Tout un cinéma ténébreux part à la conquête des espaces intérieurs et, devant l'écran, on joue à se faire peur en s'identifiant à des hommes, apparemment inoffensifs et tendres mais qui, à l'expérience, c'est-à-dire dès la deuxième bobine, se révèlent des monstres de cruauté et de perversion. Chaque bobonne souhaitant secrètement que le jules choisi arrache enfin son masque paisible.

Et puis, il y a la psychanalyse. L'arme miracle qui, comme toutes les armes s'est révélée utile dans des dimensions plus modestes.

La société américaine a été la plus touchée. On a commis, là-bas, de tels abus au nom de la psychanalyse et de ses sous-produits que certains sont allés jusqu'à comparer les dégâts causés à ceux d'une guerre civile.

Estimation excessive, sans doute, mais qui recèle un fond de vérité.

Bref, on voit du Freud partout. On accepte désormais l'horreur imperturbable, en se disant que seul l'inconscient des bourreaux de My Laï doit être responsable de tels crimes.

Rien ne s'accuse et tout s'explique. C'est grâce à Freud ou à cause de Freud. Moi je dis qu'il a bon dos, le barbu viennois.

En août 1966, un étudiant tue sa mère, sa femme, (pas sa belle-mère), tire dans la foule pendant quatre-vingts minutes : 16 morts et 33 blessés graves. C'est à cause de Freud.

Le 12 novembre de la même année un galopin débile de 16 ans assassine froidement quatre femmes et une fillette en Arizona : il voulait devenir célèbre. C'est la faute à Freud.

Au Burundi, un jeune prince avide du pouvoir dépose son père : ce simple coup d'État devient une nouvelle preuve du bien-fondé de la théorie freudienne.

Certains confondent l'éducation libre de Summerhill et le désormais célèbre, dans sa nouvelle mouture : « Crache-moi dans la gueule, mon fils, et tu seras un homme... »

Et moi, si je crie « Prenez vos désirs pour des réalités ! »

je suis freudien ou bon pour une séance de divan, selon l'appréciation.

Les barrières rigides du judéo-christianisme ont cédé sous le déferlement de cette nouvelle vague. Mais personne n'ayant songé à en poser de plus souples et surtout, de plus adaptées à l'homme, d'un excès à l'autre, il n'y avait que quelques pas. Des psychanalystes un peu fous les ont franchis en courant.

Une réaction devait se produire, inévitablement. Elle existe désormais dans la Rome 74, c'est-à-dire à Moscou comme à Washington.

Son triomphe en place publique serait terrible. Car il y a dans le crâne de ces hommes, scientifiques et spécialistes pour la plupart, une nouvelle et terrifiante menace pour notre liberté.

Leurs théories, une fois appliquées, marqueraient la fin, de la notion d'individu. Elles renforceraient encore cette idée, qui existe déjà chez quelques politiciens et économistes : l'homme n'est qu'un animal social, un objet interchangeable.

C'est, évidemment, une déclaration de guerre ouverte à Freud et à ses descendants. Une négation totale de l'imagination, du comportement surréaliste, et de l'état de création permanente que nous souhaitons.

Si ces fous prenaient le pouvoir, ou si le pouvoir leur donnait carte blanche, c'en serait fini, définitivement, avec nos velléités libertaires, nos instincts, et notre jouissance subjective.

Mais le plus surprenant reste de voir ces deux conceptions inhumaines fleurir simultanément à Moscou et à Washington.

Cela fournit en tout cas la preuve réaffirmée par nous que la Rome 74 demeure bien bicéphale malgré les apparences et les contradictions, et que, dans l'empire d'Orient comme dans celui d'Occident, on entrevoit sérieusement la possibilité d'asservir l'homme à jamais.

J'ai dit, parlant des différends qui avaient opposé à plusieurs reprises le surréalisme révolutionnaire et le marxisme orthodoxe, qu'Aragon m'avait soutenu mordicus qu'il n'en était plus rien, que Freud était accepté ou, en tout cas, toléré par le communisme soviétique. Aragon, je l'ai dit également, se trompe ou a été trompé.

Je vais en apporter la preuve ici.

Il s'agit d'un texte officiel, transmis par l'agence Novotsi, représentante habilitée du gouvernement d'U.R.S.S. Ce texte avait été demandé par Jacques Mousseau, rédacteur en chef de la revue *Psychologie*. Après une longue attente, la réponse lui parvint, signée par trois sommités de la science soviétique : Bassine, Rojnov et Rojnova.

Ce document montre clairement que la science soviétique n'a assoupli en rien ses positions traditionnelles à l'égard du freudisme, et il complète simplement les déclarations marxistes de Mikailov et Tzaregorodeff d'il y a une dizaine d'années : « Le freudisme est le substitut moderne de la religion, l'opium du peuple de notre époque, l'outil créé par la société capitaliste pour éviter l'explosion qui la détruira. »

Ce courant d'idées n'a pas varié d'un pouce depuis. Que l'on en juge :

« La psychanalyse exprime sous une forme spécifique les traits caractéristiques de la conception bourgeoise du monde... Après avoir subi des transformations complexes, de modeste hypothèse clinique qu'elle était à l'origine, elle est devenue une doctrine philosophique universelle ainsi qu'un instrument de l'idéologie bourgeoise. « C'est pourquoi la dénonciation de son caractère anti-scientifique et réactionnaire sur le plan politique acquiert à notre époque, une actualité particulière. »

C'est net, précis, et sans bavures. Et ils enchaînent :

« Pour Freud, les raisons principales des tragédies de l'humanité (injustices sociales, exploitation de classes, guerre...) résident dans cette base biologique qui régit le comportement des gens, dans le refoulement des élans innés, des aspirations, dans les émotions éprouvées.

« Le tableau de la nature de l'homme tracé par Freud n'est pas seulement sinistre et foncièrement faux; il est de plus profondément amoral.

« Les auteurs soviétiques doivent constamment souligner l'incompatibilité de principe du matérialisme dialectique avec les variantes de la psychanalyse, quelles qu'elles soient... »

Quelles solutions proposent-ils à l'étude de l'homme?

Je vous le donne en mille : d'abord le retour à Pavlov, celui qui faisait saliver les chiens en agitant une sonnette!

« L'enseignement pavlovien sur le nervisme, déclarent-ils tranquillement, joue un grand rôle dans nos conceptions actuelles sur les plans clinique, physiologique et psychologique. »

Mais il intervient également des possibilités d'approfondir l'homme en étudiant des modèles cybernétiques!

« L'analyse cybernétique du fonctionnement de la conscience humaine développée dans son interaction avec l'inconscient, conclut Kolmogorov, n'est pas encore commencée. » Pourtant, en pensant à la possibilité de créer un ordinateur d'un type spécial, K. estime que ces mécanismes « permettront d'établir le modèle de l'activité psychique insconsciente de l'homme qui se trouve à la base de la création artistique et de la création scientifique ».

C'est un peu compliqué, mais tout le monde a compris. Dites-moi que je rêve. Lecteur, pince-moi. On nous compare à des ordinateurs, à des robots. Les auteurs admettent d'ailleurs ensuite que leurs propositions ont de quoi surprendre.

Nous ne trouvons pas ces hypothèses sur l'homme surprenantes. Nous les trouvons inquiétantes. Entre l'animal répondant, par réflexe conditionné à des stimuli extérieurs (Pavlov) et le rapprochement avec des robots, je ne vois guère de différence.

Et, bien qu'habitué aux rêves et aux avertissements les

plus fous de la science-fiction, cela donne froid dans le dos.

Surtout lorsqu'on lit leurs conclusions :

« Une telle critique démontrera toute l'inconsistance de cette école (le freudisme) à monopoliser l'étude des problèmes dont la solution aura des conséquences très importantes sur le plan de la conception du monde. »

C'est en effet le moins qu'on puisse dire. Puisqu'il s'agit, ni plus ni moins, du sort de toute l'humanité.

Mais le plus effarant, je l'écrivais tout à l'heure, c'est de retrouver aux États-Unis des conceptions sur l'homme quasi identiques à celles des psychologues soviétiques.

Là-bas aussi, une poignée d'hommes veut précipiter la chute de cette conception freudienne et libertaire de l'homme.

Fini le temps du pansexualisme! De la libido en érection! De l'instinct! De la liberté intérieure et de la dignité de l'homme.

Au nom d'une psychologie dite « néo-behavioriste » de pur comportement, un certain Skinner, psychologue d'Harvard, appelle notamment à la robotisation. Son chef-d'œuvre, qui a le mérite de ne pas être hypocrite, s'intitule *Au-delà de la liberté et de la dignité*. Ce qui s'appelle annoncer la couleur.

Mais, le plus étrange, c'est qu'on l'écoute.

Ce mégalomane qui nous prépare tranquillement la fourmilière entrevue par Duchamp, on le voit partout. A la télévision, au cinéma. Le voilà aussi célèbre qu'une star. Le *Times* lui consacre sa couverture.

Toutes les radios se font un honneur d'inviter ce fou dangereux qui, proche des pavloviens soviétiques, affirme que l'homme n'est pas un état particulier de la nature; que c'est un animal parmi les autres animaux; et que, comme tel, il faut le dresser, afin qu'il réagisse, comme les autres animaux, à un certain nombre de stimuli extérieurs de l'environnement.

Il est vain de faire appel à la raison, à l'imagination, à l'intelligence, aux sentiments profonds de l'homme. Pour Skinner, il faut commencer par changer son environnement-stimuli et l'homme en réponse, comme le chien de Pavlov, changera à son tour de comportement.

« Au lieu d'expliquer, dit-il précisément, le comportement de l'homme par des états d'esprits ou des sentiments, nous l'expliquons par son histoire " environnementale ". Telles est l'essence de la science du comportement, et l'examen philosophique de ses applications est le behaviorisme. »

La liberté pour Skinner, ça n'existe pas. Ce n'est même pas envisageable : « Cela dépend de ce que l'on entend par liberté, dit-il, ce bâtard. Je pense que le combat pour la liberté a été un moyen de libérer les hommes de ce que nous appelons le contrôle coercitif. Malheureusement... nous refusons de reconnaître que nous agissons toujours sous l'effet d'une contrainte, même lorsque nous nous sentons libres. »

Déterminer notre comportement à chaque minute, à chaque seconde, briser notre libre arbitre et notre appareil critique, voilà l'ambition d'un type comme Skinner :

« Si vous créez certaines conditions pour amener quelqu'un à agir d'une manière donnée, vous verrez beaucoup plus clairement toutes les implications du problème et, en manipulant certains facteurs, vous pourrez obtenir un effet. »

Les expériences d'un Skinner me font penser à celles de quelques médecins allemands, il y a une trentaine d'années...

Pour lui, la jouissance, c'est l'horreur de la décadence. Quant aux jeunes qui refusent d'être manipulés, on finira bien par les avoir :

« En ce moment, ils paraissent avoir le dessus, dit-il. Les jeunes gens ont découvert des méthodes de contrôle et des moyens d'échapper aux techniques qu'on essaie de leur appliquer. Ils se défendent contre tout cela (le ton devient franchement méprisant) en faisant appel à une philosophie de la liberté.

« Ils réclament le droit de faire ce qui leur plaît, et cela les amène souvent à faire tout ce qui leur apporte une jouissance immédiate : prendre de la drogue, avoir des expériences sexuelles, jouer d'un instrument facile comme la guitare... ou tout simplement ne rien faire... »

Mais quels buts poursuit Skinner?

Faire de nous des producteurs, des travailleurs robots d'un type nouveau. Il l'avoue d'ailleurs implicitement.

A la question d'Élisabeth Hall : Supposons qu'un chef d'entreprise refuse d'utiliser votre technologie du comportement parce qu'il la trouve contraire à son sens de la liberté et qu'il répugne à contrôler ainsi le comportement de ses employés? Skinner répond, très à l'aise : « Un chef d'entreprise contrôle toujours ses employés, mais il les contrôle mal; il devrait les contrôler plus efficacement. S'il les laisse tout simplement livrés à eux-mêmes et libres de faire les choses comme ils l'entendent, eh bien, il court à la faillite et ne sera pas longtemps chef d'entreprise. »

Enfin, le plan politique. Skinner se rend-il compte où ses théories pourraient nous mener : oui, parfaitement. Il désapprouve bien sûr, mais enfin, mollement, juste ce qu'il faut :

« Le mot fascisme a été souvent prononcé à propos de mon livre... on m'accuse d'apporter de l'eau au moulin du fascisme. Je suis un adversaire déclaré des techniques totalitaires traditionnelles et je pense que les gens ont besoin de se *sentir libres* et d'aimer ce qu'ils font. Mais il doit être vrai que j'apporte de l'eau au moulin de ceux qui veulent trouver un mode de vie plus efficace. Je crains d'être amené à constater que la lutte pour la liberté et la dignité de l'homme nous empêche paradoxalement de tirer parti de nos découvertes sur le comportement humain. Si tel devait être le cas, cela signifierait que notre culture a subi une mutation fatale et qu'elle approche de sa fin. Un mode de vie fasciste pourrait alors présenter certains avantages... »

Oubliez l'homme. Ne considérez que l'animal. Analysez

ses conditionnements en faisant agir l'environnement. Trouvez-les plus efficaces, et multipliez-les.

Skinner appelle cela le « conditionnement opérant ». Il y a un autre mot pour cette démarche : le nazisme. Et pas le petit nazisme nostalgique, revanchard, wagnérien, à tuteur ésotérique ou magique. Non, le vrai nazisme. Le scientifique. Celui qui prévoit tout, et que le poète américain Stephen Pender appelle « un fascisme sans larmes ».

Noam Chomsky, pionnier de la New Left (nouvelle gauche) américaine a traité Skinner d'« irresponsable ». Des journalistes le comparent à un rat. Mais, dans les laboratoires gouvernementaux, on l'écoute. On s'intéresse beaucoup à ses théories.

Avouez que cela dépasse Orwell dans *1984* ou *Le Meilleur des mondes* d'Huxley!

Car enfin, oui et non, est-ce qu'il y a dans l'homme une liberté et une dignité suprêmes?

Est-ce que la condition humaine peut être transcendée?

Est-ce que la condition sociale peut être transcendée?

Skinner, comme les pavloviens soviétiques, répond : « Non, il n'y a pas de transcendance. Il y a un comportement social et c'est tout. »

Il appartient aux jeunes de la contre-culture de réaffirmer qu'il y a une transcendance et qu'elle n'est pas incompatible avec le comportement social.

Nous refusons ce déterminisme monstrueux.

Nous refusons cette culture qu'ils nous mijotent dans leurs laboratoires et qui, d'ailleurs, n'en est pas une, mais apparaît plutôt comme une « non culture mécanique et inhumaine », pour reprendre les termes exacts de William Braden dans son *Age of Aquarius*.

Dans ses mannequins métaphysiques, sans foi ni visage, le peintre Chirico avait-il entrevu cette robotisation qu'ils nous préparent? Je repose la question :

Crânes lisses, têtes ovoïdes, dépourvus d'organes des sens, *« mais sur lesquels le signe mathématique de l'infini dessine parfois l'emplacement des yeux absents...* [1] » Est-ce là notre portrait futur?

Il y a du visionnaire chez Chirico, et je crains les visionnaires.

Comme ce Sébastien Mercier qui, en 1786, soit trois ans avant la Révolution française, publiait à Londres un ouvrage intitulé *L'An 2240, s'il en fût,* et où l'on pouvait voir la Bastille renversée, le château de Versailles en ruines, et un roi bouffi, sanglotant sur son pouvoir perdu!

Si nous n'y prenons garde, un créateur plastique de la contre-culture moderne, Giorgio de Chirico, pourrait bien avoir prophétisé les désirs d'un savant fou appelé Skinner. Et nous pourrions un jour, à notre tour, pleurer sur notre liberté disparue, aussi relative soit-elle aujourd'hui.

Et, quand bien même on nous apporterait la preuve que Skinner et les pavloviens ont dit vrai sur l'homme, j'en appelle à la mauvaise foi : je préfère un freudien qui délire à la raison des monstres froids.

Ni robot, ni esclave. Telle est notre devise. Quitte à en crever.

1. *Histoire du surréalisme* de M. Jean, Paris, éd. du Seuil.

Position

Il y a soixante-cinq ans, la contre-culture moderne est née. Elle a gagné quelques batailles et en a perdu d'autres. J'ai parlé, ici, des victoires et des défaites. Je sais pourtant ne pas avoir été toujours objectif. Ce n'était pas mon but. Mon caractère moins encore. Mais le sont-ils, eux?

Depuis la double riposte nazie et stalinienne, la guerre des cultures continue. A outrance. A l'est comme à l'ouest, les armes changent, mais c'est toujours la même chasse aux créateurs, aux novateurs, aux chercheurs. A tous ceux qui refusent le conformisme et le mensonge.

Si la contre-culture est une fable, elle a sa moralité :
LA CULTURE EST COMME UNE BROUETTE,
SI ON NE LA POUSSE PAS, ELLE S'ARRÊTE...

Or, comme le dit l'adage zen : « Qui s'arrête se trompe. » Pousser la brouette, c'est le rôle de la contre-culture. Elle n'est pas seulement une critique radicale de la culture admise par le vieux monde, elle est aussi, par sa dérision critique et par ses créateurs, une hypothèse pour la sauver.

Face aux dogmes religieux et politiques, vidés de leur sens, dénoncés par l'expérience, la contre-culture, aujourd'hui, c'est l'esprit caustique de Dada, l'imagination surréaliste, la tragédie moderne d'un Louis Lecoin ou d'un Leary, les fiançailles de Fourier et de l'affaire Lip, le rire du hippie Rabelais sous les voûtes de la communauté de Thélème, les monts sacrés de Daumal, la politique-fiction d'Orwell, la créatique lettriste et les avertissements d'Huxley.

Les dogmatiques, religieux et politiques, parleront chez nous d'ambiguïté. Mais la confusion est chez eux. Leurs idéologies sont des enchantements par le langage. Une perversion des sens de la réalité.

Certains acteurs de la contre-culture, dont j'ai parlé dans ce livre, leur apparaîtront comme des gens de gauche, les autres comme des hommes de droite.

D'avance, je réponds : « Étiquettes! Emballages tout faits! Pauvres répliques d'une société de marchandise! »

Un écrivain suisse, Herbert Meier, dont l'esprit est assez proche du nôtre, écrit à ce sujet : « L'homme nouveau ne se tient ni à droite, ni à gauche, il avance. Il est en chemin. Qui se tient à droite, qui se tient à gauche, se tient dans un cas comme dans l'autre, à l'écart.

« Qui chemine vraiment ne va ni toujours à droite, ni toujours à gauche, ni ne tient non plus son juste milieu. Il revendique la route sur toute sa largeur... [1] »

L'intelligence n'a pas de parti. Le créateur refuse la cocarde. Et il y a des cons sous toutes les bannières.

Nous voulons donner la parole à l'intelligence, les moyens d'action à la critique, le pouvoir à l'imagination.

Dans toutes les analyses sociales et culturelles, les sociologues de gauche et de droite oublient régulièrement le même paramètre : celui de la bêtise humaine et de ses effets.

Pour tout cela, nous serons, sans doute, les dérangeants de la droite comme de la gauche. Mais, qu'y pouvons-nous?

Dans toutes les utopies, les hommes sont tous égaux, bons, gentils, sociaux. *Jamais intelligents et créateurs.* Pourquoi ne pas écrire cette utopie-là?

La vérité est qu'il y a dans la culture sclérosée et aliénante du « vieux monde » une bonne part due à l'oppression constante de l'éternelle connerie.

---

1. *Le talent au pouvoir*, par Herbert Meier, éd. de la Baconnière.

Le christianisme nous parle du Sacré-Cœur. Mais le cœur est un muscle. La vie est au cerveau. Alors nous parlerons de la Sacrée Tête.

S'il faut une religion à l'homme, force est de constater que celle des sentiments a échoué, ou ne suffit plus. Il nous faut celle de l'intelligence créatrice. Voilà la vraie fraternité.

Les révolutionnaires de Jésus et consorts, on s'en fout! *Ce sont*, je l'ai dit, *des enfants déguisés en idiots conduits par un idiot déguisé en enfant.*

Nous sommes déjà des centaines de milliers à penser ainsi.

Après la pop music, la bande dessinée, la révolution du super huit, nous créerons d'autres supports. Si vite utilisés puis abandonnés que nous échapperons à toute récupération. Nous multiplierons les journaux parallèles. Nous créerons, comme des Américains l'ont fait, des éditions underground. Avec Burroughs, nous envahirons l'audio-visuel, révolution de demain. Partout, et pour tous, nous réclamerons la liberté de création, la liberté d'esprit et d'espoir, la liberté sexuelle, la liberté du Grand Jeu. Nous combattrons l'intolérance et le mensonge. A vos idéologies meurtrières « à la papa », nous opposerons systématiquement un pragmatisme de l'intelligence. A vos plagiaires appointés par la mode, nous confronterons, en place publique, nos créateurs, anonymes et inconnus d'aujourd'hui, célèbres demain.

Vos contradictions, vos meurtres, vos scandales, et surtout la lâcheté de vos élites feront le reste. La vérité? Regardez à Paris, Besançon, Lyon, Bordeaux, Marseille, Lille, Toulouse, Montpellier. La vérité est que vous avez déjà perdu, mais que vous l'ignorez encore.

Voilà. J'ai dit, en trois livres, à peu près tout ce que je voulais dire sur ce sujet. Et je ne vous ferai pas le coup des mousquetaires. La trilogie est terminée. Mais la véritable aventure commence peut-être...

Car, voyez-vous, comme le disait Flaubert dans une lettre du 4 septembre 1850 à son ami Louis Bouilhet :

« *La bêtise consiste à vouloir conclure...* »

Documents annexes saisis
au Q. G. de la contre-culture

HOMO SANGUINARIUS...

J'ai toujours eu de l'estime et de l'affection pour le biologiste Jean Rostand. Les anciens auditeurs de « Campus » s'en souviendront peut-être : je l'avais invité plusieurs fois. Je crois, au fond, que nombre d'entre nous auraient aimé avoir un grand-père comme celui-là : impétueux, vitaliste, chaleureux, franc jusqu'à la brutalité. Notre vieil ami est aujourd'hui très malade. En attendant son retour parmi nous, j'ai voulu lui rendre hommage ici. Le meilleur moyen, m'a-t-il semblé, était de reproduire le discours « anti-guerre » qu'il prononça le 15 novembre 1968 à la Mutualité, à l'occasion d'une réunion des « Citoyens du Monde ».
Ce discours, d'une intensité dramatique prodigieuse, s'inscrit parfaitement dans un livre sur la contre-culture. Rostand a dit, ce soir-là, ce que j'aurais aimé dire. Je lui laisse la parole.

M. L. le 27 janvier 1974.

« " Comment peut-on être Persan? " s'écriait-on au siècle de Montesquieu. Moi, je dirais volontiers aujourd'hui : " Comment peut-on ne pas être Citoyen du Monde? "

« Quand on voit les atrocités, les injustices, les exactions commises au nom de l'idole patrie;
« Quand on voit à quelles sanglantes impasses conduisent tous les nationalismes;
« Quand on voit comment, pour un peu de pétrole, de cobalt ou

d'uranium, les sentiments les plus élémentaires d'humanité se trouvent bafoués;

« Quand on voit comment les exigences de l'égoïsme sacré font bon marché de la vie et de la dignité humaine, quand il s'agit de s'assurer la possession d'une matière première ou d'une zone d'influence;

« Quand on voit les sommes fabuleuses gaspillées pour des armements, qui ne serviront jamais, ou qui, si par malheur ils servaient, mettraient en péril l'espèce entière, autrement dit, quand on voit les peuples se ruiner, ou pour rien, ou pour leur suicide,

« Quand on songe qu'avec ces dépenses militaires on pourrait créer partout l'abondance annoncée par Jacques Duboin, résoudre tous les problèmes économiques et sociaux — à cause desquels le monde est divisé en blocs antagonistes —;

« Quand on songe à tout ce que la science, la médecine, la culture, la démocratie pourraient gagner à une pacification du monde qui libérerait tant de puissance et d'énergie, absorbées jusqu'ici par l'œuvre de mort :

« Comment ne pas rêver tout au moins, d'une humanité sans frontières et capable enfin de se consacrer à des tâches non plus mesquinement nationales, mais planétaires.

« Depuis les funestes éclatements d'Hiroshima, les moyens de distribution fournis à l'homme par la science n'ont cessé de gagner en puissance.

« L'Homme, écrivait le philosophe Jaspers, pouvait jusqu'ici se détruire individuellement, à présent l'humanité peut être anéantie en totalité par l'homme. Que cela se produise n'est pas seulement entré dans le domaine du possible : il est vraisemblable que cela se produira.

« Un peu excessif peut-être, l'adjectif " vraisemblable "; mais il aura cessé bientôt de l'être, si l'on ne se hâte pas de mettre un terme à la criminelle dissémination des armes nucléaires, et de toute façon le seul fait qu'un tel auto-génocide soit désormais concevable, suffit à donner, à l'air que nous respirons, un avant-goût d'Apocalypse.

« Le spectacle que donne présentement le monde n'est pas fait pour rassurer les amis de la Paix. Jamais, il n'a paru plus démuni et plus éloigné de l'union. Partout flambent les nationalismes, les chauvinismes, les racismes, les fanatismes. Partout règnent en maître l'esprit de rivalité, la volonté de domination, la sauvagerie des soi-disant civilisés.

« A-t-on jamais le sentiment que les grands responsables de la planète — ceux qui tiennent entre leurs mains les vies de millions d'hommes — aient vraiment à cœur de rechercher l'entente, avec l'opiniâtreté, la ferveur, la probité qui seraient de mise.

« A-t-on jamais l'impression qu'ils soient disposés à faire à la grande, à l'inégalable cause de la Paix, les concessions qu'elle commande et le sacrifice, même partiel, de leurs préjugés, de leur point d'honneur, de leur prestige, de leurs intolérances.

« Est-ce que jamais l'on voit s'esquisser, même à titre d'essai, un geste qui soit sans arrière-pensée, et clairement dicté par la volonté de conciliation, un geste spirituellement désarmé, qui ne soit pas de tactique ou de propagande, qui ne vise pas à conquérir quelque avantage matériel ou moral, un geste gratuit enfin, qui ne soit teinté d'aucun impérialisme, ou national ou idéologique.

« Comment ne comprennent-ils pas ces chefs d'État, si avides de gloire future, si pleins d'orgueil, qu'on ne peut plus se grandir aujourd'hui par l'épouvante qu'on inspire et que les seuls gestes historiques, ceux qui compteront dans la mémoire des peuples, seront des gestes d'apaisement, créateurs de sécurité et d'espérance.

« Et dans ce monde si dénué de fraternité, non seulement les bombes s'accumulent dans les arsenaux et sans cesse augmente le nombre des pays possédant ou briguant le hideux standing atomique, mais encore, la décision suprême assassine dépend d'une volonté unique. Elle peut être prise par un seul homme, un seul : qui peut être un agité, un persécuté, un mégalomane, un névrosé enfin, puisque jusqu'à nouvel ordre on n'exige pas de ceux qui nous conduisent un certificat de psychiatre.

« Pourquoi pas demain, à la tête d'un grand pays ou même d'un petit pays qui servirait de détonateur, un nouvel Hitler — et d'ailleurs est-il besoin d'un nouvel Hitler pour nous jeter à l'abîme; il suffirait d'un chef d'État quelque part, soupçonnant l'adversaire d'être un nouvel Hitler, résolu de prendre les devants dans le crime. N'oublions pas que ce sont des hommes très raisonnables et fort respectables, qui ont pris sur eux de faire Hiroshima, Nagasaki.

« En un temps où la guerre n'est plus la guerre, mais peut-être
le suicide de l'Homme; où refuser la Paix des vivants c'est préparer
la Paix des tombeaux, ne comprendrons-nous pas enfin, qu'il y a
mieux à faire sur notre petite boule, qu'à échanger les défis et équi-
librer les terreurs. Or, il n'est qu'un moyen de conjurer le péril, un
seul moyen de prévenir le déchaînement des forces infernales :
c'est la constitution d'un gouvernement mondial.

« Einstein déjà, en avait fait le beau rêve qui est aujourd'hui celui
de Bertrand Russell, de Linus Pauling, d'Alfred Kastler, de Théodore
Monod et d'autres hommes de Vérité qui se veulent aussi être des
hommes de fraternité.

« Un général..., le général Jousse, qui nous console de bien
d'autres généraux, car en fait de pacifisme militant, il en remontre-
rait à beaucoup de civils. Le général Jousse écrivait récemment :
" S'unir ou périr! Les sceptiques disent que cette idée d'un gouvernement mondial est utopique, mais que proposent-ils d'autre? Alors
qu'ils se taisent! " Oui mon général! qu'ils se taisent, les prétendus
réalistes, les soi-disant hommes de raison et de sagesse, qui n'ayant
à nous offrir que les surenchères de la menace et les bons offices de
la terreur, ne savent depuis des siècles que nous faire patauger dans
le sang. Où sont leurs réussites? Qu'ont-ils évité en fait de catas-
trophes et de tueries? Quels sont leurs titres à la gratitude des
peuples? Et n'est-on pas fondé à penser que si les idéalistes, si les
utopistes, si les rêveurs, si les poètes, avaient pu se faire entendre,
l'histoire de l'homme n'aurait pu être plus affreuse qu'elle n'a été.

« Être Citoyen du Monde, c'est parier pour la survie de l'homme,
comme Pascal pariait pour l'immortalité de l'âme. Mais croire à
l'immortalité ne nous aide pas à devenir immortel, tandis que croire
au monde uni pourrait contribuer à en hâter la venue.

« Je pense en effet qu'il n'est pas indifférent pour la conduite présente des humains qu'ils aient ou non à l'horizon de leurs pensées
un si haut objectif. Et je veux saluer ici la belle initiative de Jacques
Mühlethaler, qui a créé en Suisse l'École Instrument de Paix, ayant
pour but d'infuser dans l'enseignement scolaire les principes essentiels de toute civilisation, à savoir : le respect de la vie et l'esprit de

tolérance; armer l'esprit de l'enfant pour que sa main n'ait plus à être armée.

« Voilà une belle formule.

« Oui, débarrasser, purger les manuels scolaires de tout ce qui peut nourrir les funestes séparatismes;

« Épargner aux collégiens le sinistre récit des batailles, se garder de leur détailler les beautés de la stratégie napoléonienne;

« Leur faire comprendre qu'un boucher sur un trône n'en est pas moins un boucher;

« Et que les arcs de triomphe et les colonnes Vendôme ne sont que les reliques d'une proche barbarie;

« Les initier aux découvertes scientifiques et aux progrès de la justice, plus qu'aux prouesses meurtrières;

« Les pénétrer de cette notion : qu'aucune guerre n'est belle, qu'aucune victoire n'est glorieuse — puisque les Te Deum se chantent sur les charniers —;

« Leur enseigner dès le plus jeune âge qu'aucun peuple ne vaut plus qu'un autre, qu'aucune race n'est supérieure à une autre, qu'aucune patrie ne s'est au cours des temps plus noblement conduite qu'une autre;

« Leur montrer qu'il n'est pas d'histoire nationale qui ne soit un tissu de férocités et de félonies;

« Bannir de nos programmes tout ce qui peut contribuer à mettre dans l'esprit des jeunes un sentiment de primauté nationale, en quelque domaine que ce soit : matériel, spirituel, moral.

« Un de mes amis, professeur d'histoire, me citait naguère, le mot d'un écolier, qui venait de recevoir son livre d'Histoire : " J'ai reçu mon livre de guerre. " Eh bien, nous ne voulons plus que les livres d'histoire soient des livres de guerre.

« Est-il besoin de dire, ce soir, que le lien est étroit entre le mouvement des Citoyens du Monde et le Mouvement Contre l'Armement atomique, au nom duquel je m'exprime ce soir; car c'est bien l'ampleur de la menace nucléaire, qui a fait prendre conscience à beaucoup de l'urgence d'une solution mondialiste.

« Citoyens du Monde, notre ami René Cruse, ce valeureux pasteur, qui se présenta aux élections législatives à Nevers, avec pour programme de base le renoncement immédiat à la stupide et criminelle force de frappe française. Citoyen du Monde, notre ami Georges Pinet, cet avocat courageux qui passa plusieurs mois à Fresnes, condamné de droit commun, pour avoir renvoyé au ministre de la Guerre son livret militaire, parce que sa conscience de chrétien lui interdisait de servir dans une armée, qui prépare délibérément le massacre de populations civiles. Un protestant, un catholique : voilà du bel œcuménisme mondialiste.

« Oui, ils sont de tous partis, de toutes confessions, de toutes opinions les Citoyens du Monde. Il y a parmi nous des rationalistes et des mystiques, des croyants et des incroyants, des hommes qui respectent l'homme parce qu'ils y voient une image de Dieu et d'autres qui le respectent simplement parce qu'il est l'homme; il y a des militaires — comme le général Jousse — et des objecteurs de conscience; il y a des jeunes, beaucoup de jeunes heureusement, et aussi des vieux; il y a même des lycéens, n'en déplaise à M. Marcellin; il y a des anarchistes et des hommes d'ordre; il y a des hommes qu'on dit de droite et d'autres qu'on dit de gauche; des violents et des non-violents; des hommes qui pensent que la force doit aider au triomphe de ce qui doit être et d'autres qui n'admettent l'emploi que des armes de lumière; il y a des hommes de logique et des hommes de rêve, des hommes de vérité et des hommes de poésie; il y a des hommes pondérés et aussi, fort heureusement, des hommes qui ont dans l'âme ce précieux grain de folie si souvent nécessaire pour secouer les sages inerties.

« Mais ce qui, par-delà tant de différences, unit tous ces hommes, c'est le désir passionné de sauver la Paix. Mot ambigu, je le sais bien, que celui de Paix. Qui ne se dit pacifiste et ne veut en avoir le monopole? Pour celui-ci, il n'est de pacifisme qu'intégral : être pacifiste c'est refuser toute guerre, quelle qu'elle soit. Pour celui-là, c'est accepter seulement les guerres justes. Pour cet autre, c'est n'accepter que les guerres qui favorisent une évolution sociale seule capable d'instaurer une Paix durable. Mais, qui décidera, qu'une guerre est juste? Qui décidera si la cause qu'on veut servir — toujours un peu impure comme toute cause — mérite la tuerie qu'elle réclame?

« Questions angoissantes que tout sincère pacifiste a connues, qui mettent en balance des vies humaines avec des valeurs morales,

telles que la liberté et la justice, ou ce qui est encore plus embarras-
sant, des vies humaines avec d'autres vies humaines. A vrai dire je
crois, que le pacifisme ne se laisse pas définir d'une façon rigide,
dogmatique; il est moins un engagement doctrinal qu'une manière
profonde, viscérale, d'être et de sentir.

« Pour moi, être pacifiste, ce n'est pas forcément être toujours
prêt à tout sacrifier à la Paix, mais c'est quand même être capable
de lui sacrifier beaucoup de choses et à quoi l'on tient.

« Être pacifiste c'est ne prêter qu'une oreille méfiante à ceux qui
recommandent aujourd'hui le massacre, sous prétexte qu'il en pré-
viendra un plus copieux demain;

« C'est, sans méconnaître les droits de l'avenir, donner la priorité
à la vie des vivants;

« C'est vouloir la Paix, même si elle n'a pas tout à fait la couleur
qu'on préfère;

« C'est lui rendre grâce, alors même que toutes nos passions ne
trouvent pas leur compte;

« C'est admettre que l'intérêt de la Paix puisse ne pas coïncider
avec celui de notre patrie ou de notre idéologie;

« C'est oublier cette ignoble vérité que le sang sèche vite;

« C'est garder toujours présent à l'esprit l'inépuisable contenu
négatif du mot *Paix*, tout ce qu'il porte en lui de non-souffrance,
de non-détresse, de non-misère, de non-désespoir, de non-désolation;

« C'est voir obstinément en toute guerre, la gigantesque erreur
judiciaire que fait la somme de peines capitales infligées à tant
d'innocents;

« C'est ne pas consentir aux grossières simplifications et falsifications que diffusent les propagandes pour attiser les haines;

« C'est refuser d'égrener le chapelet des slogans de commande
et des calomnies de consigne;

« C'est ne pas clamer qu'on veut la Paix, quand on fait le jeu des
fanatismes qui la rendent impossible;

« C'est dénoncer sans relâche, l'atrocité, l'ignominie de la guerre,
se garder d'imputer à l'un des belligérants les atrocités hors série;

« C'est s'interdire de dénoncer d'un côté ce qui se fait ou se ferait
aussi bien du côté adverse;

« C'est condamner dans tous les temps, les jusqu'auboutismes et
les intransigeances;

« C'est s'affliger quand, pour quelque cause que ce soit, on voit un fusil entre les mains d'un enfant;

« C'est être obsédé par les fantômes de tous ceux qui sont morts, pour rien;

« C'est préférer que les réconciliations devancent les charniers;

« C'est n'être jamais sûr d'avoir tout à fait raison quand on souscrit à la mort des autres.

« Un monde uni ne pourra être bâti que par des hommes et des femmes ayant au cœur ce pacifisme-là. »

JEAN ROSTAND, 15 novembre 1968.

« TOUS CEUX QUI NE SE RECONNAISSENT PAS
PART ENTIÈRE DU VIEUX MONDE ONT LE POTENTIEL NÉCESSAIRE
POUR DEVENIR LES SUPPÔTS DE LA CONTRE-CULTURE... »

Ce deuxième texte annexe a été écrit par un de mes amis. Il s'appelle Jérôme Diamant-Berger et fut l'un des deux organisateurs du festival de cinéma super huit dont j'ai parlé. Il a vingt-trois ans. On verra qu'à notre écart d'âge correspond également un écart de langage et de conception de la contre-culture. La différence n'est pas énorme mais, existant, elle justifie à elle seule cette insertion.

« Ne pas se reconnaître dans le vieux monde ou ne pas reconnaître celui-ci comme contenant sa propre image, c'est vouloir briser l'autorité du père, et de la mère, et du pouvoir.
« Qu'est-ce que le vieux monde?
« Qu'est-ce qu'une image?
« Qu'est-ce qu'une reconnaissance?

· « Le vieux monde est par définition tout ce qui n'est pas jeune au sens réel du terme, c'est-à-dire " qui n'est pas avancé en âge ". Tout ce qui n'est pas jeune réprime les jeunes, y compris l'idée d'être vieux, donc l'idée de mort. On arrive très rapidement à la conclusion que non seulement la répression est exercée par les vieux mais aussi par l'idée d'être vieux.
« Le vieux monde en question transparaît sous toutes ses faces lors de l'ascension vers le pouvoir. C'est là, en effet, qu'intervient le phénomène de reconnaissance au vieux monde.

« Pour monter convenablement l'échelle sociale, un individu devra forcément se reconnaître à divers niveaux de ce vieux monde, ne serait-ce que pour sa sécurité personnelle, et, ensuite, ce qui crée d'ailleurs le mouvement dans l'ascension en question, acquérir petit à petit les biens du niveau supérieur (processus du modèle) avant même d'en avoir obtenu les pouvoirs d'achats (emprunts, crédits, achats à tempérament, etc.) qui se sont généralisés aux États-Unis puis en Europe.

« Le vieux monde, c'est tout ce qui nous lie d'une façon ou d'une autre à notre passé, même le plus lointain (inconscient fossile) y compris « l'idée de passé », c'est-à-dire « la non vie » (angoisse existentielle).

« Ouvrons l'album d'images du vieux monde. Qu'y voit-on? Une multitude d'offrandes à des dieux fossiles : " le travail, la famille et la patrie "; allons un peu plus loin, tiens, tiens, voici maintenant l'image de la révolution : les hippies défilent la bêche à l'épaule, traînant derrière eux des rateaux par milliers. Des gauchistes, jeunes ou vieux, s'accrochant aux feuilles de cet album monstrueux de peur du néant.

« Les curés en jaquette cintrée, remuant du croupion, dégueulent leurs râles ultimes sur les crânes des derniers clowns en soutanes. Le milieu urbain, sur la couverture, se d'helvétise de plus en plus et l'on voit apparaître sur la chair pourrie le nom des premières charognes : New York et Calcutta.

« D'autres images monstrueuses montent à l'assaut du dernier des paragraphes : des psychanalystes se lèvent hirsutes pour retomber, mollement, prostrés dans leur dernier spasme récupérateur.

« Le manège aux mille bureaucrates enfourchés par des nains hideux, une folle farandole qui, s'approchant, dévoile des masques terribles.

« La légende des siècles s'ébranle dans un dernier fantasme, et des millions de voix semblent sortir des ténèbres; le livre se referme; les derniers militants aux yeux crevés par les regards impérieux du père, et voilà que bientôt, ce râle monstrueux s'éteint, et la connaissance revient.

« C'est en refermant ce livre d'images que nous tournerons définitivement le dos à tous les vieux mondes.

« Car le problème est celui-ci : nous sommes un produit pur de ce carnaval monstrueux.

« Nous avons en nous ces nains rieurs, ces psychanalystes fous et nous sommes, aussi, le travail, la famille et la patrie. Nous avons été façonnés dans ce milieu, nous en sommes le résultat et, c'est en démontant pièce par pièce ce puzzle qu'est l'histoire que l'on pourra enfin répondre à la question : qui suis-je?

« Prétendre le contraire, c'est en fait refuser le père et non le tuer; refuser le pouvoir et non l'abolir; c'est retourner à la nature et ne pas détruire les villes!

« Qu'est-ce qu'une contre-culture? C'est, hélas, " l'album d'images du jeune monde "; jeune, oui, mais reste l'image.

« L'objet n'est pas subordonné au sujet mais il le domine.

« Le sujet est l'objet de l'objet et, en même temps, son propre objet.

« Les rapports transformés par le grand livre des prières sociales, et ses images tristes, sont systématiquement réifiés.

« Tant que la contre-culture ne sera qu'un contre-objet, la culture étant le média réificateur, elle ne sera jamais qu'une nouvelle culture. »

J. Diamant-Berger, 15 février 1974.

ANNEXE III

LA BANDE DESSINÉE

Ce troisième texte est dû à Thierry Defert, mon complice dans l'émission T.V. « Ouvrez les guillemets », où je sévis dans la science-fiction, et où il cause de la bande dessinée. Son langage écrit, sans transition, « éclaté », étant caractéristique d'une époque et d'une génération, je l'ai laissé tel.

« " Bande dessinée et figuration narrative ", le catalogue de l'exposition organisée en 67 au musée des Arts décoratifs à Paris est une véritable bible pour qui voudrait faire un tour complet de la bande dessinée. L'avant-propos indique que depuis sa naissance, la bande dessinée américaine a produit de 8 à 12 millions d'images, que Georges McManus a produit, près de 80 000 images et que Chic Young l'auteur de *Blondie* a plus de 70 millions de lecteurs par an [1] ! »

Mais la chose la plus fabuleuse reste pour moi l'extraordinaire évolution de la B.D. Depuis 1968, à travers des centaines de petits journaux édités de manière artisanale dans les écoles, lycées et facs, un certain nombre d'acquis culturels tels que celui de la caste, de la palme académique, de l'" Artiste " ou de la belle image se sont écroulés. Tout enfant dessine et raconte abondamment l'univers qu'il voit apparaître. Et puis, un beau matin, il s'arrête, enrobé de

1. Éd. Serg.

conseil ou de prospectus lui proposant de " savoir ", " d'apprendre " à dessiner. On assassine le talent. La B.D. le sauve.

Car, dans ce domaine, depuis quelques années, il s'est passé quelque chose. Une fissure, une cassure plutôt. Au début les empires de la presse illustrée, installés sur le marché mondial, ne prennent pas au sérieux la multitude de petits journaux bricolés dans les caves du " Village ", à New York, ou dans les universités de Californie.

A côté d'inconnus, certains dessinateurs couronnés par des bibles d'illustrateurs tels que *Play Boy* y collaborent activement ou créent leur propre journal. Syndicats et distributeurs ignorent systématiquement le tout. Malgré cette indifférence pour la presse dessinée une page va se tourner.

Les héros de l'illustration sont mortels, et Monsieur Natural de Robert Crumb va s'asseoir en position de lotus sur le Mickey de Disney. Et Fritz the Cat (du même Crumb), de marcher bientôt, très à l'aise, sur les plates-bandes de *Tintin*.

Disney, cela représente des milliers de bureaux, de machines à écrire, des droits internationaux draconiens, une énorme usine autour de personnages de basse-cour, mais surtout autour d'une petite souris. Crumb, lui, se balade dans la montagne avec femme, chèvres et enfants. Distribuant ses dessins à " l'œil " si tu es sympa et si ton " canard " est resté le rêve envisagé au départ.

Il s'est passé quelque chose !

Une affiche de la prévention routière signale qu'il est dangereux de ne pas boucler sa ceinture de sécurité lorsque vous roulez en ville. En blanc, énumération des victimes, statistiques suivies d'une question en lettres géantes : *Et Vous ?* Une main anonyme y a répondu en écrivant au bas du panneau : " Je prends le métro ".

Cette marginalité dérisoire s'adapte parfaitement au phénomène actuel dans la B.D.

De Tokyo à Varsovie en passant par Paris, les dessinateurs descendent seuls dans la rue. A force d'encombrements, de déceptions, de supplications, de quiproquos, les escaliers menant aux salles de rédaction ou chez les éditeurs ont tendance à ne plus intéresser grand nombre d'entre eux. Pendant des générations, ils ont pris l'habitude d'une dèche quasi générale et admis, sans broncher, leurs centaines de dessins coupés, râpés ou non édités sous un prétexte quelconque.

Alors, les soixante-dix ans de la *Famille Fenouillard* ont été fêtés en jetant par la fenêtre une grande part de timidité. L'amalgame d'images dans notre siècle, la grande information, la disparition de nombreux tabous sous l'encre des affiches sérigraphiées de mai 1968; les possibilités techniques et à bon marché de plus en plus nombreuses dans l'imprimerie ont déclenché chez le dessinateur l'envie de s'éclater un peu, tranquille, sinon tout seul.

Au coin de la rue, un imprimeur. On s'arrange. Le numéro 1 000 n'est pas envisagé, on en fait 1, puis 2, peut-être un troisième. Ce n'est pas le problème. L'essentiel est de créer. Librement.

L'Écho des Savanes, *Le Petit Mickey qui n'a pas peur des gros*, c'est la fête! Bretécher, Gotlib, Mandrika, s'amusent à faire un numéro en ouvrant les vannes d'une énergie semble-t-il retenue pendant des années. Censurée par un journal dans lequel ils travaillaient tous les trois!

Il paraît que c'est faux! Autocensuré, alors! Le problème est sans réponse. Au départ un tirage de 1 000 exemplaires pour le pied et les petits copains. Aujourd'hui ils tirent le cinquième à 100 000. Il y a plein de messieurs derrière un bureau qui ne comprennent pas.

Hormis pour les collectionneurs, le temps est un juge redoutable pour les journaux de l'histoire. A force, par exemple, de trop arrondir les angles d'une opinion, le dessinateur Cham, ou des recueils comme *Le Sourire et le rire*, cloués dans l'anecdote ont perdu aujourd'hui, tout intérêt; alors que *L'Assiette au beurre* garde un impact parfaitement actuel. Si la chansonnette vieillit, le cri est éternel.

Et puis l'image, langage universel.

« Je dois être le seul auteur édité dans une trentaine de pays sans jamais avoir été traduit! » Ce n'est pas un canular du genre " photographe au *Monde* ", mais un commentaire de dessinateur.

Guillermo Mordillo débarque d'Argentine par un beau matin de gentil hiver pluvieux à Paris. Il est dessinateur de presse, n'a pas un sou, et commence à avoir faim. Alors il dessine sans utiliser une seule lettre de texte, image par image, les petites tranches de milliers de choses qu'il veut raconter aux lecteurs français.

Depuis, des centaines de gags, plusieurs livres et une diffusion à travers les journaux du monde entier.

Langage universel.

Jean-Claude Suarès ouvre les colonnes du *New York Times* à des dessinateurs d'un peu partout. Il fait appel à des allemands,

iraniens, japonais, roumains, français et autres. C'est un boule-
versement. Pierre Schneider écrit à ce propos dans *L'Express* :
« Du jour au lendemain, il (Suarès) donne congé au vieux style. Il
lui suffit pour cela d'interdire à ses dessinateurs l'usage de la parole.
Débarrassé des légendes béquilles, le dessin reprend des forces.
Le message se fait voir autant que lire. L'imagination reprend ses
droits ». Langage universel.

Le Service de la Recherche à l'O.R.T.F. accepte de tenter avec
Jean Frappat l'expérience d'une émission consacrée aux dessinateurs. Un dessinateur ne raconte pas, n'écrit pas, il dessine. Cela
donne l'émission Tac au Tac diffusée à heure de grande écoute sur
la première chaîne de télévision.

Sur le plateau, quatre ou cinq artistes, une feuille de papier
géante, quatre ou cinq fusains. Pas un mot. Pendant un quart d'heure,
un Italien, un Américain, un Espagnol et un Chinois racontent un
merveilleux récit qu'un Sicilien, un Sénégalais ou un Breton reçoivent
au dixième de seconde.

Langage universel. Réaction identique.

Deux enfants venus chacun d'un bout du monde regarderont
le même livre d'images, pas une page de texte.

Et puis, langage redoutable, la politique le sait. L'affaire Dreyfus
a dégouliné dans la rue et sur les tables de nuit, beaucoup plus par
le dessin vicelard d'un Forain ou d'un Caran d'Ache que par le cri
de Zola dans *L'Aurore*. Napoléon devait bénir les dessinateurs d'Épi-
nal. Louis-Philippe en a pris plein les dents avec Daumier. Quant
à Thiers, il a dû maudire l'existence de quelques dessinateurs de
presse.

La gloire des troupes de Lyautey a été racontée d'une manière
un tout petit peu différente dans *L'Assiette au beurre* qu'au travers des livres scolaires. Et un récent ministre des Armées, peu
de temps avant de changer de métier, s'est curieusement reconnu,
coiffé d'un entonnoir dans *Charlie Hebdo*.

Mais la plus belle image du dessinateur est peut-être expliquée
par Jean Frappat dans la préface de *Tac au Tac* [1] :

« Les savants qui se penchent sur les dessins de Lascaux ont
mal regardé ceux-ci. Sinon ils auraient perçu, à mille ans de dis-
tance, l'écho de l'humour d'autrefois.

---

1. Balland éditeur.

« Cette œuvre de toute évidence a été exécutée à deux. Le premier a dessiné la bête en s'appliquant. Le second, espiègle, a tracé la lance et les entrailles transpercées. Alors, le premier, piqué au vif, a représenté le second foulé aux pieds de la bête blessée.

« Ajoutez trois caméras de télévision et vous obtenez l'émission Tac au Tac. »

Mais retirez les caméras de télévision et la bande dessinée reste, après la parole, le moyen d'expression le plus économique au monde, avec un bout de charbon et un morceau de papier.

Pour nous, c'est ça, aussi, la contre-culture.

LES JOURNAUX DE LA NOUVELLE RÉSISTANCE
(POUR UNE PRESSE LIBRE ET CONTRE-CULTURELLE)

Le phénomène des radios-pirates fit couler plus d'encre que de musique et d'informations sonores. Situées géographiquement en dehors des influences territoriales, les radios-pirates échappaient aux nationalismes et à leurs pressions politiques. L'aventure dura peu. L'establishment menacé réagit vigoureusement : interdictions, procédures, saisies, monopoles brandis et même sabotages à peine déguisés.

La presse libre, ou parallèle, ou underground, comme on voudra, a la peau plus dure. S'il est vrai que nombre de ces journaux ont une parution irrégulière voire éphémère; s'il est vrai qu'un simple procès peut les couler par manque de fonds; s'il est vrai, encore, que certains n'ont qu'une audience très limitée, le phénomène n'en est pas moins là, irrationnel et bien vivant.

D'importance nationale ou simplement régionale, expression d'un groupe structuré ou simple création collective de quelques copains, les journaux de la presse parallèle offrent un champ illimité à l'information subversive, à la réflexion critique et à la recherche originale.

S'il me fallait dire ce qui caractérise cette presse parallèle je dirais que c'est une double identification : identification de la rédaction avec son public qu'elle connaît bien, et identification du comportement de cette même rédaction avec les idées qu'elle avance et les combats qu'elle mène.

Voici d'abord une liste de journaux parallèles, classés arbitrairement par champ d'action, et qui n'est pas limitative. Puis, nous verrons quelques exemples plus détaillés.

I. INFORMATIONS CRITIQUES

— *Actuel*
— *Le Parapluie*
— *Charlie-Hebdo*
— *Geranonymo*
— *Hara Kiri*
— *L'Enragé*

II. LA POP MUSIC

— *Rock and Folk*
— *Best*
— *Extra*

III. LA SCIENCE-FICTION ET LE FANTASTIQUE

— *Fiction*
— *Galaxie*
— *Horizons du Fantastique*
— *Marginal*
— *L'Aube enclavée*
— *Lunatique*
— *Nyarlatothy*
— *Gandahar*
— *Le petit Mickey qui n'a pas peur des gros*
— *Vampirella*
— *L'Écran fantastique*

IV. ÉSOTÉRISME ET SPIRITUALITÉ

— *Question de...*
— *Hermès*
— *Atlantis*
— *Nostradamus*
— *L'Initiation*

V. ÉCOLOGIE

— *La gueule ouverte*
— *Survivre et vivre*
— *L'or vert*
— *Le Sauvage*

VI. MOUVEMENTS FÉMININS

— *Le Torchon brûle*
— *L'Antinorm*
— *Tankonalasanté*

VII. RÉGIONAUX

— *La contradiction* (Nantes)
— *La côte d'alerte* (Dijon)
— *Les Pieds Nickelés superstars* (Bordeaux)
— *La Fausse Commune* (Saint-Étienne)
— *La Maillon-Pied Helven* (Ardèche)
— *Les Équevilles* (Lyon)
— *Le Trognon* (Bretagne)

VIII. REVUES LETTRISTES

— *Front de la jeunesse*
— *Lettrisme*
— *Documents lettristes*
— *Ligne créatrice*

IX. COMIX (Bandes dessinées)

— *Pilote*
— *Nota Bene*
— *L'Écho des savanes*
— *Gonocoque*
— *Mormoil*
— *Zinc*

X. DIVERS

— *Partir*
— *CAP Journal des Prisonniers*
— *Combat non violent*
— *Le Fléau social* (F.M.A.R.)
— *Actual Hebdo*
— *Sonovision* (d'obédience situationniste)
— *La voie de la Paix*

XI. ART

— *Artitudes*
— *La seule vérité plastique*
— *L'Artistique*
— *Le spectacle du monde*
— *Had international*

ACTUEL, mensuel, 4 F.

Directeur de la publication : J.-F. Bizot. Adresse : 2, impasse Lebouis, Paris XIVᵉ. Membre de l'Underground Press Syndicate.

Ce journal, l'un des plus célèbres de l'underground français, est né à l'automne 1968. C'était à l'origine un journal consacré presque exclusivement au free jazz. Dès 1969, avec une nouvelle équipe, il devient une revue d'avant-garde littéraire et musicale. Troisième et dernière transformation : la formule actuelle date d'octobre 1970.

Chaque numéro aborde souvent un grand thème comme la drogue, la libération sexuelle, l'architecture aujourd'hui, le guide de la France parallèle, le gauchisme, la pop music, la nouvelle culture, etc. Un de ces numéros fut d'ailleurs composé et rédigé entièrement par des lecteurs.

Actuel qui intéresse une tranche d'âge s'étalant entre seize et vingt-deux ans (lycéens et étudiants, mais aussi un public populaire de banlieue) a pris plusieurs initiatives originales au niveau d'une mise en page renouvelée par le graphisme, mais aussi avec un système de petites annonces gratuites et un calendrier des activités artistiques « parallèles » à Paris et en Province.

La force d'*Actuel* en dépit de quelques déconnantes majeures, est d'oublier l'idéologie *pour fournir un maximum d'informations à ses lecteurs*, contrairement à des journaux rivaux égarés entre la théorie politique et la poésie misérabiliste...

LE PARAPLUIE, mensuel, 3 F.

42 rue René-Boulanger Paris-10ᵉ. Directeur : Henri J. Enu. Diffusé par les N.M.P.P. Peut-être le meilleur journal underground français. En tout cas l'un des plus complets. Voici, à titre d'indication quelques-uns des sujets abordés dans les treize premiers numéros. Les premiers festivals pop en France; le rapport britannique sur le haschisch; un inédit de Wilhelm Reich; inédit d'Antonin Artaud; le lexique du cinéma underground; écologie, acupuncture, drogue à la une; John Lennon; Artaud, Breton, Beardsley; histoire du mouvement gauchiste aux U.S.A.; le yoga; le problème irlandais; Allen Ginsberg et Andy Warhol; l'avortement; comment jouir de son corps; le groupe Roxy Music; tout sur la contraception; la musique religieuse du Thibet; New York underground 1973; le nouveau cinéma underground; média révolution; la vidéo; créez vos vêtements; Céline; être hippie en 1973; Walt Whitman et Henry Miller, etc.

CHARLIE-HEBDO, hebdomadaire, 2,50 F.

Le plus célèbre des journaux de la presse libre est né en 1969 et fête donc aujourd'hui sa cinquième année d'existence. Peu de gens lui auraient prédit alors une carrière aussi longue, compte tenu de l'« invraisemblable insolence » de ton qui fut la sienne dès ses débuts. Les quelques procès n'ont fait qu'augmenter la popularité de ce canard, qu'on aime ou qu'on déteste, mais qui montre un esprit d'équipe au niveau de la rédaction avec des collaborateurs de pointe comme Cavanna, Delfeil de Ton, Wolinsky, etc.

Adresse : 10 rue des Trois-Portes, Paris-Vᵉ.

GERANONYMO, bimensuel, 3 F.

13, rue de la Ferronnerie, Paris-Iᵉʳ. Directeur de la publication : L. Blondin. La rédaction de ce canard satyrique qui prône la liberté sans réserve s'appelle la tribu. Voici à titre d'exemple le sommaire du nº 8 : festival de la presse libre de Bordeaux du 15 au 25 octobre 73; textes érotiques (très drôles); Chili sur sang, etc.

ROCK AND FOLK, mensuel.

Fondé en 1966, fut la première revue « sérieuse » de pop music. C'était l'époque où les Beatles, Bob Dylan et Jimi Hendrix donnaient au rock'n'roll une dimension nouvelle. *Rock & Folk*, en s'inspirant des magazines de jazz, proposa d'abord une critique musicale (article de fond, chroniques de disques) puis s'ouvrit très vite aux problèmes et événements concernant la jeunesse anglo-américaine (les radios-pirates, le phénomène hippie). Au fil des années, le journal s'est ouvert au cinéma, à la littérature, à la bande dessinée, mais a toujours accordé une part prépondérante à la musique, traitée avec la plus grande liberté de styles et d'opinion.

FICTION

Revue mensuelle de la science-fiction et du fantastique, paraissant le 30 de chaque mois, au format poche, parue pour la première fois en octobre 1953. Son rédacteur en chef est, depuis sa création, Alain Doremieux.

Tirée à 30 000 exemplaires, elle est en vente partout chez tous les marchands de journaux et par abonnement au prix de 6 F.

192 pages de nouvelles, sous couverture illustrée en bichromie. Édition française de *The Magazine of Fantasy and Science Fiction*, *Fiction* publie régulièrement des nouvelles traduites de l'américain, des textes français aussi (mais en nombre beaucoup plus restreint) et des rubriques concernant la littérature et le cinéma fantastiques et de science-fiction.

Son public est surtout composé d'étudiants, de cadres, d'enseignants et de personnes exerçant une profession libérale. Deux anthologies *Fiction Spécial* paraissent par an.

GALAXIE

Revue mensuelle de la science-fiction anglo-saxonne, paraissant le 15 de chaque mois, au format poche, parue pour la première fois en mai 1964.

Son rédacteur en chef actuel est Michel Demuth, assisté d'un secrétaire de rédaction, Patrick Rolland.

Tirée à 30 000 exemplaires, elle est en vente partout et par abonnement au prix de 5 F.

160 pages de nouvelles illustrées, sous couverture illustrée en quadrichromie. Édition française de *Galaxy* et de *Worlds of If*, elle est uniquement consacrée, actuellement, à la publication de textes d'auteurs anglo-saxons et tout particulièrement d'auteurs modernes *(New Wave)*. Quelques rubriques concernant la littérature et le cinéma de science-fiction.

Son public, plus jeune en général que celui de *Fiction*, est également beaucoup plus diversifié.

HORIZONS DU FANTASTIQUE, revue trimestrielle de 100 pages, 10 F.

En juin 1967, un petit groupe de fans, trouvant les magazines de contre-culture trop rares, décide de créer une revue couvrant un domaine encore vierge pour explorer tous les *Horizons du Fantastique*. Le titre était trouvé! Cette revue présente donc, dans des domaines à la fois aussi proches et aussi variés que la science-fiction, le fantastique, l'ésotérisme et autres littératures parallèles — des études, des critiques (littéraires, cinématographiques, artistiques). Des interviews et enfin des nouvelles. A ce propos, il faut souligner la grande originalité d'*Horizons* qui, contrairement aux autres revues de S.-F. a choisi la difficulté en ne publiant que de jeunes auteurs de langue française, inconnus, leur permettant ainsi de faire leurs armes.

En plus de ces numéros normaux, paraissent des spéciaux traitant d'un thème particulier : érotisme, occultisme; tantrisme, parapsychologie, astrologie, l'être et le cosmos, les extra-terrestres.

On peut se procurer tous ces titres ainsi que les anciens numéros habituels à *Horizons du Fantastique*, 153, boulevard Voltaire, 92 — Asnières.

MARGINAL

Anthologie de l'imaginaire dont le premier numéro est paru en novembre 1973. A pour rédacteur en chef Michel Demuth et pour secrétaire de rédaction, Patrick Rolland.

Tirée à 35 000 exemplaires, bimestrielle, vendue 9,50 F., elle comprend 256 pages de nouvelles illustrées, sous couverture illustrée et pelliculée.

Les textes publiés, choisis parmi les premiers numéros de *Galaxy*, édition américaine des années 50, sont regroupés par thèmes afin de constituer des anthologies consacrées à cette période « classique ».

Chacune des nouvelles de *Marginal* a été retraduite dans sa version intégrale quand il s'agissait d'une « reprise » et chaque numéro de *Marginal* sera illustré par un dessinateur différent.

LUNATIQUE, bimestrielle, 5 F.
Éditée par Jacqueline H. Osterrath — 5929 Sassmannhausen, Allemagne. Adresse en France : 11 rue Edmond Roger, Paris 15e. Un des meilleurs fanzines de langue française consacré à l'étrange, au fantastique et à la science-fiction.

QUESTION DE, trimestriel, 12 F., 126 pages.
L'ésotérisme n'est pas à confondre avec ce que l'on nomme communément *occultisme*. Afin de répondre aux besoins et nécessités d'un public de plus en plus vaste, et aujourd'hui mieux informé, il était bon de rénover les recherches ésotériques. De leur donner un support correspondant aux préoccupations actuelles. C'est pourquoi L. Pauwels a créé *Question de*, revue trimestrielle par laquelle il se propose de cerner autant que possible les principaux champs d'intérêts de la pensée moderne et de la pensée traditionnelle, revues à travers une conception ésotérique, c'est-à-dire une épistémologie des rythmes philosophiques, sociaux et religieux. Les églises en crise, l'actualité de la chevalerie spirituelle, la franc-maçonnerie, les rites et les initiations, les monuments secrets des grandes traditions religieuses, des informations permanentes sur ce fondement idéologique et une bibliographie de grande qualité sur ces matières, tel est l'instrument qu'il propose à ce public.

Directeur : Louis Pauwels. Rédacteur en chef : J.-C. Frère.

ATLANTIS, bimestrielle, 100 pages.

30, rue de la Marseillaise, 94 — Vincennes (Val-de-Marne). Cette revue remarquable constitue un centre d'études des traditions occidentales en vue de rechercher — par les voies de l'archéologie scientifique et traditionnelle et par le symbolisme — la tradition primitive, origine des civilisations, pour permettre une rénovation spirituelle et morale de l'humanité, notamment basée sur un idéal esthétique.

Président : Dr Robert Mollier, rédacteur en chef : Jacques d'Ares.

SURVIVRE ET VIVRE, mensuel, 2 F.

Directeur : Didier Savard. Nouvelle adresse : 6, rue Chappée, Paris XVIIIe.

Revue d'action écologique — et organe du mouvement du même nom qui a acquis une certaine notoriété en révélant la présence de fûts fissurés radio-actifs sur le plateau de Saclay. Dirigé par des scientifiques contestataires, s'emploie à théoriser la pratique de l'ultra-gauche écologique. (*Survivre et vivre* vu par le *Quotidien du médecin*.)

L'OR VERT, mensuel, 2 F.

Journal de l'écologie libertaire. Directeur de la publication : Jean-José Ferretti, B.P. 151, 13654 — Salon-de-Provence.

On y donne des nouvelles du front, des adresses de groupes écologiques, de comités de soutien aux objecteurs de conscience, et naturellement des articles sur toutes les formes de pollution.

LE TORCHON BRULE, 1 F.

Directrice de la publication : Marie Dedieu, 109, boulevard Beaumarchais, Paris 3e.

Organe du M.L.F. (Mouvement de Libération de la Femme). Dans le no 6, un éditorial définit leur programme : « Notre but est de lutter — non pas contre les hommes — comme d'aucuns voudraient le faire mais contre les formes de domination — celle de l'argent sur la pauvreté — celle du patron sur l'employé — celle des adultes sur les enfants — celle du savoir sur l'ignorance — celles des majorités quelles qu'elles soient sur les minorités — Et bien sûr celle de l'homme sur la femme, mais sans oublier que ce dernier subit aussi la majeure partie de ces dominations. Parler de nouvelle société sans chercher d'abord à transformer l'individu n'est qu'utopie (ou hypocrisie).

L'ANTINORM
Journal révolutionnaire et sexuel, mensuel, 5 F.
Sommaire du n° 5 : Lettre ouverte aux parents, Spécial Femmes, Psychiatrie et antipsychiatrie, le Larzac, Lip, Activités du M.L.A.C. (avortement), la sexualité n'est pas politique. Critiques cinémas et théâtres.

TANKONALASANTÉ, mensuel, 2 F.
Directeur actuel de la publication : Bernard de Fréminville. Responsable de la rédaction : Jean Carpentier. Ce journal de contre-informations scientifiques et médicales est né en février 1973. Il est devenu rapidement la tribune des mouvements militants notamment pour l'avortement et la contraception tels le G.I.S. et le M.L.A.C. Dans cet esprit le n° 3 a publié la charte du M.L.A.C. et les n°ˢ 5/6 ont rendu compte largement de la première assemblée du G.I.S. (Groupe Information Santé) à Bordeaux en octobre 1973. Deux documents à se procurer. Adresse : 1, rue des Fossés-Saint-Jacques, 75005-Paris.

LA CONTRADICTION, mensuel, 4 F.
Directeur de la publication : Jean Breteau.
Journal nantais mensuel en noir et blanc. Le sommaire du n° 1 comprenait : Le concours de l'affiche la plus con du mois; Bandes

dessinées; Offensive anti-parcmètres à Nantes ou les confessions d'un fraudeur; Comment simuler la maladie pour avoir quelques jours de congés; marais salants et écologie, etc.

LA COTE D'ALERTE, 1 F.
Mensuel satirique sur Dijon et la Bourgogne (B.P. 694 Dijon).
« Achetez, consommez et surtout payez braves gens. Vous avez une chance sur 100 000 de gagner une bagnole casse-gueule. Mais vous êtes sûrs d'y laisser votre pognon. Quant aux œuvres bénéficiaires, il s'agit en majorité d'associations au profit des anciens flics, militaires et curés.
« A la prochaine quête, vous pourrez répondre que vous avez déjà donné. » (Extrait du n° 11).

LES PIEDS NICKELÉS SUPERSTARS
Fanzine bordelaise utilisant au maximum le dessin et la bande dessinée. On y parle un peu de tout : habitat, problèmes d'emploi pour les jeunes, pop music, chanson poétique, politique, etc.

LA FAUSSE COMMUNE, mensuel, 1 F.
Journal stéphanois de contre-information. Directrice : Helen Blein, 8, rue des Creuses, 42-Saint-Étienne.
Un modèle de journal régional libre.

FRONT DE LA JEUNESSE (Organe de la jeunesse et de l'externité).
Création en 1950. 2 F. Non distribué par M.N.P.P. B.P. 10, 93300-Aubervilliers. Distribution : 15, rue Racine, Paris 6e. Directeur de publication : Roland Sabatier.
Dès sa parution en 1950, ce journal lutta en faveur des mécanismes du Soulèvement de la Jeunesse pour la création d'une société paradisiaque. Il combat encore aujourd'hui les effets de l'esclavage et de la surexploitation hiérarchique des jeunes et des externes par un appel à l'union des étudiants, des élèves et des apprentis pour imposer la réduction des années d'école, la création de l'école des

créateurs, la planification intégrale avec la participation de tous les syndicats et de toutes les associations de la jeunesse à la décision économique, l'obtention du crédit de lancement et la rotation au pouvoir.

LETTRISME, 20 F.

Novembre 1964. Non distribué par N.M.P.P. Distributeur : la Guilde, 61, rue Quincampoix, 75004-Paris (Tél. : 231.39.09).

Directeur : Maurice Lemaître.

Faisant suite à plusieurs des plus importantes revues du Mouvement lettriste dont le premier *Front de la Jeunesse*, *Ur*, *Poésie nouvelle*, *La revue lettriste et hypergraphique*, *La lettre*, etc. *Lettrisme* se veut aujourd'hui aussi bien un bulletin d'information reflétant au jour le jour la vie de ce groupe d'avant-garde qu'un recueil d'œuvres ou de textes fondamentaux de la nouvelle école.

C'est notamment dans *Lettrisme* que parurent pour la première fois, en numéros spéciaux, des ouvrages aussi essentiels que : *Manifeste pour une nouvelle psychopathologie et une nouvelle psychothérapie*, *Les véritables créateurs et les faussaires de Dada*, *Du surréalisme et du lettrisme* et *Introduction à une nouvelle conception de la science d'Isidore Isou*.

DOCUMENTS LETTRISTES, (Tracts, notes, circulaires de l'avant-garde), 20 F.

Création février 1974. Non distribué par N.M.P.P. Siège : 21, rue Rémy-Dumoncel, 75014-Paris. Diffusion : La Guilde, 18, rue de Turbigo, 75003-Paris. Directeur : Antoine Grimaud.

Les tracts, publiés par un mouvement créateur, peuvent aussi bien que des textes plus conséquents devenir essentiels pour la compréhension historique de ce mouvement. Par sa forme super-temporelle, indéfiniment ouverte à l'action du lecteur qui peut y insérer tel document qu'il trouverait nécessaire au sens profond des actes du groupe lettriste, cette revue est un véritable super-journal, car l'actualité est avant tout l'actualité créatrice.

LIGNE CRÉATRICE, revue lettriste trimestrielle, 20 F.
Depuis janvier 1971. Non distribué par N.M.P.P. Siège : 69, rue d'Hauteville, 75010-Paris. Directrice : Jacqueline Tarkieltaub.
La revue contient des poèmes et des dessins originaux des membres du groupe lettriste, et notamment des œuvres et articles inédits de Isidore Isou comme : *Nouvelles remarques sur la lettre et le signe, Manifeste pour une nouvelle linguistique, L'apport du lettrisme et du soulèvement de la jeunesse au mouvement de libération des femmes, Note sur les événements politiques de 1949 à 1970, Appendice sur les études sociologiques des bandes d'adolescents,* et *G. Pompidou et les membres du gouvernement responsables de l'augmentation des suicides chez les jeunes.*

C.A.P. JOURNAL DES PRISONNIERS, 2 F.
Ce journal mensuel qui paraît le quinze de chaque mois depuis un an offre la particularité d'être rédigé et mis en page par des prisonniers eux-mêmes. Ainsi tous les rédacteurs adjoignent à leurs noms leurs numéros matricule et le lieu de leur détention.
Le petit texte mis en exergue du journal *C.A.P.* définit parfaitement celui-ci : « Les chaînes des prisonniers sont les mêmes que celles de tous les hommes sans pouvoir sur leur vie : elles sont simplement plus visibles. Les détenus, face aux tentatives du pouvoir pour les isoler dans leurs luttes, ont besoin du soutien de tous les révoltés. Leur colère est la nôtre. »
Éditeur : Comité d'Action des Prisonniers, 15, rue des Trois-Frères, 75018-Paris. Tirage : 5 000 exemplaires.

LA SEULE VÉRITÉ PLASTIQUE, 20 F.
Créé en avril 1973. Non distribué par N.M.P.P. BP 10, 93300-Aubervilliers. Directeur Fondateur : Gérard Philippe Broutin.
Cette revue éditée par le Centre International de Kladologie porte en sous-titre « Revue de défense de la création et d'attaque des escrocs de la peinture ». Elle est dirigée par le Mouvement lettriste et le Soulèvement de la Jeunesse, sous la surveillance théorique des comités de vigilance des universités, des lycées et des écoles.

Par des textes incisifs, détaillés et particulièrement bien argumentés, cette publication nettoie le marché actuel de la peinture des marchands et critiques faussaires qui trompent les peintres et conduisent vers une voie erronée les amateurs sincères.

HERMÈS
Revue de recherches sur l'expérience spirituelle. Au sommaire du premier cahier *Hermès* (1960-1961), on note la présence surprenante d'Alan Watts qui sera six ans plus tard une des figures les plus sympathiques du phénomène hippie. Dans le deuxième cahier (1961-1963), des études de Martin Buber, René Daumal, Henri Michaux et Teilhard de Chardin. Dans le troisième cahier (1962-1963), une introduction à la mystique de Jacob Boehme.

Au sommaire du quatrième cahier, l'étude du maître spirituel (ou gourou) dans les grandes traditions d'Occident et d'Orient (1965).

Enfin le cinquième, dont nous avons parlé dans ce livre, était consacré à René Daumal.

Adresse : 48, rue Cortambert, Paris-XVIe.
Directeur : Jacques Masui.

Ce bref résumé de la presse parallèle française n'est pas limitatif, je l'ai dit. Les créateurs de journaux omis ici peuvent me faire parvenir des renseignements sur leur production. Je pourrai ainsi compléter cette annexe lors de la prochaine réimpression.

Envoyer lettres et documents à Michel Lancelot, Éditions Albin Michel, 22, rue Huyghens, 75014-Paris.

ANNEXE V

BIBLIOGRAPHIE DE LA CONTRE-CULTURE

I. CONTRE-CULTURE ANGLO-AMÉRICAINE

J. RUBIN : *Do It*, (Le Seuil, 1971).
C. A. REICH : *Le Regain américain* (Laffont, 1972).
E. MORIN : *Journal de Californie* (Le Seuil).
J.-F. REVEL : *Ni Marx ni Jésus* (Laffont, 1970).
W. LOWENFELS : *89 poètes américains* (Albin Michel).
W. REICH : *Écoute petit homme* (Payot).
W. REICH : *Psychologie de masse du fascisme* (Payot).
T. ROSZAK : *Vers une contre-culture* (Stock).
T. ROSZAK : *Où finit le désert* (Stock).
R.-G. SCHWARTZENBERG : *Sociologie politique* (Éd. Montchrestien),
H. MILLER : *Plexus* (Buchet-Chastel).
E. JUNGER : *Le Mur du temps*
H. MARCUSE : *Éros et civilisation* (Éd. de Minuit, 1955).
H. MARCUSE : *L'Homme unidimensionnel* (Éd. de Minuit, 1968).
S. STEINER : *La Raza* (Maspero).
J.-J. BROCHIER ET OELGART : *L'Internationale étudiante* (Julliard, 1968).

II. NOTRE CONTRE-CULTURE

HUGNET-TZARA : *L'Aventure Dada* (Seghers).
A. BRETON : *Manifeste du surréalisme.*
M. NADEAU : *Histoire du surréalisme* (Seuil-Points).
M. RANDOM : *Le Grand Jeu* Essai (Daumal, Lecomte, Vaillant, etc.) (Denoël, 1970).

L'Herne : « Le Grand Jeu ».

R. Daumal : *L'Évidence absurde* (Gallimard).

R. Daumal : *Les Pouvoirs de la parole* (Gallimard).

Opus international : « Lettrisme et Hypergraphies », (Collectif).

E. Brau : *Le Situationnisme* (Nouvelles éditions Debresse).

M. Nettlau : *Histoire de l'anarchie* (Éd. du cercle).

Fourier : *L'Ordre subversif* (Aubier Montaigne).

Collectif : *Les Murs ont la parole* (Tchou).

R. Daumal : *Tu t'es toujours trompé* (Mercure de France).

R. Daumal : *Chaque fois que l'aube paraît* (Gallimard).

R. Daumal : *Le Mont Analogue* (Gallimard).

J.-L. Brau : *Cours camarade, le vieux monde est derrière toi* (Albin Michel).

M. Lancelot : *Campus* (Albin Michel).

P. Paraf : *Les Grandes Contestations de l'histoire* (Payot).

R. Vaneigem : *Traité de savoir-vivre à l'usage des jeunes générations* (Gallimard).

J. Bies : *René Daumal* (Seghers).

E. Morin : *La Révolution sauvage*

Camus : *L'Homme révolté* (Gallimard).

H. Meier : *Le Talent au pouvoir* (Éd. de la Baconnière).

III. SPIRITUALITÉ, MYSTIQUE ET RELIGION

A. Watts : *Amour et connaissance* (Gonthier).

A. Watts : *Joyeuse cosmologie — aventures dans la chimie de la conscience* (Fayard).

A. Watts : *Le Bouddhisme Zen* (Payot, 1969).

Lanza del Vasto : *L'Homme libre et les ânes sauvages* (Denoël).

J. Evola : *Métaphysique du sexe* (Payot).

J. Evola : *Le Yoga tantrique* (Fayard).

M. Eliade : *Traité d'histoire des religions* (Payot).

L. Pauwels : *Monsieur Gurdjieff* (Le Seuil).

E. Antebi : *Ave Lucifer* (Calmann Levy).

R. Rolland : *Cahiers de Romain Rolland.*

Collection : *Spiritualités vivantes* (toute la pensée orientale notamment) chez Albin Michel.

IV. DROGUE ET CONTRE-CULTURE

S. Cohen et T. Leary : « Organisation and coordination of federal drug research » (Commission du Sénat américain, mai 1966).

BENSOUSSAN et JOANIDES : « A propos de l'expérience psychédélique », in *Ann. Medic. Psych.*, nº 124, 1966.

D. BROWN : *Les Hippies* (Série d'articles) (Laffont, 1968).

P. ALLAIN : *Hallucinogènes et société*, Phénomènes culturels et mondes de l'imaginaire, (Payot).

DENIKER : « Drogues modernes et toxicomanies nouvelles », in *Revue du Praticien*, 1971.

HOFFMANN : « Les Hallucinogènes », in *La Recherche*, nº 3, 1970.

M. LANCELOT : *Je veux regarder Dieu en face*. Le phénomène hippie (Albin Michel, 1968).

COLLECTIF : *Entretiens de Rueil : ivresse chimique et crise de civilisation* (Éd. des Laboratoires Sandoz, 1970).

P. BENSOUSSAN : *Qui sont les drogués?* (Laffont, 1973).

G. BORG : *Le Voyage à la drogue* (Le Seuil, 1970).

J.-L. BRAU : *Histoire de la drogue* (Tchou, 1968).

PH. DE FELICE : *Poisons sacrés, Ivresses divines* (Albin Michel).

ANDREWS et VINKENOG : *Le Livre du chanvre* (Fayard, 1970).

CHRISTIANS et SUSINI : « La drogue : désir ou refus de la société », in *Études*, mai 1970.

C. OLLIVENSTEIN : *Écrits sur la toxicomanie* (Fayard) et *La Drogue* (Éd. universitaires).

OLLIVENSTEIN, BENSOUSSAN, LANCELOT, etc ... : La drogue : informer pour prévenir.

B. M. WOLFE : *The Hippies* (New American Library, 1968).

J. HOPKINS : *The Hippie papers* (Signet Books, 1968).

P. CHAUCHARD : *Le désir de la drogue* (Éd. Mame).

J. DURAND-DASSIER : *Psychothérapies sans psychothérapeuthe* (Éd. de l'Épi, 1970).

S. COHEN : *LSD 25* (Gallimard).

V. LA SCIENCE-FICTION

J. SADOUL : *Histoire de la S.F. moderne* (Albin Michel).

D. WOLHEIM : *Les Faiseurs d'univers* (Laffont).

K. AMIS : *L'Univers de la science-fiction* (Payot).

VI. ART ET ANTI-ART

L. ARAGON : *Le Paysan de Paris*.

L. ARAGON : *Les Collages* (Miroirs de l'art-Hermann).

A. BRETON : *Le Surréalisme et la peinture* (Gallimard).

D. SIQUEIROS : *L'Art et la révolution* (Éd. sociales).

Le jeune lion dort avec ses dents...

M. Brion : *L'Art fantastique* (Albin Michel).
U. Zürn : *L'Homme Jasmin* (Gallimard).
P. Klee : *Théorie de l'art moderne* (Gonthier).
Kandinsky : *Point ligne plan-Pour une grammaire des formes* (Gonthier).
P. Francastel : *Art et technique* (Gonthier).
M. Ragon : *L'Art, pour quoi faire?* (Castermann).
G. Lenne : *La Mort du cinéma* (Éd. du Cerf).
F. Pluchart : *Pop Art et Cie* (Éd. Martin-Malburet).
A. Tronche : *Art actuel en France* (Balland).
B. Clair : *Art en France* (Éd. du Chêne).
I. Isou : *Les véritables créateurs et les falsificateurs de Dada, du surréalisme et du lettrisme* (1973).
J.-J. Lebel : *Poésie de la Beat Generation.* Préface d'Alain Jouffroy (Denoël, 1965).
A. W. Nicholas : *The Poetry of Soul* (Bantam Books, 1971).

                    VII. MESSIANISME ÉLECTRONIQUE

Ragni et Rado : *Livret du Rock Opera « Hair »* (Pocket books, 1969).
L. Roxon : *Rock Encyclopédia.*
J.-M. Leduc et J.-N. Ogouz: *La Pop Music de A à Z* (Albin Michel).
P. Bas-Raberin : *Le Blues moderne* (Albin Michel).
P. Bas-Raberin : *Les Rolling Stones* (Albin Michel).
Woodie Guthrie : *En route pour la gloire* (Albin Michel).
P. Daufouy et J.-P. Sarton : *Pop music rock* (Éd. Champ Libre).
P. Carles et J.-L. Comolli : *Free-jazz et black Power* (Champ Libre).
H. Muller : *Jim Morrison au-delà des doors* (Albin Michel).
J. Leduc : *Pink Floyd* (Albin Michel).
A. Dister : *Le Rock anglais* (Albin Michel).
M. H. Fraisse : *Protest Song* (Seghers).
Stuckenscmidt : *Musiques nouvelles* (Buchet-Chastel).
J. Eisen : *The Age of Rock,* 2 vol. (Vintage books). *Musique en jeu,* n° 2 : « la Pop Music » (Seuil). *Planète Plus,* avril 1971 : « Bob Dylan et la Beat generation ».

                            DIVERS

L. Lecoin : *Le Cours d'une vie.* (Sur l'objection de conscience).
Collectif : *Libérons l'avortement* (François Maspéro).

COLLECTIF G.I.S. : *Oui, nous avortons!*

G. THOMPSON : *Les premiers philosophes matérialistes* (Éd. Sociales).

B. MALINOWSKI : *Une théorie scientifique de la culture* (Seuil).

B. MALINOWSKI : *Les Dynamiques de l'évolution culturelle* (Payot).

A. TOFFLER : *Le Choc du futur* (Denoël, 1971).

C. F. JULLIEN : *Les Lycéens, ces nouveaux hommes* (Stock).

R. LAING : *La Politique de l'expérience* (Stock).

R. LAING : *Le Moi divisé* (Stock).

H. COLIN ET PARADELLE : *Les Jeunes et le mouvement communautaire — Approche sociopsychanalytique* (vient de paraître aux Éditions Complexe).

TABLE DES MATIÈRES

Reich. — Coup d'œil définitif sur le phénomène hippie.
— L'idéologie opposée au véritable projet révolutionnaire.

DEUXIÈME BATAILLE
NULLE PART AILLEURS...

sujet d'une tragédie moderne. — Cette histoire sent le soufre.
— Une mutation inévitable de la jeunesse?. — Comment
Huxley mourut en avalant du L.S.D. — Des erreurs de parcours et quelques détours inutiles pour les nouveaux alchi-
mistes. — Les descendants du Grand Jeu. — Peut-on inten-
sifier le plaisir sexuel avec la drogue?. — Le retour du dieu
Pan. — Le « voyage » vu par un jeune ethnologue.

TROISIÈME BATAILLE

DE L'ANTI-ART AU MESSIANISME ÉLECTRONIQUE

plaire du Pink Floyd. — Une lettre de Graeme Allwight. — Pierre Petit parle de décibels de qualité. — Manichéisme sublime des crétins à prétentions sensuelles. — Vers une fusion de tous les genres? — Une musique directement branchée sur le cerveau.

Cultures de pression, de mainmise, de contrôle et d'exploitations. — Grandes écoles pour petits chefs sans imagination. — L'écrémage culturel de la sélection. — Une histoire de fou pour détendre. — Le travailleur sera libre le jour où le travail sera aboli. — Les amours d'un Jésus alcoolique et d'une pauvre épileptique. — Pollution : la situation, déjà désespérée, empire sous le tunnel de Saint-Cloud. — La pollution, un coup des curés sociologues?. — Communauté pour rire et non pour trimer. — Les retrouvailles à Besançon, de Fourier et de l'affaire Lip. — Hommage à un certain Schartzenberg.

La main subconsciente de Courbet à l'art moderne. — La mort du peintre. — Aux sources du fantastique avec Pierre Espagne. — Après le surréalisme, dix questions fondamentales. — Des objets blancs identifiés qui font peur. — Dérision christique : fabriquer du boudin avec son sang. — Pluralité de l'art moderne et solitude géniale du lettrisme plastique. — Ces hommes sont dangereux.

Religion pour un divan. — Les savants soviétiques contre Freud. — Confiance à Pavlov et aux ordinateurs humains. — Skinner et le fascisme scientifique. — J'ai foi dans les visionnaires. — Je préfère un freudien qui délire à un Skinner qui a raison.

DOCUMENTS ANNEXES SAISIS
AU Q.G DE LA CONTRE-CULTURE

*La composition
et l'impression de ce livre ont été effectuées
par l'Imprimerie Floch à Mayenne
pour les Éditions Albin Michel*

AM

*Achevé d'imprimer le 21 novembre 1974
N° d'édition 5333. N° d'impression 13200
Dépôt légal 4e trimestre 1974*

PRINTED IN FRANCE